さまよう経済と社会

「時代の叫び」１６２冊

中村 達也

中央大学出版部

装幀　道吉　剛

さまよう経済と社会

「時代の叫び」１６２冊

はしがき

世紀の転換点をはさむこの十年余りの間、実に様々なキーワードが登場しました。それらキーワードの底流には、時代の大きなうねりがあって、そこから発生する様々な問題が、キーワードを押し上げてきたように思います。例えば経済をめぐっては、グローバル化や市場原理主義や新自由主義、さらには暴走する資本主義や株主資本主義といった言葉。労働問題をめぐっては、ワークシェアリングやワーク・ライフ・バランス、さらには非正規雇用や派遣切りや偽装請負、等々。少子高齢化や年金改革など社会保障をめぐっては、合計特殊出生率や後期高齢者、さらには生活保護や最低賃金、そしてそれらに関わる政府の台所事情をめぐっては財政再建や小さな政府、等々。

格差や不平等をめぐっても、おびただしい数のキーワードが登場しました。格差社会やワーキングプア、さらには勝ち組・負け組や下流社会といったものまでも。そうした問題をめぐって構造改革や民営化やセーフティーネットという言葉を軸に議論がくり拡げられました。あるいはまた環境問題をめぐって、持続可能な発展や地球温暖化、さらには成長政策の見直しや新しい豊かさを求める言葉の数々、例えば、ベーシック・インカムやスローライフ、等々。以上は、ほんの数例を挙げたにすぎません。こうしたキーワードが登場し、その底流にある時代のうねりに切り結んだ多くの優れた本が登場しました。そんな時期に、たまたま書評を書く仕事に携わってい て、気がついたらかなりの数の本を取りあげたことになります。こうして時系列で書評を並べて みると、一冊ずつ読んでいた時には見えなかったものが、ほのかに立ち上ってくるような気がし ます。「時代の叫び」のようなものが聞こえてきて、私たちに訴えかけているように思うのです。

対象としたのは一九九八年から二〇〇九年の初めまでのほぼ十年間で、取りあげた本はベスト セラーから専門書まで、また分野も経済を中心にその隣接領域にまで越境しています。『毎日新聞』、『日本経済新聞』、『東京新聞』、『経済セミナー』、『エコノミスト』、『世界』、『書斎の窓』等が発表の場でしたが、今回のこの書評集は、『読む――時代の風景342冊』(TBSブリタニカ、一九九二年)、『読む――時代の風音』(中央大学出版部、一九九八年)に次いで三冊目ということになります。本を読み書評を書くことがすっかり生活の一部となったような気さえしま す。それにつけても、書評を書く場へと私を誘って下さった方々、書評を読んで色々と励ましや 批評をして下さった方々に、改めてお礼を申し上げたいと思います。

二〇〇九年二月六日

中村達也

目　次

二〇〇一年

二〇〇三年

二〇〇四年

二〇〇五年

二〇〇七年

二〇〇八年

改めて、市場経済とは何だろうか

J・ジェイコブズ『市場の倫理　統治の倫理』香西泰訳、日本経済新聞社、一九九八年（J. Jacobs, *Systems of Survival, A Dialogue on the Moral Foundations of Commerce and Politics*, 1992）

間宮陽介「市場社会とは何か」『世界』一九九八年一〇月号

G・M・ホジソン『現代制度派経済学宣言』八木紀一郎他訳、名古屋大学出版会、一九九七年（G. M. Hodgson, *Economics and Institutions : A Manifesto for Modern Institutional Economics*, 1988）

贈収賄をめぐるスキャンダルが後を絶たない。スキャンダルを生み出すような制度に問題があるのはもちろんだが、そうした制度を支えているのが人間であるからには、人間の倫理が問題でないはずはない。しかし、倫理の問題は経済学が苦手とするところである。できることならそうした問題は避けて、数理の世界の体系美の構築に勤しみしたい、というのが本音かもしれない。J・ジェイコブズの作品が、真っ正面からこの問題に切り込んで、平安をむさぼる経済学の世界に、スリリングな一石を投じた（『市場の倫理　統治の倫理』）。しかも、通常のスタイルによってではなく、小説仕立ての対話という手法を用いて、読む楽しみを存分に与えてくれる。登場人物はそれぞれに個性的な六人、人間の社会生活の倫理的基礎がドラマチックに解き明かされてゆく。

人間がその必要とするものを入手するには、縄張りから取得する（take）か、互いに取引する（trade）か二つの方式がある。前者は他の動物とも共通するが、後者は人間に独自な方式である。そして、この二つの方式に対応して、人間の社会的道徳にも「統治の倫理」と「市場の倫理」の二つがあり、両者はしばしば相互に矛盾し対立する。「統治の倫理」とは「取引を避けよ。勇敢であれ。規律遵守。伝統堅持。位階尊重。忠実たれ。気前よく施せ。名誉を尊べ……」等の一五項目。領土を保護し支配する仕事がこれに関わり、軍隊、政府、官僚、立法府などがこれに連なる。一方、「市場の倫理」とは「暴力を閉め出せ。自発的に合意せよ。正直たれ。競争せよ。契約尊重。創意工夫の発揮。効率を高めよ。目的のために異説を唱えよ。生産的投資をせよ。勤勉たれ。節倹たれ……」等の一五項目。経済活動を支える価値であり徳目である。

これら二つの倫理は、それぞれがひとまとまりのものであって、その中のどれか一つが欠けたり他方の倫理が混入したりすると救いがたい腐敗が生じ、通常は美徳であるものが悪徳となって全体を歪めてしまう。それぞれの道徳体系の独自性と統一性が保たれねばならないのである。例えば「統治の倫理」の中の「取引を避けよ」という徳目を破って「市場の倫理」が混入してしまうと、個人的利益のために「気前よく施し」、上司に「忠実な」部下が贈収賄をとことんやらかしてしまう。官僚スキャンダル等がその典型である。

そうした事態を避けるためには、かつてプラトンが指摘したように統治者と商人を身分的に区別するカースト制を敷くか、あるいは課題に応じて「統治の倫理」と「市場の倫理」のいずれかを自覚的に選択するということになる。もちろん、民主主義の下ではカースト的な身分制はとれず、自覚的倫理選択が必須となる。問題ごとに、個々人が必要に応じて「統治の倫理」と「市場の倫理」のいずれかを選ぶことになる。そのためには、カースト制の場合よりも、いっそう厳しい個々人の自己規制が不可欠となる。それぞれ一五の徳目を含む二つの倫理体系をめぐって、登場人物六人から異論、反論、疑問が提示され、対話を通じて議論が深められ、文字通り弁証法的にストーリーが展開してゆく。

倫理と経済との関係は、スミスを引き合いに出すまでもなく、経済学の歴史の中では決してないがしろにされていたわけではない。しかし、二〇世紀、とりわけ戦後になってからというもの、倫理だけではなくおよそ経済学の体系化にとって都合の悪い要素は、異物として次々と経済学の外へと押しやられ、経済学はすっかり重層性を欠く学問となってしまった。それは同時に、見事なまでに精緻な数理的体系化の裏面史でもあった。

間宮陽介氏が指摘するように（「市場社会とは何か」『世界』）、例えば、市場システムを語るときに前提とされる利潤や効用などのセルフ・インタレストとは、現在では自己利益のこととされ、ウェイトは小宇宙としての「セルフ」に置かれている。ところがスミスの場合のセルフ・インタレストは、むしろその力点は「インタレスト」にあり、インタレストとはすなわちinter-esse、自己と他者（外的環境）をつなぐ感覚＝興味であり、倫理の問題への通路をもっていた。こうした視点が今やすっかり稀薄になってしまった。

市場経済は、倫理や制度など他の諸領域から孤立した、それ自体で自己完結したシステムだと考えられるようになった。すなわち、市場の領域と外部の領域とが画然と区別され、市場システムは、企業の生産技術や消費者の嗜好といったパラメーターを通じて、かろうじて市場外の領域と接点をもつにすぎない。そして、政府を含む市場外の諸制度は、むしろ市場の円滑な運行を妨げる阻害要因とされてしまう。

しかし現実は、市場の内部と外部とははっきりとした一線で仕切られているのではなく、市場は時間的にも空間的にも外部に向けて開かれたシステムである。市場的生産は「商品による商品の生産」を特徴とするが、労働力、土地、貨幣はスラッファの言う意味での再生産可能な商品ではない。それらは片足を市場の外に置いている「本源的」な生産要素なのである。また、現実の市場は、様々な「不純物」を内包し、この不純物がむしろ市場を安定化させる役目を果たしている。生産者のモラルやワークマンシップ、あるいは家計の消費慣行は、市場システムの阻害要因というよりは、むしろシステムの欠くべからざる構造化要因なのである。

こうした点を正面に据えて新しい経済学の構築を目指しているのが、例えばホジソンに代表される「現代制度派」である（『現代制度派経済学宣言』）。ヴェブレンの問題意識を受け継ぎ、隣接諸科学にも目配りしながら、市場経済のもつ重層的な機能を、膨大な文献の紹介を通じて熱っぽく語る。もしも我々が、合理的かつ論理的に一貫性を保って行動するとすれば、目的とそれに関連した諸手段とを十分に知らねばならないだけでなく、巨大な論理コンピューターのごとくに、我々の行為のすべてを絶えず事前にチェックし監視しながら行動しなければならないはずである。しかし、あらゆる局面の行動を完全な合理的熟慮をもって行うことは、関連する情報の量と計算能力の制約のためにおよそ不可能である。それゆえ人間は、不確実性の支配する複雑な世界においては、進行中の諸行為を複雑な計算作業から解放するための手法を獲得したのである。それが習慣、慣習、ルーティンとして知られているものであり、それらの総体としての制度である。ヴェブレンによれば、制度とは「大多数の人間に共通する確立された思考習慣」であった。つまり、市場での活動とは、ホジソンが言うように、制度的文脈の中で行われ、また制度的文脈と相互に作用し合っている。市場は「自由」であるが制度は「制約」であるとする主流派経済学の二分法とはまさに対照的なのである。

（『経済セミナー』一九九八年一一月号）

どう読む、グローバル化する市場経済

山崎正和『大分裂の時代』中央公論社、一九九八年
金子勝『市場と制度の政治経済学』東京大学出版会、一九九七年

劇作家の手にかかると、こんなにもメリハリの利いた言い回しで問題をドラマチックに描きだすことができるのかと、密かな嫉妬心さえ覚えてしまう。山崎正和『大分裂の時代』を読んだためである。二百年の歴史をもつ国民国家、ほぼ同じ歴史を誇る製造工業、さらには体系化を目指す知識といった三つのものが、世界的な市場化の嵐と情報化の波によって引き裂かれている。この三つはすぐれて近代の所産であり近代を導いてきた原動力であるから、引き裂かれているのは近代そのものだ、と山崎氏は言う。

資本が国境の壁を破って自由に動くことによって、あらゆる国家の統治権を揺るがし始めている。現代の資本は、より良い条件を国家に求め、容れられなければ立ち去ることによってその権力を脅かす。規制や課税が過重であればその国から流出し、政策対応を誤った国を容赦なくねらい撃ち、引き揚げた後に惨憺たる被害を残す。「ユーロ」の誕生が示すように、通貨発行権すら個別の国家の手を離れつつある。そして福祉や労働政策など純粋な国内行政すら、一国の専決に

従わなくなる可能性が見え始めている。

市場経済は競争をその原理とするから、必然的に勝者と敗者を生むし、また投資効果の違いは資本の地域的な一極集中を招く。そしてそのことが、実は市場経済そのものの存続を危うくする。敗者の恨みは犯罪や労働意欲の喪失を誘い、市場の成立条件である社会の秩序と活力を損なう。資本の一極集中は人口の過密と過疎を生んで生活環境を悪化させるだけでなく、急激な流動化を引き起こして人心を荒廃させる。

が、さらに大きな問題は、市場が世界化して普遍的で合理的な人間関係が支配力を増すにつれて、本来は非合理的な要素を含む人間の帰属感を脅かすことである。人間は法と契約のもとで自由に生きたいと望む反面、習俗と暗黙の約束に守られて安定して暮らしたいと思う。その点、近代の国民国家は実に精妙な仕掛けであって、市場の合理性と共同体の非合理性を合わせもった性格を具えていた。それは一方では法と制度の下に開かれた組織でありながら、他方では言語や習俗、ときには宗教を共有する閉じられた集団であった。

市場の世界化とは、国家のこの両義性が崩れるということである。こう山崎氏は言う。さらに問題を複雑にしているのは、その世界化が世界地図の中で均等には進まないという事情である。ロシアや中国の民族主義、イスラムやヒンドゥーの原理主義、等々。市場の世界化によって分かったことは、実は市場を補完する非市場の機能が重要だというパラドキシカルな関係であった。市場にはない機能を補うのはもちろんのこと、市場そのものが円滑に働くためにも、「神の見えざる手」ならぬ「目に見える人間の手」の強い力が不可欠となる。すなわち、社会制度、ルール、慣習、倫理といったものの独特の形が関心を呼ぶのである。

ところで、この数年来日本に吹き荒れている規制緩和論には、そうした問題意識があまり感じられない。市場経済を支えるセーフティーネット（市場の破綻を防ぐ安全装置）と規制一般とを混同しているのではないのか、と金子勝氏は質す（『市場と制度の政治経済学』）。今求められているのは、経済構造の変化に応じて新たにセーフティーネットを張り直し、それに連動して制度やルールを変えてゆくことである、と。古い規制の下にあった日本経済が行き詰まり、それを規制緩和や自由化で打開しようとするあまり、セーフティーネットにまで穴をあけ、市場メカニズムを安定化させる条件が失われてしまったというのである。

資本主義的な「商品による商品の生産」が成り立つためには、本来は商品でない労働力・土地・資本（貨幣）といった本源的生産要素にも所有権が設定され、全社会的に商品化の網が拡がらねばならない。しかしこれら本源的生産要素の市場化には、そもそもある種の「無理」が含まれていた。そのためにこそ、市場外に洩れゆく部分をすくい取るセーフティーネットが必要となる。例えば、労働力の購入者が購入したその労働力の所有権を自由に行使しようとすれば、労働力の販売者は自由を失う。それゆえに、救貧法・工場法に始まり労働組合や生存権の保障に至るプロセスがあった。土地についても、その所有者が所有権を自由に行使しようとすれば、土地の使用者・占有者は自由を失い、また公共的性格をもつ自然環境を損ねる。それゆえに、借地権・用益権の保護に始まり都市計画・公的土地住宅政策が実施されてきた。貨幣もまた同様で、各銀行が発券のルールを無視して自由に銀行券を発行すれば、貨幣・金融市場全体の信認が崩れてしまう。それゆえに、中央銀行による貨幣発行権の独占と「最後の貸し手機能」が生まれた。このように、「商品による商品の生産」が行われるようになると、本源的生産要素の市場化の必要性とその限界から、国民経済を総括するものとしての「国民国家」が不可欠となる。かくしてグローバルな世界市場に「国民国家」という拘束単位がはめ込まれ、以後、この二つの絶えざる軋轢の歴史が始まったのであった。

金子氏は、現代という時代を、パクス・アメリカーナの動揺に伴って生産要素（特に資本と労働力）の国際移動が大幅に進展し、そのためにインターナショナリズムとナショナリズムの相克が激化した時代と捉える。激しい国際短期資本移動、それがもたらす市場の不安定性、容赦なく家族やコミュニティをも解体してゆく市場の圧力、環境や人体をも切り刻んで売買の対象としてゆく市場。ひとたび巨額の短期資本移動が起こると、一国レベルの財政金融政策の効果は不確実となる。さらに、労働力の国際移動によって先進国内部に移民社会ができると、人種対立を媒介にして、福祉国家的な所得再分配政策に対して白人中産階級の反発が誘発される。かくして、セーフティーネット、それに連動した社会制度、ルール、慣習、倫理を支える国民国家という枠組みそのものが揺らいでしまう。ここに山崎氏との接点がある。

国民国家の地位低下によって、従来のセーフティーネットは機能不全に陥る。そのために、国民国家を上下に挟むリージョナル（複数の国家にまたがる領域）とローカル（国家内の諸地域）というレベルに、セーフティーネット機能が押し出されつつある。リージョナル・レベルでは、例えばEUのような貿易・通貨に関する地域経済統合となってそれが現れる。ローカル・レベルでは、福祉国家機能の後退に対応して、介護・医療・教育といった対人社会サービスへのニーズが高まっている。ヨーロッパを中心に社会民主主義政権が生まれたのも、ゆき過ぎた市場的自由主義がもたらす経済の不安定化が、大きなリスクを人々に負わせているからにちがいない。

（『経済セミナー』一九九九年二月号）

資本主義と老人力

赤瀬川原平『老人力』筑摩書房、一九九八年
村上泰亮『反古典の政治経済学要綱』中央公論社、一九九四年
横川信治他『進化する資本主義』日本評論社、一九九九年
岩波書店編集部編『定年後』岩波書店、一九九九年

言われてみれば何ということはないのだが、思いつくところがやはり非凡である。物忘れ、繰り言、ため息、ぼけ、もうろく。これまで忌み嫌われてきた老化現象の中に未知なる力を見出し、それを「老人力」として読み換える。抗いがたい心身の老化をこんなふうにさらりと受けとめて、むしろ枠に開き直ってしまう。そうすれば世の中がちがったふうに見えるし、生きる構えそのものまでが変わってくる。若さと強さを規準とする物差しを逆転させたときに切り開かれる思いがけない世界。赤瀬川原平『老人力』のことである。

いや、これは個々人の問題だけとは限らない。社会経済を評価する物差しについても言えそうである。先行きの見えない不況の中で、グローバル・スタンダードとしての自由競争が叫ばれ、

規制緩和と自己責任がくり返し強調される。そして、追い立てられるようにして小出しの対策が次々とくり出される。こうした対応の根底にあるのは、意外と単純で旧態依然とした思考のような気がする。ともかくも自由市場を信頼し、競争圧力を活用してぜがひでもマイナス成長をプラスに転換し、さらにそれを持続させねばといった具合の思考。

そうした縛りを解き放ち、社会経済には多様な経路や型があることをまず認める。「進歩主義からの訣別」という文言で始まる村上泰亮『反古典の政治経済学要綱』が、こうした問題を原理的に解き明かしている。ただし、「進歩主義からの訣別」とはいっても、それは進歩そのものの否定ではないし、いわんや理想を求める志の放棄でもない。つまり、進歩〈主義〉とは、究極の唯一つの理想状態が、認識可能でしかも実現可能だということを、硬直的なまでに信じこむ思考態度のことなのである。こうした思考態度からの訣別こそがまず必要だと村上氏は説く。

経済学の世界でも変化の兆しが見えている。冷戦の終結による社会主義圏の崩壊が計画化と管理への信頼を失墜させ、そのことが逆に市場による調整を万能視する見方を助長した。しかし、好敵手を失った資本主義は、かえってその限界と不安定性を際立たせている。市場の効率性への素朴で一元的な信仰ではなく、進化する制度として市場を捉え、その歴史的な変容と多様性にこそ着目すべきではないのか（横川信治他『進化する資本主義』）。これまでに確立されたオーソドックスな経済学に違和感を抱く人たちが中心になって、二年前に「進化経済学会」が設立されたのも、こうした流れの延長線上にある。

確立されたオーソドックスな物差しを見直すとなれば、最後は、やはりライフスタイルそのものということになる。一流大学を出て一流会社に就職して出世競争を勝ち抜いて……といった生き方に違和感が拡まっているからこそ、岩波書店編集部編『定年後』が読まれているのではあるまいか。一流会社の「良き会社人」たるためには、その準備段階としての「良き受験生」が求められるし、そうした「良き会社人」と「良き受験生」を支える「良妻賢母」が、長いこと求められてきた。そうした物差しが変わりつつある。つまり、「老人力」的発想のすそ野は、受験生たる子供たちにまで及んでいるのである。

（『日本経済新聞』一九九九年四月四日）

スミスをめぐるこの三冊

A・スミス『道徳感情論（上・下）』水田洋訳、岩波文庫、二〇〇三年（A. Smith, *The Theory of Moral Sentiments*, 1759）

R・ベネディクト『菊と刀』長谷川松治訳、講談社学術文庫、二〇〇五年（R. Benedict, *The Chrysanthemum and the Sword–Patterns of Japanese Culture*, 1946）

山崎正和『柔らかい個人主義の誕生』中公文庫、一九八七年

経済と社会が転機を迎えるたびにスミスは甦ってきた。しかも、転機の質に応じてスミスのもつ異なる顔に光が当てられる。古典である。そして現在の不況。先行きの見えない停滞が続く中で、自由化と規制緩和の合唱がくり返され、自由競争の祖としてのスミスが語られる。古典は、しばしば読まれることなく引き合いに出され、ときに誤用される。自由な市場とは、言うまでもなく自由気ままな活動が許される市場のことではない。『国富論』ではなく『道徳感情論』を取り上げ、一見場違いとも思われるベネディクトと山崎氏の作品に触れるのも、そのためである。

スミスによれば、人間は、もしも自分が他人の立場に立ったとしたら、その自分の行動に「同感」できるならそれを是認するし、そうでないなら否認する。そうした「公平な観察者」を自ら

の中にもつことによって自らの行動が抑制される。その意味では、ヴェーバーが『プロテスタンティズムの倫理と資本主義の精神』で描いたような、ひたすら神とのみ向き合って勤勉と節約と合理的計算を旨として行動する個人とは対照的である。

ベネディクトは言う。たとえ人が見ていようと見ていまいと、自らの中に確立された道徳の絶対的標準によって行動の善悪を判断する「罪の文化」。他方、「世間」という他人の目の下で自らの行動の基準を求める「恥の文化」。スミス流の対等な普通の人からなる「社会」での「同感」に対して、目上・目下といった上下関係を軸とする「世間」の目を気にする日本的な「恥」の文化。

一方、山崎氏は、一九七〇年代以降の日本社会を見据えて、「世間」のしがらみから脱した、自由で軽やかな人間関係の可能性を展望する。例えば、会社の中だけの人間関係を越えた、多様な領域の中で生きる新しい人間関係への展望。互いの顔の見えないプロテスタンティズムの「堅い個人主義」とは異なる、互いの顔の見える「柔らかい個人主義」である。『道徳感情論』は、ベネディクトや山崎氏のこうした議論へと連想を誘う。もちろんのこと、スミスが『国富論』の著者であり、それが経済学の古典中の古典であるのは言うまでもない。

（『毎日新聞』一九九九年四月二一日）

「近代経済学」と進化論

荒川章義『思想史のなかの近代経済学』中公新書、一九九九年
横川信治他『進化する資本主義』日本評論社、一九九九年

確かなメッセージの込められた学説史を、久しぶりに読んだ。著者の渾身の構えが伝わってきて、読後に鮮やかな印象が長く尾を引く。学説史の作品といえば、大抵は、行儀良く正確ではあるが平板な数百ページを読み終わって空しい徒労感が残ることが多い中で、これは異例のことである。荒川章義『思想史のなかの近代経済学』を読んでのことである。そういえば、この作品とよく似たタイトルの『思想としての近代経済学』（森嶋通夫著、岩波新書、一九九四年）を読んだ時の、あのずっしりとした手応えを思い出す。扱っている対象も分析手法も文章スタイルも違うのだが、それぞれに独自の確かなメッセージが込められている。

ただし、荒川氏がここで「近代経済学」と呼んでいるのは、内容に即して言えば、むしろ一般均衡論に代表される現代のミクロ経済学に結晶化された体系と言った方がよい。だから、A・マーシャルやC・メンガーをも含む限界革命以降の広い意味での近代経済学とは異なるし、もちろん、J・M・ケインズを中心としたマクロ経済学をも含めてマルクス経済学と対比して使われ

る場合の近代経済学とも異なる。そのように対象を限定したうえで、著者は、完全競争論を中心に組み立てられた「近代経済学」の中身に分け入り、その前提条件を逐一確かめ、啓蒙の哲学との関連を解き明かす。そして「近代経済学」が、実は、分権的な資本主義経済に適合したものではなく、意外にも、中央集権的計画経済にこそ適合した理論であるというパラドックスを引き出す。スリリングな読み物でもある。

「近代経済学」という学問は、一八世紀の啓蒙の哲学が可能にした認識のあり方を示すものに他ならない、と著者は言う。啓蒙の哲学においては、「自然」と「社会」は、ともに全知全能の「神」が設計し造形したものに他ならず、自然の運動を貫徹する科学的法則が存在するのと同様に、社会の運動を貫徹する法則が存在するとされる。その意味で自然科学と社会科学は、本来、目的を同じくする二つの学問なのであり、だからこそ、物理学の手法がそのまま「近代経済学」に導入されたのも何ら不思議ではない。そうしたものとして、完全競争論の体系が構築されたのであった。

完全競争の下に生きる生産者は、「価格」情報さえ与えられるならば、「消費者需要」という「外部」の情報をいっさい考慮することなく、ただ「費用」あるいは「生産関数」という「内部」の情報のみから、しかも「費用曲線全体」あるいは「生産可能集合全体」に対する「大域的」情報をいっさい考慮することなく、ただ利潤最大点における「限界生産性」という「微分的＝小域的

＝局所的」情報のみから、自己の最適な意思決定を行うことができる。一方、消費者は、「価格」情報さえ与えられるならば、ただ「効用」あるいは「選好関係」という「内部」の情報のみから、しかも「効用関数全体」あるいは「選好関係全体」に対する「大域的」情報をいっさい考慮することなく、ただ効用最大点における「限界代替率」という「微分的＝小域的＝局所的」情報のみから、自己の最適な意思決定を行なうことができる。

ところで、一体どこの誰が各商品の需要と供給を一致させる均衡価格を決定するのか。また、完全競争が成り立つための条件である、同一の生産物を生産する生産者の数の多さとはどの程度のものなのか。R・オーマンが一九六四年に与えた解答は、実は、経済全体には「非加算無限」の多さ（自然数と一対一に対応しないくらいの多さ）の経済主体が存在しなければならない、ということであった。しかし、経済主体の数はいかに多くても無限ということはありえず、したがってきわめて逆説的なことに、「分権的」完全競争論では、市場で成立した商品の価格をそのまま受け入れるような誘因を持たない経済主体を前提せざるをえない。すなわち、経済「外」に価格を設定する「超越的」な経済主体を、経済「内」には価格を受容することを「強制」される経済主体を前提せざるをえないことになってしまう。

そしてこれこそが、O・ランゲ＝A・ラーナー流の、経済外には価格を独裁的に決定する権限を持った中央計画局が存在し、経済内にはこのように決定された価格を受容することを強制される経済主体が存在するという、「中央集権的」な社会主義経済の理論を意味するというのである。超越的主体の存在を前提することなく、経済の自律的調整の問題を解き明かそうとした完全競争論の試みは、かくして内側から見事に崩壊する結果に終わったのである。著者が導き出したドラマチックな結論である。

以上のように「近代経済学」を解読したうえで、さてそれではどのような経済学を新たに構想するのか。交響曲の一つの楽章が突如終わったように、強烈な余韻を残しながら作品はここで閉じられる。「読後に鮮やかな印象が長く尾を引く」と冒頭で述べた理由の一つは、この作品のこうした終わり方にもよる。心地よい余韻を楽しみながら次第に私の中に膨らむのは、著者が本書の中で語っていた目的論と進化論との対比、経済学における完全競争と独占的競争との対比を扱う次なる新しい楽章への期待である。

つい先だって、書店で目にした「進化」という語がタイトルに入った横川信治他『進化する資本主義』に手が伸びたのは、私にとってはごく自然のなりゆきであった。一〇人を越える著者たちからなるこの編著に、「進化」をめぐるある確定した一つのイメージがあるというわけではない。ただ言えるのは、目的論的な縛りから資本主義論を解き放ち、資本主義あるいは市場経済の歴史的展開には多様な経路や型があることを明らかにしようとするその構えに公約数が見てとれるということである。

完全競争論のような市場の効率性への信仰にとらわれずに、進化する制度として市場を捉え、その歴史的な変容と多様なあり方とを示す。資本主義経済を自己変容と多様性において把握することを通じて、危機を生み出しまた危機を乗り越える制度としての市場メカニズムの、変化と差異を含んだ複雑な過程に立ち入る。このように、市場の働きを捉える視点を「効率性」から「進化」へと転換してこそ、危機に直面した資本主義の現実を見据えることができるというのである。

ところで「進化」とはいっても、それは「発展」とどこがどう異なるのか。著者の一人であるG・M・ホジソンは言う。経済の進化は、生物における個体発生および系統発生になぞらえることができる。これまでの発展論では、たとえ単線的ではなく複線的なコースを想定する場合でも、経済は異なる経路をくぐり抜けてやがて決められた到達点へとたどり着くはずだと見なされてきた。しかし、経済システムの歴史的進化が、多様な種を生み出す系統発生的進化になぞらえられる分岐を伴うのであれば、すべての経済システムが同一の発展段階をたどる必然性などないし、決められた唯一つの最終段階に行き着くと見なすことも誤りということになる。オーソドックスな新古典派経済学、オーソドックスなマルクス経済学を懐疑するということを公約数に、著者たちはそれぞれに新しい経済学を模索する、それこそ「進化」の営みのさ中にある。

（『経済セミナー』一九九九年五月号）

崩壊する平等神話

阿部謹也『日本社会で生きるということ』朝日新聞社、一九九九年
阿部謹也『「世間」とは何か』講談社現代新書、一九九五年
阿部謹也『「教養」とは何か』講談社現代新書、一九九七年
橘木俊詔『日本の経済格差』岩波新書、一九九八年
石川経夫『所得と富』岩波書店、一九九一年

四月の完全失業率が前月に引き続き四・八パーセント、うち男性のそれが五・〇パーセントを記録した。このところ毎月のように最悪記録の更新が続いている。バブル経済を境に、日本の社会は変質しつつあるのかもしれない。いや、「社会」が変質しつつあるというだけではなく、後で見るように「世間」に対する我々の構えが変わるかもしれない。

「社会」といいそれを構成する「個人」といい、いとも無造作に我々はこの言葉を使う。しかし、society という言葉が「社会」と翻訳されたのは明治一〇年、それ以前には日本でこの言葉は存在しなかった。また、individual という言葉が「個人」と翻訳されたのが明治一七年、それ

以前にはこの言葉もやはり存在しなかった。「社会」は自立した「個人」から成り立つというのがヨーロッパ的な捉え方であるが、あたかもこの日本でもヨーロッパ的な「個人」が存在し「社会」が形成されているかのよう長らく考えられてきた。

しかし日本人は、自立した「個人」として「社会」を形成しているというよりは、むしろ「世間」の中にそれぞれが居る、と阿部謹也氏が主張する（『日本社会で生きるということ』）。我々が生きている生活空間の実体は、「社会」ではなく「世間」であり、その「世間」とは所与のもの、その中に自分が居るのであって、こと改めて個人として意識化され対象化されるものではない。

だからこそ、「世間」を変えるという発想がそこからは出にくい。その点が、自立した「個人」が「社会」を形成するあり方とは異なる。そして、個人が「世間」に埋没することから脱して、自分の判断で「世間」を評価し始めるとき歴史は変わり始める、と阿部氏は言う（『「世間」とは何か』『「教養」とは何か』）。失業率の上昇、そしてバブルをはさんでの経済格差の拡大と階層分化によって、所与のものとして受け入れられてきた「世間」が、否応もなく意識化され対象化されつつあるのではないか。

これまでわが国は、低失業率と平等性を誇りとしてきた。少なくとも欧米の資本主義とは異なり、所得分配も資産分配も比較的平等であったし、貧富の格差もさほど大きくはないとされてきた。そうした平等神話が、実は崩れつつある。橘木俊詔『日本の経済格差』が、そのことを検証している（石川経夫『所得と富』もまた先駆的労作であった）。所得分配の不平等度が、課税前と課税後とで、ともに高まっている。とりわけ課税前所得は、この一〇年間で見れば、先進諸国の中で最も不平等度が高まったというのである。

また、バブル経済が資産分配に与えた効果も著しかった。バブルの崩壊によって、土地を中心とした実物資産の分配が極端に不平等化するのは止んだものの、金融資産の分配の方は不平等化がまだ止まっていない。それだけではない。バブル経済の頃から、職業の社会的流動性が低下しつつあるという。例えば、高等教育の学費や受験戦争を勝ち抜くための費用が高くなったために、親の経済力が子供の進学や職業を決定する傾向が強まってきている。まさしく階層分化の兆しである。もしそうであるとすれば、平等神話のもとで所与のものとして「世間」を受け入れてきたこれまでのあり方に代わって、「社会」への新たな意識を呼び起こす契機となるかもしれない。

（『日本経済新聞』一九九九年六月七日）

市場の力と「暴力」

辺見庸『もの食う人びと』共同通信社、一九九四年、『眼の探索』朝日新聞社、一九九八年

伊東光晴『「経済政策」はこれでよいか』岩波書店、一九九九年

佐和隆光『漂流する資本主義』ダイヤモンド社、一九九九年

凄みのある文章というものがある。ただ単にものごとを「説明」するというのではなく、「表現」することを通じて人を「説得」する。その表現と説得の仕方に何とも言えぬ凄みがあるといった文章である。辺見庸『もの食う人びと』、『眼の探索』を読んでつくづくそう思った。自分にはとても真似のできそうもない文章である。否応もなく説き伏せられてしまう迫力がある。社会科学の作品でそういったものに出会うことは滅多にない。その例外的な一冊を久しぶりに読んだ。伊東光晴『「経済政策」はこれでよいか』である。凄みがあり、それでいてどこか優しさをたたえている。

例えば、国境を越えるホット・マネーの動きに翻弄される発展途上諸国が、この本で取り上げられている。WTOによれば、一九九五年における世界の貿易額は年間約五兆ドル弱、これに

サービスの取引約一兆ドルを加えて年間約六兆ドル。一方、IMFによれば、世界の外国為替取引額は一日約一兆六千ドル、年間では、世界貿易額の約百倍近くにも達する。財・サービスよりも貨幣の売買の方が圧倒的に多いのである。つまり、貿易が為替レートを決めているのではなく、投機が為替レートを決めているという現実がある。加えて、八〇年代以降、世界の投機資金が巨額化してきた。そして、その中心に位置するのがアメリカの年金基金である。これがアメリカのみならず世界中の株式投資に向かい、機関投資家の割合が増大して個人株主の比率が低下している。多数の個人の売買によって株価が形成されるという、自由市場の理念はもはや幻想にすぎない。

さらに最近目につくのが、投機の尖兵を務めるヘッジファンドの動きである。このヘッジファンドは、公的機関への登録もなければ業界団体も存在せず、その実態は杳として掴みにくい。高度の金融技術を駆使しつつ、国際的な投機活動を展開して高収益を追い求める。例えば、低金利の日本から円を借りて高金利のアメリカ国債を買い、それを担保に銀行から資金融資を受けて発展途上諸国で指数取引や債券取引に参加し、わずかな証拠金で空売りを行なって利益をあげる。その動きは急速かつ俊敏で、今や世界経済の攪乱要因ともなっている。

ところで、そうした活動の背景には各国の株式市場の際だった規模格差がある。一九九七年八月時点で、アメリカの株式市場の大きさを時価総額で表現して一〇〇としたとき、イギリスは二一・九、ドイツは七・九、日本は三一・九。その他の国、とくにアジアや北欧諸国の市場は、ほんの数パーセントないし一パーセント未満。このような規模格差のある中で巨額の投機資金が小国を襲うとき、自由な市場とは何を意味するのか、と伊東氏は問い質す。

国際的な資本の自由な移動を確保すべしとの主張は、アメリカ政府、IMF、世界銀行に共通していて、通常それは「ワシントン・コンセンサス」と呼ばれる。しかし、これほど市場規模に格差があるときに巨額の投機資本が小国に流れたならば、その国の金融市場はたちまちに暴騰・暴落の波に呑み込まれ翻弄されてしまう。発展途上国にとって必要なのは、生産能力を高める設備投資向けの長期安定的な資本であろう。しかし、「ワシントン・コンセンサス」が求めるのは、自由な市場に名を借りた短期資本の自由な移動である。そこで伊東氏はケインズに倣って言う。小国のための調整可能な固定為替制度、資本移動についてのある種の制限、それに自主的な金融政策の組み合わせといった、困難ではあるが賢明なる政策を採らねばならない、と。かつて一次産品国がUNCTAD（国連貿易開発会議）に結集し先進国への対抗力を発揮したように、国際金融の実状に向けて対抗力を結集すべきだというのである。

佐和隆光『漂流する資本主義』が、ちょうどこれに響き合う主張を展開している。すなわち、グローバルな「ルーズベルト大連合」の提唱である。かつて世界大恐慌を乗り越えるために、アメリカ政府、資本家、労働者の三者が大連合を結成したように、国際機関、先進諸国、発展途上諸国の三者連合によって、グローバルな政策協調を実現すべきだというのである。それというのも、自由な「市場の力」が強まれば強まるほど、その力は「暴力」に転化して経済と社会を痛めつけるというパラドックスに注目するからである。

ソ連が解体して以降、社会主義の崩壊は即資本主義の勝利と短絡視されて、市場経済は急速にグローバルな拡がりを見せるようになった。長期・短期の巨額の資本が、先進諸国から東アジア、旧ソ連・東欧諸国、そして中南米へと流れ、これら諸国の工業化を推し進めはしたものの、同時に、この地域をヘッジファンドの草刈り場に仕立て上げてしまった。国境を越えて動き回る投機的な短期資本は、まさしく両刃の剣である。直接投資ならば、いったん投資されればそうは簡単に逃げ出せないものの、株式、社債、国債などへの間接投資は、期待収益率が低下したりその国のカントリー・リスクが高まれば、より安全で収益率の高い投資先を求めて瞬時に立ち去り壊滅的な打撃を残してゆく。

各種の規制が取り除かれて市場が完全なものに近づくならば、ケインズ的な財政金融政策によらずとも、「市場の力」によって不均衡と不安定は取り除かれるというのが主流派経済学の「常識」であった。しかし、自由化と規制緩和によって市場が完全なものに近づいたとたんに、「市場の力」が「暴力」と化してしまったことは、バブル期の日本の資産価格の暴騰・暴落、東アジアを襲った通貨危機、そしてＥＵ諸国で中道左派政権の誕生を促した失業と所得格差の拡大の中に見てとることができる。

「市場の力」は非効率な弱者を切り捨てて効率化を達成する。しかし、その力がある臨界点を越えるとシステム全体を破戒する「暴力」となりかねない。高度情報化、ポスト工業化、金融経済の肥大化は、これまで適正に機能していた「市場の力」を「暴力」へと転換させる可能性を秘めている。

効率化は紛れもなく目指すべき目標の一つである。しかし、それは目標の一つであって、いついかなる場合でも最優先されるべき目標なのではない。与えられた状況の下で他の諸目標との相関の中でどのような組合せを選択するかは価値判断の問題でもあり、政治的決断を伴う問題でもあって、経済学がにわかにシナリオを描くことが難しいのも事実である。そうした状況の中に我々はいる。「漂流する資本主義」というタイトルには、恐らくはそうした意味も込められているにちがいない。

（『経済セミナー』一九九九年八月号）

NPO、「政府の失敗」で機動性に脚光

山内直人編『NPOデータブック』有斐閣、一九九九年、『ノンプロフィット・エコノミー』日本評論社、一九九七年

L・M・サラモン『NPO最前線——岐路に立つアメリカ市民社会』山内直人訳・解説、岩波書店、一九九九年（L. M. Salamon, *Holding the Center : America's Nonprofit Sector at a Crossroads*, 1977）

富沢賢治『社会的経済セクターの分析』岩波書店、一九九九年

NPO、NGO、ボランティア、フィランソロピー。一〇年前、いや五年前ですら見聞きすることの少なかったこうした外来語が、今ではすっかり日常的な日本語として新聞紙上に登場している。四年前の阪神・淡路大震災の時の、のべ百万人を越えるボランティアの活躍がひとつのきっかけだったかもしれない。「民間非営利組織」と呼ばれる人たちのそうした活動が、国境を越えて関心を呼んでいる。

こうした事態をL・M・サラモンは「世界的非営利革命」と呼び、それが一九世紀後半の国民国家成立に匹敵するほどのことと評価する。またP・F・ドラッカーは、「一九八〇年代アメリ

カの最大の成長産業が民間非営利セクター」であったと指摘する。経済企画庁の『市民活動団体基本調査報告書』（一九九七年）によれば、国内にはおよそ八万七千もの市民活動団体があるという。昨年春に「ＮＰＯ法（特定非営利活動促進法）」が成立したこともあって、「非営利革命」はこの日本でも静かに進行中なのかもしれない（山内直人編『ＮＰＯデータブック』）。

そもそも民間非営利組織が成長を続けているのはなぜなのか。数ある理由の一つが、いわゆる「政府の失敗」である（山内直人『ノンプロフィット・エコノミー』）。経済の成熟化に伴い、人々の公共サービスに対する需要が成熟化・多様化して、政府の提供する画一的で硬直的なサービスでは、消費者ニーズに応えることが難しくなってきている。役所や企業とはちがって、臨機応変に小回りの利くＮＰＯが力を発揮しているのである。それに、この数年来の官僚スキャンダルが政府の公共サービスに対する信頼を失墜させてしまったという事情もある。

来年春から実施される介護保険制度も、行政だけできめ細かなサービスが可能となるのか大いに疑問が残る。そこで政府も、当初からＮＰＯを介護保険制度の担い手と想定しているふしがある。しかし、ＮＰＯを行政の下請けとして位置づけたり、財政負担の軽減のために利用するというのは安直にすぎるし、ＮＰＯのそもそもの存在意義を蔑ろにすることになる。一方、ＮＰＯ先進国といわれるアメリカは、今、転換点を迎えている（Ｌ・Ｍ・サラモン『ＮＰＯ最前線』）。すなわち、政府からの補助が削減され規制が強化される中で、ＮＰＯは民間の営利企業との厳しい競争に直面し、その経営能力が問われているのである。

ところで、経済システム全体との関連で民間非営利セクターをどう位置づけるべきなのか。アメリカで民間非営利セクターといえばＮＰＯを指すのに対して、ヨーロッパでは、これに協同組合と共済組織を含めた全体を民間非営利セクターないし「社会的経済セクター」と呼ぶことが多い（富沢賢治『社会的経済セクターの分析』）。社会主義経済が崩壊し、その一方で先進資本主義国では福祉国家体制が行き詰まりを迎えている。そうした状況の下で、国家セクター、民間営利セクターと並んで「社会的経済セクター」が不可欠で重要な柱を構成しているのである。とりわけ従来の協同組合とは一線を画した、働く人たちが所有し管理するワーカーズ・コープと呼ばれる「小さくてもきらりと光る」事業が注目されている。スペインのモンドラゴンに先例のある、労働主権を目指すこの試みが、高齢社会のまっただ中にあるこの日本で、その存在意義が試されている。

（『日本経済新聞』一九九九年八月九日）

「不条理な苦痛」の減殺こそが先決

J・K・ガルブレイス『アメリカの資本主義』新川健三郎訳、TBSブリタニカ、一九八〇年（J. K. Galbraith, *American Capitalism : The Concept of Countervailing Power*, 1952）

J・K・ガルブレイス『満足の文化』中村達也訳、新潮文庫、一九九八年（J. K. Galbraith, *The Culture of Contentment*, 1992）

市井三郎『歴史の進歩とはなにか』岩波新書、一九七一年

A・セン『不平等の再検討』池本幸生他訳、岩波書店、一九九九年（A. Sen, *Inequality Reexamined*, 1992）

経済の好況が持続しているせいか、アメリカではかつてのケネディ時代のようなリベラル派・対・保守派といった対立が薄れている。失業率が低くインフレ率も穏やかとなれば、インフレ抑制か景気刺激かといった政策選択の意味が乏しくなるし、財政赤字が縮小したとなれば、ケインズ政策の是非を問う声も小さくなりがちである。誰もがこうした状況を漠然と受け容れるようになれば、ガルブレイスが「満足の文化」と名づけたような現状肯定的な空気が社会を覆い始める（『満足の文化』）。

一方、この日本は依然として不況のさ中にある。失業率が高まったというだけでなく、所得と資産の格差も拡大している。ところが、こうした経済の不調にもかかわらず、与野党の対立軸はむしろ見えにくくなっている。自・自・公連立が成立したというだけではない。野党第一党の民主党と自民党との対立軸もまた定かではない。例えばさきの自民、民主の党首選挙の折には、改憲論をめぐって自民と民主を越えた奇妙な重なり合いさえ見られたのは記憶に新しい。

ところで、「リベラル」とは「自由主義的」を意味するのではない。かつてガルブレイスが述べたように、「リベラルとは、社会福祉の向上とか特権的な地位に対する攻撃をその中心的課題と考え、これらの目的のために必要とされる国家介入はいかなるものであれ受け容れる傾向」のこと（『アメリカの資本主義』）、つまり日本語的な感覚ではむしろ革新派を意味する。そうした意味での保守派とリベラル派の差異が判然とするのは、例えば税制と福祉をめぐってである。機会平等を保障しさえすれば、結果として生じる所得分配の不平等は、やむをえないどころか、むしろそれがなければ勤労意欲が阻喪されるという意味で不可欠であり、過度の福祉は人々の自助努力を損なうことになる、と保守派は主張する。他方、機会不平等を完全に取り除くことはおよそ不可能なのだから、結果として生じる所得分配の不平等のうち、社会的弱者を支えるための福祉は民主主義国家においては必須の社会的装置である、とリベラル派が応じる。

リベラル派のいうそうした不平等を、それではどのようなレベルで考えればよいのか。遠い記憶の中から私が思い起こすある哲学者の指摘がある（市井三郎『歴史の進歩とはなにか』）。「快」の総量を増やすよりは、むしろそれぞれの社会に特有な「苦痛」の量を減らす方向へと視座を転換すべきではないのか。しかも、「苦痛」一般からの解放ではなく、人為的・自然的諸原因によって、自らの責任とはいえないような事柄から被る「不条理な苦痛」こそが究極的な「不平等」であり、これこそが減殺されねばならぬ第一のものである、と。果たして保守派は、これにどのような答を用意しているのだろうか。そして市井氏のこの指摘こそは、経済のプラス成長を遮二無二目指すのではなく、まずは個々人の最小限度の自由を尊重し、良き「生き方・あり方」を選択できるその自由度を高めることを福祉の指標と見る、センのいわゆる「潜在能力」アプローチとしっかりと交響しているように思うのである（『不平等の再検討』）。

（『日本経済新聞』一九九九年十月一一日）

第三の途はあるのか

犬塚先・星直樹編著『日本の制度改革』有信堂、一九九九年
岩田昌征『現代社会主義の新地平』日本評論社、一九八三年
中村尚司『地域自立の経済学（第二版）』日本評論社、一九九八年
室田武他編著『循環の経済学』学陽書房、一九九五年

あるひとつの立場を、全体とのバランスを超越して主張し始めると、いつの間にやら加速度がついて、その立場を強調すること自体が自己目的と化し、主張をくり返すごとに当の本人にはある種の快感をさえ呼び起こしてしまうのかもしれない。かつては、計画メカニズムの優位性を強調して市場経済を諸矛盾の根源であると決めつける議論があったし、またここ数年の日本では、市場メカニズムの優位性を主張して、それを達成すべくあらん限りの規制緩和を推進することが時代の使命であるとする議論が拡がっている。

こうした状況を見据えて、岩田氏が語る（「経済社会を見るために」『日本の制度改革』所収）。ついに「市場主義」とでも言うべき観念や主張が登場するに至った。市場を「主義」とし

てしまう思想の中には、現在の瞬間最大風速に乗った没歴史的知性の絶大な自信だけでなく、経済社会の深いリアリティーからは遠い知的軽走の危うさが見てとれる。市場論が市場「主義」に、市場論者が市場「主義」者になれば、イデオロギーとイデオロギストの誕生ということになる、と。

岩田氏によれば、現実に存在し作動する経済社会は、純粋な市場経済M（自由が建前）でもなく、純粋な計画経済P（平等が建前）でもなく、純粋な協議経済C（友愛が建前）でもなく、三種混合経済でしかありえない。しかも、これらは、闇、陰、裏の世界に働いている仕組みまで含めての三種混合である。旧ソ連にブラック・マーケットがあり、日本にブラック協議（談合）があり、旧ユーゴスラヴィアにブラック行政があったようにである。そして、これらM・P・Cの組合せ、分担、混合、接合の妙＝知恵によってのみ、健全な社会経済体制が作動しうる、と主張する。

ところが一九八〇年代になって、P過剰による経済崩壊領域（旧ソ連の場合）、C過剰による経済崩壊領域（旧ユーゴスラヴィアの場合）へと現実は突き進んでしまった。岩田氏の解釈によれば、一九二九年大恐慌は、資本主義がM過剰による経済崩壊領域へと突き進んだことを意味し、現在の「市場主義」の拡がりとそれを基礎とする政策運営は、M過剰による経済崩壊領域に突き進みかねない状況だということになる。

こうした主張に繋がる議論を、一六年前の著作ですでに指摘していた（『現代社会主義の新地平』）。そこではこうも述べている。「今日の世界経済の実態を見れば、三種の混合比率の相違によってさえ説明しきれない経済的活力や社会的活力の差が各国間に存在する。したがって、Xなる第四の頂点を〔もつ正四面体を〕想定して、M・P・Cの三種結合に活力を注入し、それぞれに相互補完的機能を発揮させる潜在的因子とせねばならないだろう。果たして、Xとは何なのであろうか」と。M・P・Cの混合比率を規定するXを見出す作業は、現在でも依然として重要性を失っていない。

この岩田氏の主張と交響する議論を中村尚司氏が展開している（『地域自立の経済学（第二版）』）。新古典派経済学は市場による資源配分を理想とし、マルクス経済学はそれを批判して計画による資源配分を理想としてきた。前者では「価格」が決定的な役割を演じ、自由の理念に適合する経済システムが想定され、後者では「規格」に従った生産や分配が行われ、平等の理念が尊重されるシステムが想定されてきた。これら市場と計画に対比すべき第三のシステムは、協議による経済システムであり、そこでは、「人格」的な相互依存関係が基軸をなし、友愛の理念がそれと結びついている。当事者間の「人格」的な相互依存関係が基軸であるがゆえに、個々の経済単位は相互に粘り強く自主的な協議を続けて最終的な合意を目指す他はない。

ところで、「自由」な経済人であるホモ・エコノミクスが市場経済システムの理念像となる一方、「平等」を体現する計画システムが、二〇世紀のロシア革命と中国革命の産物として登場した。ところが、「友愛」を担う協議システムは、いまだ人類史的な規模の社会革命を経験してはいない。例えば、協議システムに連なる協同組合も、「友愛」を目指す社会運動として出発しながら、実際には市場セクターとの厳しい競争にさらされたり計画セクターの代理機関化しかねない現状を、中村氏が指摘する。

しかし、協同組合、共済組織、NPOといった民間非営利セクターの新しい動向に、富沢賢治氏はむしろ期待を寄せる（『社会的経済セクターの分析』）。確かに、先進資本主義国において、公共セクターにも私的セクターにも属さない民間非営利セクターが活発化しているという面がある。社会主義経済の崩壊と福祉国家体制の行き詰まりによって、公共セクターとも私的セクターとも異なる独自の構成要素として発展しつつあるこのセクターに富沢氏は注目する。P・F・ドラッカーが、民間非営利セクターの急増こそ現代社会の特徴をなす「新しい現実」だと述べていることも指摘しておこう。

市場の失敗が露わになれば、政府の役割が強調される。その政府が期待どおりの役割を果たさないとなれば、反転して市場への回帰が性急に語られる。こうして、市場と政府の二者択一的な議論が長らくくり返されてきた。しかし、市場（「私」）か政府（「公」）かの議論で見失っていたのは、実は「共」的世界（コモンズ）の存在だったのかもしれない（多辺田政弘「自由則と禁止則の経済学」『循環の経済学』所収）。もちろん、ここでいう「共」的世界とは協議システムに連なるものであって、協同組合や共済組織やＮＰＯやＮＧＯや様々なボランティア団体の存在がその具体的なあり方と考えられよう。こうしたセクターの全体的な位置づけを試みている点で、富沢氏の著作が私の関心を引く。

しかし、中村氏が指摘しているように、既存の伝統的な協同組合は私的セクターとの競争にさらされて苦境に陥ったり、あるいは農協のように公共セクターの代理機関化したりと、大きな曲がり角を迎えている。そこで富沢氏が注目するのが、「新しい」協同組合、つまり、ワーカーズコープ、コミュニティコープ、社会的協同組合などの活動である。例えば、ワーカーズコープは、そこで働く人々が所有し管理する協同組合であるが、その原理からすれば、労働者が主人公として資本を用いる関係を目指す。恐らく、彼ら自身も既存の大規模協同組合に対するオールタナティブを意識するがゆえに、あえて協同組合という名称を避け、個々人の主体性を重んじる共同体という意味合いを込めた名称を選択したのではあるまいか。そのような領域が、ひとつのシステムとしてどのように拡がり発展していくのか、あるいは行き詰まるのか。市場か政府かという二元論に慣れてきた思考様式に、第三の途を加えて世界を見渡すことへの誘いでもある。それにしても、岩田氏が一六年前の著書で指摘した、三種混合のあり方を規定する第四の頂点Ｘとは果たして何なのか。依然として確たる答が見出せないままである。

（『経済セミナー』一九九九年一一月号）

時間の豊かさへの胎動

内田弘『自由時間』有斐閣、一九九三年
平田清明『市民社会とレギュラシオン』岩波書店、一九九三年
博報堂生活総合研究所編『時間』博報堂、一九九九年

不況の風が吹き抜けたこの年も、師走はやはり気ぜわしい。失業率は依然として高止まり、高齢社会への見通しも不透明とあっては、年末商戦も盛り上がりに欠ける。が、気分は何かしら慌ただしい。中高年の失業者がハローワークを訪ね、学生たちの求職活動もまだ続く。不況下の非自発的失業は、いわば強制された「自由時間」であるが、この「自由時間」を、少しばかり長期の視点から考えてみたい。

高度成長が始まった一九六〇年頃と比べれば、現在のGDPは実質でおおよそ七倍ほどにもなる。とはいっても、生活が七倍も充実したとは誰も思いはしない。つまり、経済成長が豊かさに結びつくその度合いは、この数十年の間にしだいに弱まってきたのではないのか。GDPあるいはそれによって購入できる財・サービスは、実は豊かさを得るための手段であって目的なのでは

ない。それら手段を活用することによって得られる豊かな生活・豊かな時間こそが、実は目的のはずであった。

もちろん、手段たる財・サービスが圧倒的に少なかった時代には、それら手段を増大させることと自体が取りあえずの目的になったとしても何の不思議はないし、そのプロセスが高度経済成長であった。しかしそうしたプロセスの中で、実は自由で豊かな時間をいつしか手放してきたという面があったのではないのか。「モノの豊かさ」から「時間の豊かさ」へと視点を変えてみる時期なのかもしれない。

そうした機運が何年か前からすでに生まれている。M・エンデの『モモ』はいうにおよばず、内田弘『自由時間』も、アリストテレスから現在に至るまでの自由時間論をたどり、自由時間が人生に実りをもたらすその条件を考える。まずは労働時間の短縮によって自由時間そのものが確保されること、しかしそれを実りあるものとするための物質的・精神的条件がなければ、それは単なる無為の時間となってしまう、と説く。

あるいは、初期・中期マルクスに着目して、平田清明『市民社会とレギュラシオン』が、「時間主権の確立」を語る。すなわち、働く諸個人による生産過程の協同的制御、そのことによる福祉国家ならぬ福祉共同体への道筋。労働時間短縮による自由時間の拡大を意識的なワーク・シェアリングによって獲得すること。基本的市民権として人々が「時間の主人公」となることこそが、市民社会の成熟に他ならない、と。

学説史研究者だけではない。博報堂生活総合研究所編『時間』によれば、首都圏に住む一五〇〇人の男女へのアンケート調査で、「給料が下がっても労働時間を短縮したい」とする人の比率が三四・五パーセントにも達しているという。不況下の緊急避難的措置として「賃下げと労働時間の短縮、それによる失業者数増大の阻止」（連合事務局長、笹森清氏の発言）といった対応を越えて、GDPや財・サービスの増大といった「モノ」を軸にした視点から、自由で充実した時間の獲得といった「コト」を軸にした視点へと発想を転換すべき時期を迎えているのかもしれない。この一〇月にフランスの国会で成立した「週三五時間労働法」によって、西暦二〇〇〇年から実施されるかの国でのワークシェアリングの推移をも注視したい。

（『日本経済新聞』一九九九年一一月二〇日）

世界の超著名人を至近距離から語る

J・K・ガルブレイス『20世紀を創った人たち――ガルブレイス回顧録』橋本恵訳、TBSブリタニカ、一九九九年（J. K. Galbraith, *Name Dropping*, 1999）

J・K・ガルブレイス『ガルブレイスのケネディを支えた手紙』谷村武訳、TBSブリタニカ、一九九九年（J. K. Galbraith, *Letters to Kennedy*, 1998）

実に多面的な顔をガルブレイスは持ち合わせている。文明批評家、小説家、ニューディール時代の行政官、『フォーチュン』の編集者、歴代民主党政権の政策アドバイザー、インド大使、そしてもちろん経済学者。『……人たち』『……手紙』は、彼のこの多面ぶりを存分に表現していて飽きさせない。しかも、二〇世紀を彩る超著名人たちの至近距離にいて彼らを語るのだから面白くないはずがない。

F・D・ルーズベルト、エレノア・ルーズベルト、J・F・ケネディ、ジャクリーン・ケネディ、ジャワハラル・ネール等々といった名前が並べば、これは自己満足のひけらかしではないかと勘ぐりたくもなるのだが、そこはガルブレイス。原著名をName-Dropping、「有名人の名前を出してひけらかす」として先手を打っている。それに、程良く抑制がきいていてユーモアを忘れない。

例えば、F・D・ルーズベルトについてこう記す。彼は、おそよイデオロギーとは無縁の人であった。教条からは自由で多くの人たちの話に実によく耳を傾けた。その彼にエレノア夫人がこう問い質す。「ハリーが来た時には彼に〈まさに君の言うとおりだ〉と言ったでしょ。その後にハロルドが正反対の陳情をしたのに、今度は彼に〈まさに君の言うとおりだ〉なんて」。ルーズベルトは答えた。「エレノア、まさに君の言うとおりだ」。

ケネディ大統領就任演説の草稿を事細かにチェックし演出したのもガルブレイスであった。そのケネディにとってままならぬのが外交問題であった。反共政策の因習と官僚組織の縛りからついに抜け出すことができなかった。アメリカがベトナムから手を引くことができなかったその背後に、国務省とペンタゴンという巨大組織の壁があった。この「権力の源泉としての組織」という視点は、ガルブレイスが一貫して追い求めてきたテーマでもある。

(『日本経済新聞』二〇〇〇年一月二三日)

市場は果たして道具なのか

金子勝『セーフティーネットの政治経済学』ちくま新書、一九九九年
間宮陽介『同時代論』岩波書店、一九九九年

明治・大正・昭和の三代にわたって活躍した稀代のジャーナリスト長谷川如是閑は、かつて「イズミスト」という造語を使ったことがある。人間や社会をトータルかつ柔軟なスタンスで捉えるのではなく、何らかの「主義（イズム）」をまるで視野狭窄的に言い募る人のことである。いかにもリベラリスト如是閑らしい造語だと感心したことであった。この言葉を思い出したのは他でもない。この数年、規制緩和の大合唱が鳴り響き、市場原理主義的な発言が満ちあふれて、さすがに違和感を抑えられなかったからである。規制緩和論も市場メカニズムへの評価も、それはそれでいい。しかし、そのことをまるで「イズミスト」のごとくに主張するのはどうであろうか。以下にあげる二冊の著書は、そうした意味合いで、「イズミスト」の主張を相対化させてくれる絶好の作品のように思う。

まずは、金子勝『セーフティーネットの政治経済学』。この作品で著者が強調しているのは、市場で「競争する」ことと人間どうしが「信頼し協力する」こととは、相容れない正反対の行為

なのではなく、むしろ互いに補い合う関係にあるという点である。つまり市場競争の世界には、信頼や協力の制度が奥深く埋め込まれていて、そのような「協力の領域」があってこそ初めて「市場競争の領域」もうまく機能すると見るのである。そして、この信頼や協力の制度に当たるのが、実はリスクを社会全体で分かち合うセーフティーネットなのだ、と。

労働（力）市場では、年金・医療・失業などに関する社会保障制度、そしてそれに連結する形で雇用・解雇・昇進などに関する労資協約、あるいは公教育・職業訓練・資格制度などがある。貨幣・資本市場では、中央銀行の「最後の貸し手」機能や預金保険機構、その国独自の為替・金利体系・公的制度金融などがある。さらに土地市場では、公営住宅や家賃補助や住宅金融制度などの公的な住宅政策、あるいは土地投機を防ぐ都市計画規制などが、セーフティーネットとしてある。これら本源的生産要素の市場は、本来的に市場化の限界（無理）を抱えており、セーフティーネットがないと、市場はパニックを引き起こしたり麻痺したりする。単純な市場原理主義に基づく規制緩和政策によってセーフティーネットを外してゆくと、かえって市場は機能障害に陥ってしまうのである。人々が安定的な経済行動をとりうるためには、一人一人の処理能力を越えるリスクを社会全体で分かち合うセーフティーネットたる制度やルールが必要だというわけである。

とはいっても、弱者救済を主張するセーフティーネット論をここで金子氏が主張しているのではない。市場から脱落してゆく弱者を救済することそれ自体が目的なのではなく、弱者が順次市場から脱落してゆくと、市場そのものが麻痺してしまうという点が問題だというのである。セーフティーネットとそれに連結する制度やルールが人々の信頼を得るとき、初めて市場競争は安定的に機能する。そうした相互補完関係こそが問題の本質だというのである。だとすれば、経済再生に必要とされる具体的な政策とは、雇用の安定策、年金や介護のような社会保障制度の充実だということになる。

そして間宮陽介『同時代論』もまた、「イズミスト」とは対極的なスタンスの主張を展開する。すなわち、市場「主義者」は市場経済をそれ自体で自己完結した自律的なシステムだと考えがちである。彼らは、市場の領域とその外部の領域とが一本の線によってはっきりと識別できることを当然の前提としている。そして、市場を構成するのは企業という生産主体と家計という消費主体であり、利潤と効用という経済的動機もまた閉鎖的で自己完結的とされる。市場はかろうじて、企業の生産技術や消費者の嗜好といったパラメーターを通じて市場外の領域と結びつくにすぎない。そして、政府を含む市場外の諸制度やルールは、市場の円滑な運行を妨げる阻害要因とされてしまう。

市場外からの強制を極力抑えよ、というのがそうした経済学の教義である。市場のことは市場に委ねよ、そうすれば非人格的で恣意性のない市場の規律が作用して参加者全員の利益を増進させるというこの教義は、市場の内部と外部とが明確な一線によって画されている場合には正しいかもしれない。しかし、現実の市場は必ずしもそうした純粋な市場ではない。市場の多くは様々な「不純物」を内包し、この不純物がむしろ市場を安定化させる役目を果たしている。

そうした立場から、例えばケインズやポランニーの所論が位置づけられる。すなわち、不完全雇用理論としてのケインズ経済学は、同時に不安定性理論でもあった。貨幣経済の不安定性は微分方程式で示されるような不安定性であるよりは、市場の内部と外部との緊張関係に起因する構造的不安定性である。このことをケインズは、ポランニーのように市場が社会を不安定化するという形によってではなく、社会を組み込まない市場は自らを不安定化し自己完結しないという形で論じた。市場システムの安定性は外部の政治的諸力（例えば中央銀行による通貨管理など）に拠るとポランニーが考えたのに対して、ケインズは市場の内部にその力を求めた、というのである。

市場の内部と外部とは、実ははっきりとした一線によって仕切られているのではない。市場は時間的にも空間的にも外部に向けて開かれたシステムなのである。市場とは元来は市場社会のこと、すなわち社会のひとつのあり方をいうのであって、経済運営の道具でもなければ、経済を作動させるためのマシーンでもない。そうした発想が、このところ急速に忘れられてきたような気がする。すなわち、市場を単なる効率的資源配分の場ないしマシーンと見なす考え方が拡がり、市場が経済建て直しのための「救いの神（デウス・エクス・マキーナ）」ででもあるかのように考えられてきた。このことは、この国の経済論壇においてだけではなく、旧社会主義圏の市場化をめぐる論議においてもそうであった。ある立場からの主張がある限界を越えて強調されるようになると、私は本能的に如是閑のあの「イズミスト」という造語を思い出し、「イズミスト」の主張とは逆の議論を探し始めていることに、はたと気づかされるのである。

（『経済セミナー』二〇〇〇年二月）

グローバリズムとは何なのか

宮崎義一『複合不況』中公新書、一九九二年
宮崎義一『世界経済をどう見るか』岩波新書、一九八六年
S・ストレンジ『カジノ資本主義』小林襄治訳、岩波書店、一九八八年（S. Strange, *Casino Capitalism*, 1986）
S・ストレンジ『国家の退場』櫻井公人訳、岩波書店、一九九八年（S. Strange, The *Retreat of the State : The Diffusion of Power in the World Economy*, 1996）
S・ストレンジ『マッド・マネー』櫻井公人他訳、岩波書店、一九九九年（S. Strange, *Mad Money*, 1998）
G・ソロス『グローバル資本主義の危機』大原進訳、日本経済新聞社、一九九九年（G. Soros, *The Crisis of Global Capitalism*, 1998）

世紀末のこの数年、グローバル化の嵐が吹き荒れて、世界は何度となく通貨危機に揺れ動いた。九二～九三年の欧州通貨危機、九四年～九五年のメキシコ通貨危機。そして九七年の東アジア通貨危機。その余波は、九八年にロシア、九八～九九年にブラジルへと飛び火し、その間、二

度の世界同時株安を引き起こした。かつてない好景気で賑わいを見せるアメリカでも、いつバブルがはじけて経済危機に見舞われるかもしれないという新たな懸念さえ生まれている。

今から八年前に問題提起をして話題を呼んだ「複合不況」論も、実は、このグローバル化を強く意識した作品であった。つまり、九〇年代に入ってからの日本の不況は、「国民経済」という枠組みの内部で発生する通常の循環型不況ではなく、「国民経済」という枠組みそれ自体の崩壊によって生み出されたものだというのである（宮崎義一『複合不況』）。フローとしての実質GDPの低迷だけでなく、資産ストックの評価額の低落に起因するニュー・フェースのこの不況を、宮崎氏は「複合不況」と命名する。在庫や設備投資調整などの短期の循環的要素と、バブルの後遺症である不良債権の圧力とが連動したという意味での「複合不況」である。単なる有効需要不足によって誘発された価格の急落ではなくて、円高と規制緩和・自由化の進展、つまりは「国民経済」の枠組みが崩壊しグローバル化が進む中で価格急落が生じるようになった。こうした事態を説明するには、デフレーションとは区別して「価格破壊」と呼ぶのが相応しい、と宮崎氏は言う。バブル崩壊による価格急落は、「国民経済」という旧来の枠組みの崩壊によって初めて可能になった現象だというのである。

生産能力の自由な拡大を求め飽くなき蓄積を目指す資本は、「国民経済」という枠組の市場を狭隘と感じて世界を飛び回る。多国籍企業分析を軸に「一国」資本主義ではなく「世界」資本主義として現代経済を見るというのが宮崎氏の一貫した立場であった。一方、福祉国家の実現というこれまでの課題も、「国民経済」の枠組みの中で、主権国家の強力な経済政策によって初めて実現しうるのであって、ひとたび「国民経済」の枠組みが揺らぎ経済政策が一国の専決たりえなくなるならば、福祉国家を越えた新たなビジョンと理念が求められるにちがいない。グローバル市場での需供は不確実であり、また市場の広域化は社会的利害の対立を地球的規模でいっそう深刻にする。このような「カジノ資本主義」への構造変化は、果たして健全な歩みといえるのか。強力な世界中央銀行の樹立と新しい真の世界貨幣の形成を、はるかかなたに展望しながら宮崎氏は逝ってしまった。

一九七〇年代以降の経済のこうした体質変化を「カジノ資本主義」と喝破したのが、ストレンジであった（『カジノ資本主義』）。その冒頭で言う。「西側世界の金融システムは急速に巨大なカジノ以外の何ものでもなくなりつつある。……カジノと同じように、今日の金融界の中枢ではゲームの選択ができる。ルーレット、ブラックジャックやポーカーの代わりに、ディーリング（売買）——外国為替やその変種、政府証券、債券、株式の売買——が行なわれている。これらの市場では先物を売買したり、オプションあるいは他のあらゆる種類の難解な金融商品を売ったり買ったりすることで将来に賭ができる。……経済活動はカジノのギャンブラーに非常に似ている」。そして巻末で言う。「資本主義世界の都市中心にそびえたつ巨大なオフィス・ビル街では、依然として生き残った金融ギャンブラーだけが祝杯を上げている。残りの者には、世紀の哀しみに沈んだ悲惨な終わりがやってくる」。

一〇年以上も前には、いくぶんぎこちなかった「カジノ資本主義」というこの用語が、今では何の抵抗もなくすんなりと入ってくる。つまり、現実の経済がすっかりカジノ化したのである。例えばグローバル化する金融市場では、将来何が起きるかは全くの運によって左右されるようになり、熟練や努力、創意、決断、勤勉がしだいに評価されなくなる。社会体制や政治体制への信頼が急速に消えていく。自由な民主社会が依拠している倫理的価値への尊敬が薄らぎ始める。

金融が一国的である限り、各国権力が市場をコントロールし、どれだけ規制すべきかを決定できる。しかし、市場が地球的規模で密接に統合され相互に依存し合うようになると、各国は外部世界の影響をもろに受けて揺らぎ始める。デリバティブを初めとする金融新商品が増え、市場の規模、取引量、取引の種類、新しい金融センターの数が増えた。しかし、不確実性に対処するために発展してきた先物市場などの諸々の工夫は、価格変動を抑えてシステムを安定させるどころか、実際にはそれを増幅し、永続化させてしまっている。世界の金融システムの慢性的不安定性、その不安定性がかもし出す投機への誘惑、リスクの社会的配分と利得機会の不均衡・不平等が拡大している。

グローバル化が進むにつれて金融・財政政策が効力を喪失して「国家の退場」(『国家の退

場』）が露わとなり、地球的な規模で経済の不安定化が進む。その背景には、デリバティブを初めとする金融活動上の急速な技術革新があり、市場規模、取引量、取引種類が一気に増大して、貨幣・金融の変動が実物経済をもろに揺り動かし、さながら「マネー」が「マッド」な性格をますます強めているとストレンジは言う（『マッド・マネー』）。

そうしたグローバル化した市場の中で、ヘッジファンド・マネージャーとして活躍し、莫大な資産を手にしたG・ソロスが語る彼自身の市場観には、不思議な説得力がにじみ出ている。その彼の議論の軸になっているのが「相互作用性」の概念であり、人間の予想と現実経済との間には相互にフィードバック・メカニズムが働くということの考えから、新古典派経済学の均衡論批判を展開する（『グローバル資本主義の危機』）。

グローバル化した金融市場は、これまで新古典派が想定していたものとは全くちがった動きを見せている。新古典派では、金融市場は振り子のように動くはずで、外部からの衝撃に反応して変動することはあっても、やがては均衡点で静止するとされる。ところが現実の金融市場は、むしろ建物を解体する巨大な鉄球のような動きをして、弱い国々を次々と打ちのめしていった。

ニュートン力学に基づいて、唯一の安定的な均衡を仮定する新古典派経済学は、現在の市場経済を分析する上では全く有効ではない、と彼は言う。強い「相互作用性」が存在し、かつ、そのフィードバックがきわめて強い市場では、価格がいったん均衡の近傍を離れると、ダイナミックな不均衡プロセスに入って、暴騰と暴落の間を揺れ動く。彼自身がファンド・マネージャーとして成功した最大の原因が、このしばしば起こる暴騰と暴落のパターンをうまく読んだからであり、ノーベル経済学賞受賞者ショールズとマートンが参加したヘッジファンドＬＴＣＭが破綻したのは、新古典派的な均衡への収斂を想定していたからだ、と彼は豪語する。

グローバル経済の発達には、それに対応すべきグローバル社会の発達が伴ってこなかった。グローバルな経済を安定化させ、かつ規制するためには、我々はある種のグローバルな政治的意思決定のシステムを必要とする。故障してコントロールできなくなった金融システムを管理し安定化させることは、世界的課題である。しかし、国際機関が魔法の杖を振るって金融秩序や世界経済の繁栄を取り戻すことを期待しても何の役にもたたない、とソロスは言う。その彼がある時、「我々は今、ギリシャ悲劇のただ中にいるようだ。悲劇的結末は読めるのだが誰もこれを避けることができない」と語ったという。

そしてストレンジは、現在よりもさらに「マネー」が「マッド」になって初めて新しい種類の政治組織が生み出されるかもしれない、と厳しい展望を語る。前出の宮崎氏は、世界経済を論じたある著書の末尾を、「地球は宇宙における唯一のオアシスである。地球はあまりにも小さく、各国が対立するような空間はない」という宇宙飛行士の感慨を紹介することで締めくくっている、いや締めくくらざるをえなかった（『世界経済をどう見るか』）。グローバル化した経済の抱える問題への処方箋を書くことがいかに困難であるかを象徴しているかのようである。しかし、そうも言ってはおられない。それぞれの国民国家のレベルでも、あるいはEUのようなそれを越えるレベルでも、さらには、各地域のローカルなレベルでも苦渋にみちた試行をともかく続ける他はないのである。

（『世界』二〇〇〇年五月特集号）

好調アメリカ経済に潜む危機

岩井克人『二十一世紀の資本主義論』筑摩書房、二〇〇〇年
井村喜代子『現代日本経済論〔新版〕』有斐閣、二〇〇〇年
山田喜志夫『現代貨幣論』青木書店、一九九九年
R・トリフィン『金とドルの危機』村野孝・小島清監訳、勁草書房、一九六一年（R. Triffin, *Gold and the Dollar Crisis*, 1960）

いつバブルがはじけるのか不安を抱えながらも、アメリカ経済は戦後最長の好景気を持続し、インフレなき成長を実現して、一部の研究者からは「ニュー・エコノミー」という呼び名まで寄せられてきた。五月一三日の『日本経済新聞』によれば、こうした好景気を反映して過去最大の財政黒字を記録する見通しともいう。が、やはり不安は残る。貿易収支赤字が持続し、世界最大の対外純債務国であるのも紛れもない事実なのだから。

ところで、仮にバブルがはじけてアメリカ経済が不況に陥っても、それは二一世紀資本主義の「真の危機」とは別のものである。長引く日本の不況も、あるいは九七年に始まった東アジアの

経済危機も、「真の危機」とは別のものである。こう語って挑発するのが、岩井克人『二十一世紀の資本主義論』である。前著『貨幣論』（一九九三年）の、いわばグローバル市場経済への応用編である。

経済危機といえば恐慌・不況というのが通り相場であるが、そうした局面では、買い手を失った売れ残り商品とは対照的に、貨幣はまさにその本領を遺憾なく発揮する。貨幣こそが価値物なのである。一方、もしもハイパー・インフレに陥れば、貨幣はその価値を失って限りなく紙切れに近いものに成り下がってしまう。そのようにして、ひとたび貨幣が貨幣としての機能を失えば、市場経済そのものの存続が危うくなる。これこそが「真の危機」だというのである。グローバル市場経済における貨幣＝基軸通貨ドルは、東アジアの経済危機の場面ではその価値を遺憾なく発揮し、バーツやリンギやルピアが投げ売りされてドルが買い求められた。しかし、もしも基軸通貨ドルがハイパー・インフレに陥って減価し始めれば、それこそがグローバル市場経済の「真の危機」であるのに、世界中の金融危機やバブル膨張・崩壊の議論の中でそのことが忘れられている、と岩井氏は説く。

しかし、である。基軸通貨ドルの危機と、世界各地の金融危機やバブル膨張・崩壊とは、しっかりと結びついているのではあるまいか（井村喜代子『現代日本経済論〔新版〕』、山田喜志夫『現代貨幣論』）。戦後のブレトンウッズ体制の下で、七一年の金・ドル交換停止までは、アメリカは貿易収支赤字の一部を金で決済していたのであるから、曲りなりにも貿易収支赤字への節度があった。しかし金・ドル交換停止以降、貿易収支の制約が事実上存在しなくなったアメリカは、基軸通貨国の特権を行使してドルを増発し、貿易収支赤字をたれ流しする誘惑に陥ってしまった。と同時に、金融自由化・規制緩和を国内外にわたって推進し、膨大な国際的投機取引への途を開くこととなった。かくして、長期的なドル減価・不安定化、金利と証券価格の不安定化、それらを前提とした国際的投機資本の活動、経済のカジノ化が進む。つまり、世界各地の金融危機、バブルの膨張・崩壊は、ドルの危機と無縁ではないのである。

今からおよそ四〇年前、R・トリフィンはすでにこうした問題を予見して、グローバル市場経済における世界貨幣をどこの国の貨幣でもない世界貨幣として、さらにそれを管理運営する世界中央銀行を創設すべきことを指摘していた（『金とドルの危機』）。そしてそれは、実はトリフィンの独創というわけではなく、すでに第二次大戦中にケインズが提唱していたことでもあった。かくして二一世紀の資本主義は、ケインズの影を背負って歩むことになる。

（『日本経済新聞』二〇〇〇年五月二一日）

非営利活動の学問的枠組みを

小松隆二『公益学のすすめ』慶應義塾大学出版会、二〇〇〇年

バブル経済華やかなりし頃、企業のメセナやフィランソロピーが大いに人々の関心を呼んだものであった。しかしそれも束の間、バブル崩壊後の長引く不況の中で、そうした活動はすっかり影を潜めてしまった。企業の非営利活動とは、何とも底の浅いものであったのかと淋しい気持ちになったものだが、どっこい、志を秘めてねばり強く頑張っている企業があるし、NPO（民間非営利組織）の活動はむしろ拡がりを見せている。こうした非営利活動を学問的に扱う枠組みとは一体どのようなものなのか。

経済学であれば、市場対政府あるいは民間対公共と区分けするのが常套手段であるが、こうした区分けでは掬いきれない重要な領域がある。しかも将来に向けてますますその意味が重要になっていく領域である。そこに踏み込むための枠組みを構築しようと試みたのが、本書である。ヨーロッパでは「社会的経済」という名称でNPOや協同組合活動を扱う研究が重ねられているが、本書でいう「公益学」は、それよりも広い枠組みである。つまり、経済の領域を含みつつそれを越える「世のため人のため」の活動を包み込む概念だからである。

ハンディキャップ、窮乏、欠落、困難、差別などから生じる「ニーズ」を前提にして、営利としてではなく「サービス」として、資金、物品、人材・労力などが提供される。そしてその「サービス」を媒介にして形成されるのは、市場関係とは異なる「ソーシャル」な人間関係である。こうした「ニーズ」「サービス」「ソーシャル」を軸として成り立つ領域を扱うのが公益学である、と著者は言う。本書で扱われている環境、医療、社会福祉、学校、科学技術、労働組合などの活動だけでなく、市場原理を基礎として公益とは対極的と思われる企業活動でさえも、現在では公益との関わりなしには語りえなくなりつつある。企業は経済主体であるだけでなく、社会的存在としての意味が大きくなっているからである。公益学が、本書のような「すすめ」から進んで、どのような一歩を踏み出すのか注目したいと思う。

（『東京新聞』二〇〇〇年六月五日）

経済理論だけでは語れぬ投機とバブル

E・チャンセラー『バブルの歴史』山岡洋一訳、日経BP社、二〇〇〇年（E. Chancellor, *Devil Take the Hindmost : A History of Financial Speculation*, 1999）

日本経済がバブルの宴に浮かれていた頃、「投機に関心を寄せない人間は世捨て人のようなもの」と言い放った評論家がいた。投機は、どうやら社会の雰囲気と無関係ではないようだ。ところが経済理論の方は、むしろそうした視点が稀薄である。例えば為替投機を論じたM・フリードマンは、合理的な投機が経済を安定化することを強調する。合理的な投機家はドル安の時にドルを買うからドルの値を上げるだろうし、ドル高の時にドルを売るからドルの値を下げる。つまり、投機家の読みが正しい限り、為替レートは安定化するはずだというのである。もちろん投機家が誤った判断に基づいて行動すれば、自ら損失を被るだけでなく為替レートが不安定化することにもなる。しかし投機家の間で自然淘汰が進めば、最終的には為替レートを安定化させるような合理的な投機家しか残らないというのである。

もしもこの見方に従うなら、投機とそれにまつわるバブルの歴史は単純きわまりないものになってしまうし、ほんの数ページの説明ですますこともできよう。そこには、企業家の血気も群集心理も、人間の貪欲も恐怖心も入り込む余地はない。しかしフリードマンの指摘とはちがって、現実は適者生存のプロセスの果てに合理的な投機家のみが残るというのではなく、ある場面で合理的な判断をした投機家も、次の場面ではそうでないかもしれないし、投機に参加する顔ぶれも入れ替わり立ち替わり変わる。さらに、群集心理に駆られて参加する素人の投機家も後を絶たない。

だからこそ、投機はその時の社会情勢との関連でしか理解できないのであり、投機の歴史は経済の動きだけではなく社会史の側面をもつ。こうチャンセラーは言う。その彼が手本にしたのが、チャールズ・マッケイの『常軌を逸した大衆の幻想と群衆の狂気』（一八四一年）である。その中でマッケイは言う。「人々が一斉に理性のくびきを逃れ、黄金の夢を追い求めてがむしゃらに走りだし、それが夢にすぎないのを認めることを頑迷に拒否し、まるで鬼火か何かのように沼地に飛び込んでいくさまを見るのが、退屈だとか、何の教訓も得られないとかいえるだろうか」。

似たような問題意識で書かれたものに、J・K・ガルブレイス『バブルの物語――暴落の前に天才がいる』（鈴木哲太郎訳、ダイヤモンド社、一九九一年）がある。しかし、こちらの方はエピソード仕立ての「小史」であるのに対して、チャンセラーの作品は、事実関係をより丹念に書き込んだ通史である。一七世紀オランダのチューリップをめぐる投機とその崩壊に始まり、一九八〇年代日本のバブル膨張そして崩壊に至るまで、事実とエピソードを織り交ぜて仕上げてある。しかも、マッケイの作品を意識しているだけあって、読ませるに足る面白さを具えている。投機とバブルを経済理論だけで説明するのは、とても無理のようである。

（『エコノミスト』二〇〇〇年六月一三日号）

およそ万国共通ではない市場経済

伊東光晴『日本経済の変容』岩波書店、二〇〇〇年
宮本光晴『変貌する日本資本主義』ちくま新書、二〇〇〇年

半世紀あまりも時間が経ったとはいえ、八月はやはり特別の感慨を呼び起こす。とりわけ六〇代以上の世代にとっては、濃淡さまざまな具体的記憶とともにこの月が思い起こされるにちがいない。あの頃、この国には三つの夢があった。無謀な戦争への反省から永世中立のスイスが理想とされ、飢えと欠乏の中で海の彼方の豊かなアメリカが夢見られ、福祉と社会保障の国スウェー

デンとイギリスが模範とされた。それから半世紀経った今、この三つの夢はくずれ始めたのではないかと伊東氏は言う（『日本経済の変容』）。沖縄の基地問題はいっこうに解決の兆しが見えないし、経済大国と呼ばれるこの現状があの夢見ていた豊さなのかと懐疑したくなる。また、競争原理と自己責任が強調されて福祉と社会保障の問い直しが始まっている。初心はどこにいったのか。

まず言えるのは、グローバル化経済へのスタンスの取り方である。情報通信と金融を軸にしてアメリカが未曾有の好況を続け、バブル崩壊後の日本が低迷をかこっている。勝ち組・負け組といったあからさまな表現で対応をせかす雰囲気まで出始めた。そうした中で、低迷日本の脱出手法として叫ばれてきたのが、規制緩和とグローバル経済への「適応」であり、アメリカ経済への再びのキャッチ・アップであった。そのアメリカ経済に問題はないのか。低失業率の陰で格差が広がり中間層の崩壊が指摘されている。それに、世界最大の資本流入国としてのアメリカ・資本流出国としての日本という構図。とりわけ日本にとっては、対外資産のほとんどがドル資産でありアメリカの株式や国債であってみれば、もしもアメリカのバブルが崩壊してドル高と株高が崩れた時には、運命共同体のしがらみに組み込まれてしまうかもしれない。とすれば、グローバル化経済の中でひたすらそれへの「適応」を唱えてきたこの一〇年ほどの「改革」論は、アメリカの戦略への屈服ではなかったのかとの指摘も大いに頷ける。

経済のグローバル化は、動かしがたい現実である。問題はそれへのスタンスの取り方である。宮本氏が指摘するように、グローバル化経済をガバナンスする世界政府が存在しないのであるから、それぞれの国ごとの経済の組み立てとガバナンスが必要となる。つまり、ひたすらグローバル・スタンダードに「適応」して規制緩和と制度改変に勤しむのではなく、グローバル化経済に「対峙」して、それぞれの国ごとのガバナンスのあり方を探るというスタンスである（『変貌する日本資本主義』）。

一方、「市場の声」「市場の評価」を強調して競争と淘汰を促す議論が、ここにきてセーフティネット論を併せ展開するようになってきた。競争市場への絶大な信頼をもとに、その競争市場に叶うよう個人の職業教育訓練に政府が事前に関与する、あるいはベンチャー育成のためのインフラを整備する。さらには、競争と淘汰の帰結に対して事後的な救済や保障を用意するというわけである。だがしかし、もしもセーフティーネットがセーフティーネットとしての機能を十全に果たすためには、その範囲は大いに拡がる可能性があるし、もしそうであれば、「小さな政府」と規制緩和を主張してきた市場原理主義からは離れることになる。つまり、万国共通の無色透明な市場メカニズムなどは存在しないのであり、そもそもの出発点からして、市場メカニズムは国ごとの社会的刻印を背負う他ないのである。

（『日本経済新聞』二〇〇〇年八月二〇日）

副作用対策をも含めた「同時改革」を

佐和隆光『市場主義の終焉――日本経済をどうするのか』岩波新書、二〇〇〇年

バブル崩壊後の先の見えない低迷に見舞われて、日本経済の改革論議がこの数年来賑やかにくり拡げられてきた。日本とは対照的に、アメリカがかつてない好況を持続していることもあって、改革論議の多数派は日本経済のアメリカ型への改編を主張する。そうした潮流にあえて異を唱えるところに本書の意味がある。アメリカ型への改編を主張する論者たちが、市場の調整作用を強調する市場主義の立場を取っているのに対して、著者は「市場主義の終焉」を宣言するのである。

ただし、市場の調整作用を否定しているのではない。日本の市場経済が少なからず不自由、不透明、不公正であるのは厳然たる事実であって、それを自由、透明、公正なものにする改革が必要なのはもちろんである。そうした市場主義改革が「必要」ではあるが、しかしそれで「十分」だとは見ないのである。市場主義改革に伴って生じる「副作用」を重視するからであり、市場の力が条件しだいでは暴力に転化してしまうことを危惧するからである。サッチャーによる市場主義改革が一面では成果をあげながら、格差の拡大と医療・教育などの公共サービスの停滞という

深刻な社会問題を生み出したこと、市場主義改革を実施した欧州諸国で、その後あい次いで中道左派政権が誕生したことの意味を著者は重視する。

だからこそ、市場主義改革を一面的に言いつのる市場主義者には手厳しい。市場主義改革とその副作用を解決する政策を併せ実施する「同時改革」でなければいけないというのである。「ポジティブな福祉国家」と名付ける政策論にその一端が示されている。リスクに挑戦する人に報奨金を与えたり、リスクに挑戦して失敗した人に補償措置を講じたりすることによって、リスクに挑戦しやすい環境を整え、経済の活力を高めることを福祉の主要なねらいとする、等々。著者のいう「同時改革」と「ポジティブな福祉国家」の発想に私は共感するが、そうした一般論をただ今現在の日本経済のどの部面にどのように展開するかというより具体的な見取り図が是非欲しいと思う。

(『東京新聞』二〇〇〇年一一月一二日)

学説史と「新しい現実」と

宮崎義一『近代経済学の史的展開』有斐閣、一九六七年

『近代経済学の史的展開』が刊行されたのは一九六七年、ケインズ経済学がまだ勢いを保っていた頃であった。「『ケインズ革命』以後の現代資本主義像」というサブタイトルをもつこの著書で、宮崎氏は、ケインズ革命を評価しつつも、「新しい現実」の中でそれが「古い神話」へと転化してゆくその道筋を、渾身の力を込めて解き明かしている。その「まえがき」でこう宣言している。この著書の目的は、「経済学の現代的課題の探求であり、『現代の経済学序説』を意図したものである」と。それを果たすための不可欠のアプローチとして近代経済学の「史的展開」を描いてみせたのである。

この著書は、二部に分かれている。第一部「『ケインズ革命』前後の資本主義経済像」では、一九二九年恐慌当時に支配的であった経済学の理論構造を明らかにし、社会を構成するあらゆる個人が極大化行動を展開することによって調和的均衡状態を達成するとする経済像に、ケインズが切り開いた新しい経済像を対置し、ケインズ革命の核心を明らかにする。同時に宮崎氏が重視するのが、一九三〇年代末のオックスフォード大学経済調査である。この調査によって、投資に

対する利子率の効果が否定され、伝統的な限界原理ではないフル・コスト原理が企業によって採用されていることが確認される。かくして、一九三〇年代が、新古典派だけでなくケインズの経済像をも大きく揺り動かした経済学史上の一大画期であったことが説かれる。

第二部「戦後資本主義の形態変化と経済像」では、戦後もっとも支配的な資本主義観のひとつとなったケインズ主義のアメリカへの浸透、展開、そして破綻の過程を、現実経済の変化とそれに伴って展開される論争、その論争の基礎にある経済像に光を当てながら解明される。とりわけ一九五八年を境として、ドル危機、EECの台頭、交換性回復と自由化、超国家企業の登場、南北問題、米ソ経済競争など、現実経済が戦後史の流れを画する大きな転機を迎えたことが強調される。「今こそ、『新しい現実』に即応した『新しい経済学』がふたたび要請される時ではないか。」『近代経済学の史的展開』はこう結ばれている。その後三〇年あまり、最後の著書となった『ポスト複合不況』（岩波ブックレット、一九九七年）に至るまで、宮崎氏は、文字どおりそうした意味での「新しい現実」に切り込むことにその生涯を捧げたのであった。

こうした宮崎氏の経済学の世界を振り返ってみるとき浮かび上がってくるのは、一つには、経済学の学としての「経済学・学」ではなく、生きた現実の経済の学としての「経済・学」を目指すべきだとした都留重人教授の一九四九年の問題提起。そしていま一つには、宮崎氏がこの著書で献辞を捧げた杉本栄一教授の、諸学派間の切磋琢磨を説いた学説史観。この二つが、あたかも楕円の二つの焦点のように響き合っているような気がする。そうした宮崎経済学の原型を示したのがこの『近代経済学の史的展開』であった。

（『書斎の窓』二〇〇〇年一二月号）

「クローニー資本主義」批判は妥当か

原洋之介『アジア型経済システム——グローバル化に抗して』中公新書、二〇〇〇年

「クローニー資本主義」。数年前からよく見聞きするようになった言葉である。欧米流の個人主義と公的なルールに支えられた透明な資本主義に対して、東アジアの不透明な経済システムを非難するために用いられる。クローニーとはすなわち、身内、仲間、縁故、学閥、地域閥などのネットワークに支えられ、公的なルールが未確立で不透明な関係をさす。この言葉が語られるようになったのは、一九九七年のアジアの通貨・経済危機がきっかけであり、欧米のエコノミストやIMFなどの国際機関が、危機に陥った東アジアに、ことあるごとに構造改革を求めるようになった。

しかし、その同じ人たちが、一九八〇年代の東アジアの高度成長の時期には、東アジアの「奇跡」という賞賛の言葉を贈っていた。ことほどさように賞賛から非難へと評価が揺れ動くのはなぜなのか。東アジア経済の実態を熟知する著者が、この数年来のグローバリズムの潮流に違和感を表明し、クローニー資本主義論の基礎にある経済観、すなわち新古典派経済学の市場像に舌鋒鋭く切り込む。奇跡であると賞賛しクローニーゆえに危機に陥ったと決めつけるのは、実は、その基礎にある経済学に問題があるというのである。

東アジア諸国で金融の国際化が進んだ一九八〇年代には、規制を緩和し自由化を進めれば経済は自ずから活性化し成長が促進されるとする単純明快な見方が拡がっていた。「新しく勃興する市場経済」という願望を込めてエマージング・マーケットと命名された東アジア地域に過大な期待と幻想が膨らみ、用途をよく吟味することなく莫大な資金が投入され続けた。その結末が、経常・貿易収支の悪化と経済のバブル化であった。そうした兆候が現れるやいなや、機を見るに敏な投資家たちはまたたく間に資金を引き揚げて、後には惨憺たる危機が残されることになった。規制緩和と自由化が経済効率の向上と成長をもたらすという命題が、現実によって見事に否定されたのである。市場が不純な制度を排除して純化すればするほど効率性が達成されるのではなく、むしろ不安定性を増すと著者は言う。

例えば、フォーマルな法だけではなく社会慣習、さらに文化や信念にまで至る広い意味での制度は、欧米と東アジアとではそのありようが著しく異なる。そして制度は、新古典派的な経済観とは異なって、必ずしも市場にとっての異物・障害なのではないし、市場の代替物なのでもない。むしろ制度は、市場を支えその機能を保障する不可欠な補完物なのである。そのありようが東アジアと欧米とで異なるからといって、それを短絡的にクローニーと断ずるのはおかしいではないかというわけである。

およそ制度には、個々人が他者と相互関係をとり結ぶ中で自生的に作り出されてきた諸々の社会慣習と、そうした自生的な相互関係の外側からある種の強制力をもって与えられる法のようなものとがある。もちろん法は、国家権力による違反行為のモニタリングと違反者を罰する裁判所といった社会的インフラによって、見ず知らずの匿名の他人であっても経済取引関係に入ることを可能にする。一方、社会慣習は、その社会に住む大部分の人々がそれに従っている限り、各個人もまたそれに従おうとするインセンティブを生み出し、自己拘束的な行動パターンへと人々を導く。つまり、人々の間に相互信頼を作りあげ、経済取引の合意を促す力をもつのである。

著者が例示しているように、東アジアでは、たとえ公的ルールが完備されていない場合でも、諸々の社会慣習の存在によって経済取引が活性化し、同時に社会システムが安定化するという事例にこと欠かない。東アジアの奇跡と呼ばれた経済成長が実現したのも、実は新古典派の市場モデルに従ったからではなく、東アジアで連綿と続いてきた商業資本主義の特有のあり方によるところが大きかった。だからこそ、新古典派の市場モデルが万国共通の唯一のものとする市場原理主義に著者は異を唱える。本書のサブタイトルが「グローバリズムに抗して」とされているのもそのためである。

著者の心中には、新古典派とマルクスというおよそ異質でありながらも、唯一の理想的モデルへの収斂という点で共通する単系的進歩史観への違和感がある。そのことが、場所、生態、地域などの概念によって世界を了解しようとする京都学派への親近感へとつながったのかもしれない。歴史の進歩という時間軸と地域空間軸との間でどのような平衡を保つのか、この一点が課題だというのである。だがしかし、そうしたものとしてのアジア経済論は、下手をすると悪しき相対主義に陥る可能性をもはらんでいる。一切の現存するものを甘んじて受け入れるよう、現状を肯定・是認してしまうことへの誘惑である。もちろん、著者はそのことをも十分意識している。

（『毎日新聞』二〇〇〇年一二月一七日）

資本主義と社会主義を越えるもの

宇沢弘文『社会的共通資本』岩波新書、二〇〇〇年
宇沢弘文『ヴェブレン』岩波書店、二〇〇〇年

一八九一年、ときのローマ法王レオ一三世が出した回勅「レールム・ノヴァルム」は、「資本主義の弊害と社会主義の幻想」を説いたものであった。ローマ教会の正式の考え方を全世界の司教に通達するこの文書で、法王は、貧困など当時の資本主義が抱える困難を強調する一方、そうした問題が社会主義への移行によって解決すると見るのは幻想にすぎないと語ったのである。それから一世紀後の一九九一年、ヨハネ・パウロ二世の新しい回勅は「社会主義の弊害と資本主義の幻想」がその骨子となっている。そして著者は、この新しい回勅の作成に、教会関係者以外の人間としては初めて参加することとなったのであった。

「資本主義の弊害と社会主義の幻想」から「社会主義の弊害と資本主義の幻想」への逆転。この一世紀の歴史が図らずも映し出されているようである。一九八〇年代末以降の社会主義圏の崩壊が、あたかも資本主義の勝利であるかのごとくに語られ、市場経済への過剰なまでの期待が膨れあがった。著者は、それを幻想にすぎないと言う。重要なのは、資本主義とか社会主義とかと

いったこれまでの体制概念を越えて問題を捉え直すこと。そして、そのとき基軸に据えられるべき概念が社会的共通資本である、と。

社会的共通資本とは、「それぞれの地域に住む人々が豊かな経済生活を営み、すぐれた文化を育み、人間的に魅力ある社会を安定的に維持することを可能にするような社会的装置」を意味する。具体的には、大気・森林・水・土壌などの「自然環境」、道路・交通機関・上下水道・電力などの「社会的インフラ」、教育・医療・金融などの「制度資本」の三つからなる。これら社会的共通資本の管理・運営を、政府の官僚的機構によってではなく、また市場原理に基づいてでもなく、それぞれの分野における職業的専門家の専門的な知見に基づいて、職業的規律に従って行われねばならないというのである。

それにしても、社会的共通資本への著者のこうしたこだわりは、果たして何に由来するのか。それを解き明かすのが『ヴェブレン』である。新古典派的な数理経済学の分野で活躍してきた著者が、それとはおよそ異質なヴェブレンに関心を寄せるようになったのは、一九五〇年代半ば、アメリカでの研究生活を始めたときの家主が、偶然にもヴェブレンの娘アン・シムズさんであり、彼女との交流の中で次第にヴェブレンへの関心が強まっていったのだという。

さらに一九六〇年代、ベトナム戦争が激化する中で前途有為な若い研究者たちが挫折し消えていったことへの経済学者としての自責の念。リベラリズムはかくあるべしということを身をもって示したF・ナイトの存在、等々。著者が、ヴェブレンの制度主義の現代的表現である社会的共通資本にこれほどまでの思い入れをするにいたった「自分史」が語られる。

ヴェブレンは主流的経済学に対しその最も根底的なところで異議申し立てを企てた人物であった。投機的行動の意味を質し、製作者気質の可能性を語り、資本設備の固定性を指摘し、あるべき経済体制を荒削りのスケッチで表現した。著者はその先見性を強調する。それにしても、ケインズを、ヴェブレンを「継ぐ人々」の中の一人として、J・ジェイコブズやS・ボウルズと並べて位置づけている点には、あるいは異論を差し挟む人がいるかもしれない。

（『毎日新聞』二〇〇一年一月二八日）

文明それ自体を問う能動的改良主義

A・リピエッツ『政治的エコロジーとは何か』若森文子訳、緑風出版、二〇〇〇年（A. Lipietz, *Qu'est-ce que l'écologie politique ?: La Grande transformation du 21e siècle*, 1999）

二月一七日、衝撃的なある数字が発表された。各国の科学者たちからなる「気候変動に関する政府間パネル」の報告である。地球温暖化によって水不足に襲われる人々の数が、現在の一七億人から二〇二五年には五〇億人に達するというのである。とりわけ中央アジアやアフリカ南部、地中海沿岸諸島で深刻な水不足によって熱波が頻発し、高齢者や病人の死亡率が上昇するという。

さらに、海面上昇による洪水やマングローブ林の減少、砂浜の浸食。こうした被害の増加で、保険会社が保険金を払えずに倒産する可能性も指摘されている。日本に関しても、もし水面が五〇センチ上昇すれば、二九〇万人が移住を余儀なくされるという。

こうした状況を思うにつけ、リピエッツのこの書は、問題の核心を衝いた実にタイムリーな一冊といえる。マルクス経済学の新しい流れであるレギュラシオン学派の旗手、「フランス緑の党」の政策立案者、ジョスパン首相の諮問委員会のメンバー、そして欧州議会議員。こうした彼の立場からも想像できるように、この書には、決して机上の空論ではない「能動的改良主義」の主張が込められている。

地球温暖化の深刻さについては、誰もが頭では分かるのだが、各国の利害対立が絡んで、具体的な対応策が出せない膠着状態が続いている。バングラデシュでは、一人当たりの温暖化ガスの産出量が炭酸ガス換算でアメリカの八〇分の一にすぎない。タンザニアの女性は、原始的なかまどを使っているために、日本の女性が料理に費やすエネルギーの三〇倍ものエネルギーを消費して地球温暖化に手を貸しているだけでなく、薪を拾い集めるために毎日何時間も歩き回ることで、自分自身の身体をも壊している。

これまでにも、いくつかの方策が提案されてはきた。有害物資の使用禁止や排出基準などの「規制措置」、それよりは緩やかで汚染を引き起こす活動にかけられる「環境税（汚染税）」、一定の金額を支払うことによって得られる「汚染許可証（汚染権）」とその売買市場の設置、といった具合に。しかし、合意の形成は難航している。ヨーロッパは、温室効果ガス排出の数量目標の緩和を拒んでいるのに対して、アメリカは、温室効果ガス削減の取り組みに発展途上国が加わらなければ抑制目標を受け入れないという。一方、発展途上国は、北と同じように発展する権利が自分たちに認められないのであればこの取り組みには加わらないという。

事態は一刻の猶予も許されない。そこで、最も基本的な原則が最優先されねばならない、とリピエッツは言う。つまり、あらゆる交渉に先立って、「すべての人間、すべての国、すべての世代の、大気に関する平等な権利を正式に認めること、地球上のあらゆる住民は最終的に〈大気の永続可能な共同使用容量〉に対するほぼ平等な権利を有する」という原則が保証されねばならない、と。その上で、前述の方策を組み合わせ「能動的改良主義」を積み重ねる他ないというのである。

なぜエコロジーではなく「政治的エコロジー」なのか。それは、エコロジーをいわば狭い意味での自然に関する問題に限定して、現在の社会や文明のありようを是認するのではなく、そのありよう自体を問い直す社会運動が射程に入ってくると見るからである。しかも、「能動的改良主義」の立場から、何はともあれ現実的な有効性をも求めるのが著者流なのである。

(『毎日新聞』二〇〇一年二月二五日)

投機バブル膨張の九〇年代アメリカ経済

R・J・シラー『投機バブル 根拠なき熱狂』植草一秀監訳、ダイヤモンド社、二〇〇一年 (R. Shiller, *Irrational Exuberance*, 2000)

バブルが崩壊した後になって、あたかもそのバブルの成り行きを以前からすべて知っていたかのように語る人たちがいる。しかし、バブルのまっただ中にあることを、その渦中で指摘し警鐘を鳴らすのは実に困難なことだし、また勇気のいることでもある。本書の著者シラーは、その困難で勇気のいる仕事を実演してみせた。昨年四月にナスダック市場の株価が大きく下がって、史上最長の好景気を続けてきたさしものアメリカ経済にもようやく翳りが見え始めたのであったが、本書が刊行されたのは実にその一カ月前のことであった。

シラーは、九〇年代後半のアメリカ経済が投機バブルのさ中にあり「根拠なき熱狂」に巻き込まれていたと言う。「根拠なき熱狂」というこのネーミングは、米連邦準備制度理事会議長のA・グリーンスパンがアメリカ株式市場での投資家の行動を批判する意味合いを込めて九六年に使ったのであるが、その彼が、七カ月後には「ニュー・エコノミー」というネーミングによってアメリカ経済の強靱ぶりを強調するに至った。現実の政策に携わる者の、きわどい身のこなしであり、シラーのスタンスとは対照的であった。

何ゆえに、九〇年代のアメリカ経済がかくも長期にわたって「根拠なき熱狂」の中にあり続けるのか。シラーによれば、一二の要因によってそれを説明することができるという。すなわち、インターネットの普及による参加意識の増大、メディアによるビジネス報道の刺激、ミューチャル・ファンドの成長や二四時間取引の出現による株式投資へのアクセスの容易さ、ベビーブーマー世代の老後対策のための株式投資への関心、等々。これらの要因を軸に、九〇年代のアメリカ経済で投機バブルが膨張するさまを、具体的な事例をあげて逐一解き明かしてみせる。さらに、通常の時期とは異なる「新時代」が到来したのだとするアメリカ社会全体の雰囲気、株式投資にのめり込むに至った人たちの心理状態、そしてそれが群衆行動にまで至るプロセスが語られる。

そうしたシラーのスタンスからすれば、「効率的市場仮説」などのような経済合理性を前提にした分析では、投機バブルの実体にはとうてい切り込めないということになる。そのことを、心理学、人口統計学、社会学など経済の次元を越えて実に多面的に、しかも具体的データをもとに説明する。この点は、確かにそれなりの説得力があるし取り上げられているデータそのものも大いに興味をそそる。しかし、シラーの分析は、何といってもバブルを「促進」したり「増幅」したりする要因を分析することに力点が置かれていて、バブルの「発生」そのもの、あるいはバブルが「発生」する実体的経済構造＝ファンダメンタルズの分析そのものがいささか物足りない、いやむしろ意図的にそれを省いているようでもある。それらを綜合した時にどのような説明が可能となるのか、そこにこそ大いに興味をそそられる。

（『エコノミスト』二〇〇一年三月二〇日）

重層的で多面的なケインズ像を描く

R・スキデルスキー『ケインズ』浅野栄一訳、岩波書店、二〇〇一年（R. Skidelsky, *Keynes*, 1996）

何度となく厳しい批判にさらされながらも、ケインズの経済学はしたたかに生き延びてきた。その理由のひとつが、ときに論理的不整合を含みつつも、ケインズの経済学が実に重層的かつ多面的だからではあるまいか。財政赤字の元凶としてのみケインズを葬り去ることなどとうていできない相談なのである。

ケインズをめぐる伝記や評伝の類いが多いのも不思議ではない。そうした数ある伝記や評伝の中で、これまで最も頻繁に取り上げられケインズを語る際の座標軸的な役割を果たしてきたのが、ハロッドの『ケインズ伝』（一九五一年）であった。確かにこの伝記は、ケインズの至近距離にいた人物が描いた一頭地を抜く印象深い作品であった。とはいえ、重大な限界があったのもまた事実である。

言うまでもなくハロッドは、ケインズを最もよく知る立場にあったものの、伝記の執筆をケインズの遺族から依頼されたという事情もあって、ケインズの魅力的な側面に光が当てられがちであったのも致し方ない。それとはむしろ対照的に、ハロッドの作品では抜け落ちていた側面に光を当てて描かれたのが、スキデルスキーの二冊の著作『ケインズ』（一九八三年、九二年）であった。今回翻訳された本書は、これら二冊のスタンスを継承しつつ、よりいっそう簡潔にケインズの人物と経済学を描いている。

特徴の第一は、ハロッドが「ハーヴェイロードの前提」と呼んだものに対して、スキデルスキーがいわば「ケンブリッジ文化の前提」とでも呼ぶべきものを打ち出している点である。すでに一九世紀の栄光を失ったイギリスで、ケインズを初めとする知的エリートたちが、説得という手法を通じて政策をリードし社会を変えてゆくという強烈な自負心を秘めていたことをハロッドは指摘した。これに対してスキデルスキーは、哲学者ムーアと政治思想家バークの影響下で若きケインズが挑んだ初期の著作『蓋然性論』に注目し、そこでのケインズの倫理的・哲学的な構えがその後の彼の学問と実践を方向づけたというのである。

特徴の第二は、ハロッドとはちがってスキデルスキーが、ケインズのよりしたたかで人間臭い側面をあぶり出している点である。ハロッドには、前述したような事情があっただけでなく、彼の『ケインズ伝』出版後に刊行された『ケインズ全集』や『ケインズ・ペーパーズ』などの新資料をスキデルスキーが活用できたということも関係しているにちがいない。

それにしてもケインズは、実に多面的な人物であった。外交官であり、保険会社の社長であり、雑誌編集長であり、国立美術館の理事であり、音楽奨励協会会長であり、古銭・古書の蒐集家であり、ロシア・ディアギレフ・バレー団プリマドンナ・ロポコバの夫であり、そしてもちろん経済学者であった。かくのごとく多面的であることが、彼自身の経済学を重層的なものにしたのかもしれない。

こうした人物の経済学を理解するには、やはりハロッド的な伝記だけではなく歴史家スキデルスキー的な、さらにはもっと多様な伝記や評伝が必要なのだろう。グローバルな貨幣経済が吹き荒れる現代にケインズの今日的な含意を読み解くためにも、彼が示した重層的で多面的なスタンスのもつ意味を見極めておかねばなるまい。「訳者あとがき」は、短いながらもそれ自体ひとつのケインズ論となっていることもつけ加えておこう。

(『毎日新聞』二〇〇一年四月二二日)

生態学に学ぶ、自然と共生する経済

J・ジェイコブズ『経済の本質』香西泰・植木直子訳、日本経済新聞社、二〇〇一年
(J. Jacobs, *The Nature of Economies*, 2000)

ジェイコブズの名前を初めて知ったのは、一九六〇年代初めの『アメリカ大都市の死と生』での印象深い問題提起によってであった。ル・コルビュジエの「輝ける都市」に代表されるような合理的機能を重視する都市とは対照的な、むしろ「価値ある混沌」を軸に据えた都市論は、実に鮮烈であった。その後長らく、都市論のジェイコブズというのが彼女のイメージであったのだが、数年前にそのイメージを塗り替えるような傑作を掲げて、彼女は再び我々の前に現れた。『市場の倫理　統治の倫理』(香西泰訳、日本経済新聞社、一九九八年)がそれである。

人間の社会生活の倫理的側面を真っ正面から扱った作品であり、しかも、小説仕立ての対話という手法を用いているのも我々を大いに驚かせた。ル・コルビュジエの合理的機能中心の都市に対して「価値ある混沌」を重視したのと相似的に、主流的経済学が敬して避けてきた倫理の問題に自らの作品を対置させている、と私には感じられた。そして本書は、いわばこの前著の続編である。前著に登場した六人のうち三人までがお馴染み、さらに数人が新たに対話に加わってい

る。

テーマは、生態学と経済学との関わりである。生態学 ecology と経済学 economics は、その語根を共有していることからも想像できるように、元々は共通の問題を取り扱っていたのである。そうした自覚が当初は確かにあった。かつてヘッケルは、生態学を「自然の経済 The economy of nature」と定義したが、ジェイコブズはそれをひっくり返して「The nature of economy 経済の本質（自然）」をこの本のテーマに選んだ。今度は経済学が自然から学ぶ番だという意味を込めてである。経済の発展、成長、安定は自然と共通の法則に従うのであり、それを自覚することによってのみ、人間は自然とよりよく調和しつつ経済を営んでいける、というのが本書のメッセージである。一方的に自らの考えを押しつけるのではなく、対話を通じて徐々に徐々に説得するその手法がとても印象的である。

（『日本経済新聞』二〇〇一年五月二〇日）

「開放定常系」として環境を見る

エントロピー学会編『「循環型社会」を問う』藤原書店、二〇〇一年

今から二〇年ほど前、エントロピー学会という風変わりな学会が誕生した。環境問題が関心を集め、地域主義が高まりを見せていた頃のことである。あるべき社会をどう構想するかをめぐって、玉野井芳郎氏が問題を投げかけ、それに共鳴する人たちによって創られた学会である。自然・人文・社会科学の分野を越えて予想を上回る多数の人たちが集まった。しかし、学問分野を越えての交流は、建前はともかく実際に持続して目に見える形で成果を生み出してゆくのは難しいのではないのか。

私の予想は、幸いにも外れた。地球温暖化に見られるように、問題が以前にも増して重要性を増してきたということがまずある。同時に、この学会を支えてきた人たちの、真摯な活動の積み重ねがあった。そのほんの一端がこの本で示されている。大いに賛成したい議論、つい考え込まされてしまう議論、等々。こうした論文を何年かに一度読むたびに、私は忘れかけていたものを思い出し、既存の狭い思考枠組みに呪縛されている自分の姿が映し出されるような気がしてはっとする。

このところ、「循環型社会」が政・官・財あげてのスローガンとなっている。しかし、この問題を二〇年近くも前に明確な形で提起したのが彼らであった。およそ経済活動には、避けることのできない制約条件がある。エントロピー増大の法則もそのひとつである。生産および消費に伴って生ずる「ネガ」のアウトプットたる廃物・廃熱は、これまで「外部不経済」として論じられてきた。そうしたマイナス効果が、経済活動全体のいわば例外現象とされ、分析の中心はあくまでも市場内部の「ポジ」のアウトプットたる生産額でありGDP等々であった。しかし彼らは、経済活動に伴う廃物・廃熱を、例外としてではなく一般的な現象として位置づける。「ポジ」の生産が副次的に「ネガ」を生み出すというのではなく、「ネガ」の発生を伴って初めて「ポジ」の生産が成立するという立場である。

その時重要な意味をもつのが、「開放定常系」という考え方である。仮にもしも、生産・消費活動が行われている系が「閉ざされて」いるならば、活動に伴って発生する廃物・廃熱が累積してその系自体の存続は不可能となってしまう。生産・消費活動が行われている系が定常的な系として存続するためには、それが「開かれて」いて、廃物・廃熱をその外にある系によって吸収・処理されなければならないのである。そして、外にあるその系自体もまた「開かれて」いてその外にあるより大きな「開かれた」系の中になければならない。「開放定常系」は、それを含むより大きな「開放定常系」の中でのみ存続できるのであり、そうした「入れ子」構造が全体として機能するためには、水と土とがきわめて重要な役割を果たしているのである。現代の工業文明が、水と土を媒介にしたそうした循環を麻痺させ切断するということのないよう抑制されねばならない。彼らが「循環型社会」を見る座標軸はおおよそこうである。

本書に含まれている一二の論文は、一見バラバラのようにも見えるが、実はそうではない。例えば、鮭などの回遊魚が担う海陸間の物質循環論、過剰な公共投資による財政的・環境的破綻論、望ましい地域再生のためのコモンズ・地域通貨論、物質循環の視点を欠落し市場内での経済関係にのみ注目する「狭義の経済学」批判、等々。読み返すにつれて、前述したような共通の問題意識がはっきりと浮かび上がってくる。そうした味読を誘う作品である。

（『毎日新聞』二〇〇一年五月二〇日）

モノ造りに軸をおいた日本モデルを

寺島実郎『「正義の経済学」ふたたび——日本再生の基軸』日本経済新聞社、二〇〇一年

「正義の経済学」が標題となれば、読む側は、やはり身構えてしまう。これまでにも何度となく聞かされ、そのつど幻滅を味わわされてきた、右や左の「正義」をめぐる猛々しい言説を思い出すからである。そのことを承知のうえで、著者は、あえて「正義の経済学」を語る。この十数年来の日本経済の迷走の中で、改革論議を導く基準が、あまりにもアメリカ・モデルに偏り、それに適応することにのみ議論が流されてきたという想いがあるからである。アメリカ・モデルとは異なる判断基準を自由に構想すべきではないかと著者は言う。

「正義の経済学」という標題の与える印象とはちがって、著者の主張は決して猛々しいものではないし、むしろしなやかで穏当でさえある。つまり、アメリカ型の市場主義と競争主義の潮流に飲み込まれるのではなく、マネー・ゲームの狂騒とははっきり一線を画して、モノ造り経済を軸に据えて改革の長期的な道筋を見出すべきだというのである。マネーよりもモノを重視するというこうしたスタンスは、実はかねてからR・ドーアが提唱してきたものでもある。

一九九〇年代の日本経済の低迷を「失われた一〇年」と表現する手法が、今ではすっかり定着している。その一方で、アメリカは未曾有の好景気を持続し、それを「ニュー・エコノミー」としてもてはやす議論が後を絶たない。アメリカ生活一〇年の経験をもつ著者は、アメリカ経済のもつ強さと光だけでなく、その脆さと陰をも見逃さない。一九九〇年代を通じてアメリカ経済が大きく変質し、かつてピューリタン的な勤勉と誠実を旨としていたその経済がマネー・エコノミーの波に飲み込まれて、すっかりカジノ化してしまったと嘆くのである。

アメリカを発信源とするＩＴ革命は、絶大な影響を経済に及ぼした。金融工学と呼ばれる新分野が開拓されて、様々なデリバティブ（金融派生商品）を扱うマネー・エコノミーが急速に膨らんだ。貿易で取引されるモノの百倍もの額の為替取引が日々行なわれて、差益を求めるマネーが世界中を飛び回っている。こうした動きの中でアメリカ経済は、金融部門が牽引車となって好況が続き、失業率は確かに低下したものの、経済格差がかつてなく拡がっている。マネー・ゲームの進む中で、強いものはますます強く弱いものはますます弱く、勝ち組と負け組があからさまになって、統計上「貧困層」と呼ばれる低所得者が増大している。同時に、家計の資産のかなりの部分が株式や投資信託に向けられて、今やマネー・エコノミーがすっかり体質化してしまった。

そうした経済に著者は危うさと脆さを感じる。だからこそ、「失われた一〇年」から日本経済が再生するためのモデルとして、やみくもにアメリカ的な市場主義と競争主義に倣うことに異議申し立てをするのである。アメリカとは一線を画すヨーロッパの動向に関心を寄せるのはそのためである。現在、ＥＵ一五カ国中、一一カ国が中道左派政権である。つい先日も、イギリスではブレアの労働党が選挙で地滑り的勝利を獲得した。保守党政権一八年の後、イギリス国民は市場主義と競争主義の帰結にノーの意思表示をして一九九〇年代末に労働党政権が誕生した。それだけでなく、ドイツでもフランスでも左派連合が形成されて、ユーロ社民主義が広く根づくようになった。この事実に著者は注目する。

市場主義と競争主義のもたらす格差と不条理に対して、分配の公正、雇用の安定、環境の保全、福祉の充実などの社会政策を掲げるユーロ社民主義のもつ意味を、アメリカ的なマネー・エコノミーと対比して、日本経済の再生にどう活かすべきかを問いかけるのである。ただし、誤解のないように言い添えるが、著者は、決して反米でもなければ嫌米でもない。著者のスタンスは、アメリカ・モデルへの安易な適応を排してユーロ・モデルをも視野に入れること、マネー・エコノミーに飲み込まれないモノ造りに軸足をおいた日本モデルを構想すべきだということである。

アメリカ経済のもつしたたかな適応力と構想力には見るべきものがあるし、著者はそれを「エンジニアリング力」と呼んで評価する。また、マネー・ゲーム化した経済の中で、例えば福祉や環境など一二万ものＮＰＯに千万人もの人々が参加して、失業率の低下だけでなく社会政策コストの節減にも役だっている。市場主義と競争主義の中で薄れる公共性と労働の手応えをそうした形で取り戻しているのである。モノ造り経済を軸とした再生プランとして著者が示す「首都圏空港整備論」や「創造的首都機能移転論」も、以上のことを踏まえての具体的な試案なのである。

（『毎日新聞』二〇〇一年六月一七日）

ファクト・ファインディングと人間性への想いと

伊東光晴『現代経済の現実』岩波書店、一九九八年

伊東光晴は熱血の人である。人はしばしば経済学者の要件として、「冷静な頭脳と温かい心」というA・マーシャルの言葉を引くが、そうした要件を実際に兼ね具えている経済学者はごく稀である。とりわけ、経済学の数理化・自然科学化が驚くほどのスピードで進んでいる現在、ともすれば現実から遊離した理論の構築にあまりに精力が注がれることが多い実状を思うと、「冷静な頭脳と温かい心」を兼ね具えた熱血の人の存在はまことに貴重である。

伊東は、経済理論が現実との緊張関係を失ってはならないことを常に強調してきた。経済理論は、現実と切り結びファクト・ファインディングの努力を通じて初めてその生命が与えられると言う。現実から遊離した形式論理や教条を伊東が一貫して拒否し、現実に即したあるべき政策提言を続けてきたのもそのためである。「理論と現実を結びつける困難な仕事」として経済政策を位置づけたシュンペーターの言葉を伊東がしばしば引き合いに出すのも頷ける。

伊東は一九二七年東京生まれ、東京商科大学（現一橋大学）で、近代経済学とマルクス経済学の切磋琢磨を提唱した杉本栄一の下でケンブリッジ学派を中心とした経済学を学び、先輩のマルクス研究者、平田清明らの影響を受けた。杉本の急逝後は、都留重人の影響の下、現代資本主義分析と幅広い政策提言を続けて現在に至る。かつて都留は、日本の経済学の現状を、「経済学の学としての経済学・学」から現実の生きた「経済の学としての経済・学」に転換すべきことを提唱していた。伊東の経済学には、これら杉本と都留の発想があたかも楕円の二つの焦点のように響き合っている。

本書『現代経済の現実』は、『伊東光晴／経済学を問う（全三巻）』（岩波書店、一九九七〜九八年）の中の一冊である。すなわち、ケインズ研究と寡占論研究を軸とした『現代経済の理論』（一九九八年）、現代資本主義論と比較体制論を軸とした『現代経済の変貌』（一九九七年）、そして一九六〇年代半ばから九〇年代初頭までの日本経済が直面した現実的課題に経済学がどう答えうるかを示したのが本書であり、伊東経済学の特徴が最も鮮明に現れている一冊である。

例えば、第Ⅰ部の第一章「保守と革新の日本的構造」は、「古きものが新しきものを促進する」がゆえに、古きものがいつまでも残る点に日本の特徴を見出す。歴史の縦軸と日本と西欧との比較という横軸の交差するところで日本の経済と社会を分析し、単純なる近代主義とキャッチ・アップ政策を批判する。戦前の日本資本主義論争の成果を現代的に活かす試みでもある。第二章「経済政策における保守と革新」は、一九六五年、戦後初の赤字国債発行を前に、一方で均衡財政を是とする古典的マルクス経済学者、他方で不況政策即赤字国債発行と考えるケインジアンを批判し、政策的思考のあるべき姿を提示した、吉野作造賞受賞の論文である。第三章「たかりの構造と自立の思想」は、シャウプによってその骨格が築き上げられた戦後日本の税・財政メカニズムが、経済成長の過程でどのように変容したかを、地域自立をかちえた岩手県沢内村とそれとは対照的な新潟県守門村とを対比させて、明らかにしている。

第Ⅱ部第一章「経済学は現実に答えうるか」は、新東京国際空港建設問題、いわゆる成田問題に経済学がどう答えるべきかを、計量経済学、イコール・フッティング論、費用便益分析、市場欠落論を通じて明らかにしたものである。飛行機と新幹線との比較、成田までのアクセス道路の費用、環境問題など、一つのプロジェクトを実現するためには複数手段間の比較が必要であり、成田問題に対して経済学の立場からぎりぎり何が提示できるかを探求する伊東の渾身の構えが伝わってくる。第Ⅲ部では、例えば、現在の先端技術が重度身障者の自立のためにどのように役立つことができるかを「オムロン太陽」の例によって示し、施しとしての福祉ではなく、重度身障者の自立のための先端技術の活用が、同時に費用の節減ともなることを明らかにする。さらに、第Ⅳ部では、税制改革を論じ、日本の税率が名目上は高いものの、様々な特別措置によって実際の税率ははるかに低くなっていることをファクト・ファインディングとして示し、特別措置を廃し課税ベースを広くして税率を下げるべきことを指摘する。しかし同時に、高齢化の急進する日本の状況を考えればそれだけでは済まず、間接税をどう位置づけるべきかの問題があると説く。

第Ⅴ部では、戦後の世界経済の基本ルールであるガット・ＩＭＦ体制の原理に照らして、アメリカの対日要求が理不尽であることを逐一指摘し、安易なグローバリズム論とそれを前提にした自由化・規制緩和論を厳しく問い質している。

時代の抱える問題と正面から切り結び、時論を展開しながら経済学のあるべき姿を考えるというスタンスは、本書以降も、例えば『経済政策はこれでよいか』(岩波書店、一九九九年)、『日本経済の変容』(岩波書店、二〇〇〇年)でも示されている。ケンブリッジ学派を中心とする学説史研究、現代日本の現実への貪欲なまでの関心、あるべき政策を具体的に提示する改革者としての姿勢、これらが総合化されたところに伊東の経済学が成り立っている。

学説史研究としては、『コンメンタール・ケインズ一般理論』(宮崎義一との共著、日本評論社、一九六一年)、『ケインズ』(岩波新書、一九六二年)、『ケインズ』(講談社、一九八三年)、『ケインズ、ハロッド』(宮崎義一との共編、中央公論社、一九七一年)等のケインズ研究をあげることができる。伊東は、海外市場優先の植民地主義の立場と国内市場を優先する生産力重視の立場という対立軸でイギリス経済学史を捉え、ケインズをマルサスに連なる単なる有効需要論者としてではなく、スミス、リカードに連なる生産力増強を重視する主張として読む。また、『一般理論』を所得決定理論として捉えるアメリカ・ケインジアンとは異なって、むしろ流動性選好利子論を重視する。不確実性に支配される将来のストック価格の変動が、現在のフローの世界を支配するとする流動性選好利子論の中に、伊東は市民社会とは異なる大衆社会を見出したケインズの意図を読み込む。そして、IS・LM分析として教科書化されたケインズ像に異を唱える。

一方、伊東の経済学のもう一つの柱である寡占論は、ケインズ経済学とともに現代資本主義論の核として位置づけられている。例えば『近代価格理論の構造』(新評論、一九六五年)で示されているように、参入阻止価格によって寡占価格の上限が決まり、限界企業の温存策によってその下限が決まり、この範囲内で社会的、政治的要因もが加わって現実の価格が決まると見る。さらに、日本の現実を踏まえて、非価格競争が支配する協調的寡占と区別して、激しい価格競争が展開される競争的寡占の存在を明らかにする。そして『新しいインフレーション』(河出書房新社、一九六六年)で示されているように、そうした寡占論を軸に日本の二重構造を分析し、いわゆる「生産性変化率格差インフレーション」を解き明かしたことも指摘しておこう。

日本においては、海外文献を紹介・祖述することが長らくアカデミズムの中心となってきたのに対して、伊東は、経済学の本来あるべき姿を、理論と学説史を背景に生きた現実と格闘することの中にこそあると強調する。「事実に関する情報と人間性の深い理解との微妙な総合」こそ経済学の軸とならなければならないとするハロッドの言葉を伊東はしばしば引き合いに出すが、それはとりもなおさず伊東自身の経済学の核心なのである。

（橋本寿朗編『日本経済本38』平凡社、二〇〇一年六月二五日、所収）

生きるスピードを少し緩めて

広井良典『定常型社会——新しい「豊かさ」の構想』岩波新書、二〇〇一年

「構造改革なくして景気回復なし」。小泉首相が何度となくくり返してきた言い回しである。景気回復、つまり前年度を上回る経済規模の実現、何がしかのプラス成長率を達成することが大前

提での話である。世間一般もほぼ同様で、経済規模がちょっとでも落ち込むと、「四半期マイナス成長」といった見出しが新聞の一面トップを飾る。経済成長は、依然として疑う余地のない目標として語られている。果たしてそういうものなのか。

広井氏のこの作品は、そうした大前提に真っ正面から切り込む「骨太の」主張を展開する。キーワードは書名の「定常型社会」。つまり「経済成長を絶対的な目標としなくとも十分豊かさが実現される社会」のことである。ゼロ成長を積極的に評価する立場といってもよい。やむをえざる選択としてゼロ成長を受け入れるというのではなく、むしろすすんで選び採るべき二一世紀の目標というのだから、大いに興味をそそられる。それに、社会保障論とケア学の専門家だけあって、書斎の中の単なる空論などではなく、高齢化の具体的現実を見据えての議論であるのもなかなかに説得的である。

ところで、定常型社会というと、変化のない退屈な社会ないし経済の規模が抑えられて萎縮した社会といった印象を受けるかもしれないが、実はそうではない。定常型とは物的な富の総量が一定ということであって、変化や発展、さらには躍動さえ内包している社会でもある。一九世紀の半ばに、J・S・ミルがすでにこうした主張につながる発想を表明していた。広井氏が意図するのは、つまりは、豊かさの再定義である。日本の社会は高齢化と少子化が進んで、二〇〇四年をピークに人口が減少に転じ、やがて定常状態に至る。一人当たりの物的富をやみくもに増大させるための経済成長の圧力が弱まるということでもある。同時に、地球温暖化に象徴されるような資源と環境の制約を考えれば、従来どおりの成長が立ちゆかなくなるのは厳然たる事実である。

近代化のプロセスで、物質・エネルギーの消費が増えることが豊かさの証しであった時代を経て、情報の消費に意味を求める時代へと移り、そしてついにたどりついたのが時間そのものの消費の時代だというのである。あるいは、こう言い換えてもよい。時間当たりの物質・エネルギー量、あるいは時間当たりの情報量を増やすことを求める社会から、時間そのものの豊かさを求める社会への旋回。「生きてゆくスピードをちょっと緩める」社会への旋回が二一世紀の目指すべき方向である、と。その時、様々な位相の時間を共有することを通じて、各世代、コミュニティ、自然がゆったりと交歓するような関係が浮かび上がってくる。

スミスから新古典派を経てケインズに至るまでの経済学史をそうした視点から解釈し位置づける手際は鮮やかであるし、ケアと社会保障の現場をよく知る著者だからこそ、モノではなく時間の膨らみを軸とする豊かさの再定義が必要だとするのも頷ける。ただ、議論がこの最後の段階、つまり時間意識の転換に至る部分で矛先がやや鈍っているのが気になる。時間の膨らみをめぐる人間と自然とコミュニティとの関係、そして豊かさの再定義ということになれば、例えば山崎正和氏や木村敏氏の名前がすぐ思い浮かぶのだが、この作品では触れられていない。「死生観と時間」をテーマとする別の一冊を準備中とのことであるから、それに期待したいと思う。

（『毎日新聞』二〇〇一年七月一五日）

市場とも政府ともちがう世界で

渋川智明『福祉ＮＰＯ』岩波新書、二〇〇一年

高齢化社会といえば、きまって話題になるのが社会保障費の負担増大と給付削減のこと。そして、そこで取り上げられるのは、もっぱら政策の対象としての高齢者であって、生きる主体としての高齢者ではない。もしそうであるなら、高齢化社会とは、なんとも侘びしいものという他ない。高齢者が、生きる主体として尊厳を保って暮らすことができないようであれば、いくら経済大国と呼ばれても威張れたものではない。

果たして、実状はどうであろうか。高齢者の自殺が少なくないし、痴呆や病気の介護に疲れ果てて家族関係が崩壊してしまうといった例も後を絶たない。昨年からようやくスタートした介護

保険制度も、まだまだ安心して老後を迎えられるといった内容のものではない。ひとくちに高齢者といっても、そのありようは実に多様である。肉体的にも経済的にも家族関係の面でも大いに差異があって、ひとくくりの量として高齢者を捉えることはできない。政策の対象として、画一的な行政サービスで措置するのではなく、臨機応変に小回りのきく対応が求められているのである。NPO(Nonprofit Organization)、つまり民間非営利組織が意味をもつのは、まさにこうした状況においてである。

民間の営利組織でもなく、行政の公的組織でもなく、民間であってかつ非営利の組織を意味するNPOが、急速にその数を増やしている。NPOの研究を長いこと続けてきたL・M・サラモンは、この数十年来の民間非営利組織の成長を、「世界的非営利革命」と呼んで、それが一九世紀後半の国民国家の成立にも匹敵するほどのことと評価している。この日本でも、今でこそNPOが新興宗教と間違えられることはなくなったものの、まだまだ社会的認知度が高いとはいえない。この本は、福祉に関わるNPOに焦点を絞って、著者が自らの目と足で確かめた貴重な実状報告である。

高齢者介護の現場での止むに止まれぬ必要から試行錯誤をくり返し、その中で積み上げてきた人々のネットワーク。身体介護や家事援助など介護保険の枠内で保険からの報酬が支払われるサービス以外にも、高齢者福祉の現場で欠かせないサービスが数々ある。一人暮らしのお年寄りのための弁当の配達、マイカーでの病院への送り迎え、話し相手をしたり買い物に付き添ったりのサービス、等々。さらには、痴呆性高齢者の託児所ならぬ「託老所」としてのグループホームの試み。こうしたきめ細かなサービスは、行政の画一的な対応ではとてもカバーしきれない。

もちろん、善意だけでは運営は立ちゆかない。マネジメントの能力が求められるし、行政への働きかけも税制改革への問題提起も必要である。そうした力量を具えた市民企業のあり方が試されている。どうやら我々は、市場と政府の二者択一的な議論に長いこと慣らされてきたことに、ようやく気づき始めたようである。市場（私）がうまく働かないとなれば、政府（公）の役割が強調される。その政府が期待どおりの役割を果たさないとなれば、今度は市場への回帰が性急に語られる。しかし、市場か政府かの議論で見失っていたのは、実はＮＰＯやボランティアなどのような、「私」でも「公」でもない「共」的な世界の存在ではあるまいか。世界一の高齢化のさ中にあるこの日本で、そうした「共」的世界をどう創ってゆくのか。この本が投げかけるメッセージの重さがそこにある。

（『毎日新聞』二〇〇一年八月五日）

「過信の檻」から抜け出すために

猪木武徳『自由と秩序——競争社会の二つの顔』中央公論社、二〇〇一年

「神は死んだ」と述べたニーチェがこの世を去ったのが一九〇〇年。ちょうどその前後に近代オリンピックとノーベル賞がスタートした。スポーツと学術の分野で力を競うこの仕組みは、ひょっとして人間の能力への過信と背中合わせになっていたのかもしれない。二〇世紀は人間を「過信の檻」に閉じ込めた世紀であった、と著者は言う。その檻から抜け出すための知恵のありようを時論を通じて探る、これがこの本のモチーフである。

社会主義の壮大な実験と崩壊を経て、今や世界中に拡がりつつある民主制と市場経済は、唯一最善のシステムとはいえないまでも、まるごとそれに代わるようなものは見あたらない。これが著者のスタンスであり、二〇世紀の教訓でもある。民主制がヒトラーのような独裁者を生まないとはいえないし、市場経済はいつ暴走し始めるかもしれない。そうした欠陥を認めた上で、民主制と市場経済に何とか折り合いをつけてゆく他はない。そのための知恵や工夫が、様々な制度やルールや慣習の中に埋め込まれてきたのではなかったのか。

ところがここ数年来の風潮はといえば、それらを撤廃して競争を徹底させることのみが強調さ

れてきた。声高に市場原理が叫ばれ、競争の激化を示す用語がやたらと目につくようになった。グローバル・コンペティション、メガ・コンペティション、はては勝ち組・負け組といった具合に。確かに競争は効率化を促すものの、敗者を生み出し所得の格差を広げる。その格差があまりに拡がれば怨嗟や嫉妬を呼び起こし、健全なる中間層を消滅させて社会の基盤を脅かす。それだけではない。人間には、効率を追い求める競争に加えて、遊戯としてのとでも呼ぶべき独特の競争がある。だからこそ、むき出しの生存競争とは異なる「秩序ある競争」が工夫されてきたのである。

そうした工夫を、自由な競争の障害物だと規制緩和論者はいう。もちろん、そうした一面がないわけではない。しかしそれらの制度やルールや慣習は、同時に、我々が非合理の淵に陥るのを防ぐ役割をも果たしてきたのではないのか。我々は、寝ても覚めても超合理的なホモ・エコノミクスとして振る舞っているわけではなく、ときには短慮や思い違いや衝動に駆られて走り出す。そのとき我々を合理的行動へと導く装置が、実は制度やルールや慣習であった。とすれば、やみくもにそれらを撤廃してしまうのは、民主制や市場経済そのものを損なうことにもなりかねない。

例えば著者が指摘しているように、企業の人事評価がひたすら短期のものに傾き始めているのが気になる。競争原理を導入し、これまでの年功序列に代えて能力給や年俸制を採る企業が増え始めている。一年ごとの短期の成績評価を突きつけられて視野と行動が狭まり、じっくりと長期の成長力を蓄えるような構えがひるんでしまう。

そもそも年功序列とは、年齢を重ねるだけで給料が上がるといった単純なものではなかった。勤続年数が増えるにつれて、むしろ賃金にばらつきが生まれ、能力と給料とがそれなりにリンクする競争的要素が組み込まれていた。平均の数字だけから年功序列の欠点をとがめるのは、やはり一面的であろう。これは本書の時論のほんの一例である。リーダーシップの衰退、官僚制と民主制、言論と専門家の役割、そしてグローバリズムの現実と幻想、等々。取り上げられるテーマのすべてにわたって、著者の成熟したバランス感覚がしっかりと貫かれている。

(『毎日新聞』二〇〇一年八月二六日)

「信頼」に着目して金融のあるべき姿を描く

竹田茂夫『信用と信頼の経済学――金融システムをどう変えるか』ＮＨＫブックス、二〇〇一年

不況が長引いたり失業率が高まったりすると、決まって経済学の責任を問う声があがる。一方、政治が混乱しているからといって、政治学にはそうした批判はあまり聞かれない。経済学は自然科学にも比すべきほどの体系だった科学であり、それに基づく正しい政策を忠実に実施すれば、不況も失業も確実に解決できるはずだという期待のようなものがあるのかもしれない。

しかし、かつてチャーチルはこう述べたことがある。「同じ質問を七人の経済学者に発したところが得られた答えはみなちがい、八つであった。しかもそのうちの二つはケインズからであった」と。このことは、経済というものが他の諸領域から隔絶したシステムとして存在するのではなく、政治や文化や宗教など様々な領域と接合し、社会の中に埋め込まれた形で機能しているということを改めて思い起こさせる。だからこそ現実の政策運営は、それら諸領域との関わりを反映して、それこそアートとでも呼ぶべききわどい緊張関係の中で行われる他ないのである。

著者が依拠する最も重要な文献が、貨幣の経済学をめぐるあれこれの著作ではなく、ジンメル

の『貨幣の哲学』であるのが象徴的である。科学的貨幣論ではなく思想的貨幣論の意義を強調するのも同じようなスタンスからである。議論の導きの糸になっているのは、書名にある「信用」と「信頼」という対概念であり、これまたジンメルが強調したものである。経済用語としての信用とは、「後の支払いを信じて一定期間の支払い猶予を与えること」を意味する。こうした信用の働きによって、経済活動の網の目が拡大してゆく。網の目を構成する債権債務関係が信用によって生み出され、決済によって確定してゆくのである。しかし、信用の供与と決済との間の社会関係を維持するものは何であろうか。我々は支払いの約束が果たされることを確信はできないものの、過去の事例や状況証拠などから、一定の予見や期待をもつことはできる。信用の供与と決済との間にあるのは、こうした意味での信頼なのである。信用は貨幣の網の目を次々に作り出す遠心力であり、信頼はこのようにして作り出された網の目を維持する求心力である。信用という距離化の作用は、信頼という反対方向の力と対をなしている。金融市場の大きさと奥行き、そして貨幣の流通圏の拡がりは、信頼をどのように確保できるかによって左右されるし、金融システムの安定性は、信頼をどこからどのように調達するかにかかっている。イギリスの金融史を遡り、信用と信頼の対がどのように具体的な制度として形成されてきたかを著者がたどっているのもそうした意味合いからである。そしてもちろん、信頼は、狭い意味での経済学の領域にはとうてい収まりきれるものではない。

いま経済のグローバル化が急速に進む中で、世界中で経済危機が生まれているのも、著者によれば、信用と信頼の対がバランスを失したためということになる。拡大した信用を支えきれない信頼の弱さ、危機に直面しての信頼の劇的な崩壊。だからこそ、一方で信用の遠心化を抑制する試みが生まれ、他方で信頼を何らかの形で強化する試みが進められる。例えば、短期資本の移動を規制する戦略や国際的な金融取引に対する課税（トービン・タックス）は前者の例であるし、ケインズ以来くり返し提案されてきた世界中央銀行の設立は後者の例である。あるいは、それぞれの地域の内部でのみ流通する地域通貨を創出することによって、信用と信頼をその地域に繋留して経済の活性化と結びつけようとする試みがある。

最後に、本書で紹介されている印象深い事例を一つ。バングラデシュの経済学者M・ユヌスが創始したグラミン銀行がそれである。アメリカ留学から帰国して経済学を教えるようになった彼は、一五〇万人もの餓死者を出した飢饉に直面し、従来の経済学に疑いを深める。四二人の貧困者にポケットマネーを貸したことに始まり、後には正式の銀行となって、現在は二四〇万人に融資している。既存の金融機関からは融資を受けられない貧困者を対象に、零細な自営業を始めたり維持したりするための資金を融資している。融資を受ける人が五人ほどでグループを作り、グループ内で互いに励まし合い監視し合って、返済も連帯責任とする。

ユヌスが言うには、信用の供与は経済の単なる潤滑油なのではなく、社会的なパワーを作り出す。「信用を受ける機会は、基本的人権のひとつである」と。確かに、アメリカや日本のような先進国でこうしたマイクロ・ファイナンスが金融の主流になることは恐らくないかもしれない。しかしこの試みは、信用と信頼の対がどのように形成されうるかを示すひとつの象徴的な物語といえる。

（『毎日新聞』二〇〇一年一〇月七日）

鉄とコンクリートの文明の下で

山崎正和『世紀を読む』朝日新聞社、二〇〇一年

九月一一日の世界貿易センタービル崩壊のテレビ映像はまことに衝撃的であったが、日数が経つにつれて、次第に私の中に疼くようにして拡がってきたある想いがある。果たして、崩壊後のあの場所に、将来、どのような建造物がどのような経緯を経て築かれることになるのであろうか。もちろんそれは、単に建造物を建てるというにとどまるはずはなく、たとえどのような空間がそこに出来上がったとしても、否応もなくそれはひとつの強固な意志の表明となるはずであろ

う。そしてその選択は、とてつもなく困難で重いものとなるにちがいない。

そうした想いが疼いていたときに、たまたま『世紀を読む』を手にし、その中のある一編「職人魂の〈唯物論〉」が目にとまった。そこには、第二次大戦で空襲に見舞われたドイツのドレスデン復興の意味を読み解く、一分の隙もない論理と表現が展開されていて、私は空爆以上の衝撃で揺さぶられることとなった。美術品のようなバロック建築でかたどられたこの都市は、空襲による破壊が徹底的であっただけに、復元への情念もまた格別であった。街全体から何百万という石塊、何千万という煉瓦を拾い集めて、虚空に見上げるような立体的ジグソー・パズルを延々と組み立て続けて半世紀にも達したのだという。しかも、街で最大のフラウエン聖堂の再建はようやく始まったばかりなのである。

山崎氏が言うには、これは栄光ある歴史の回復と微かな復讐心の発露ではあろうが、しかし同時に、情念などというよりはむしろ律儀な職人魂がその底にあって、営々たる手仕事が根気強く積み重ねられてきたのではないのか、と。石柱や彫像の原型を残して無残に割れた石塊は、あたかも素材そのもののもつ形態への意志を秘めていて、元の姿に戻ることを無言で求めているという印象さえ受けたというのである。石と煉瓦による構築物は、それぞれが形をもつ素材を一つ一つ積みあげて造ったものであって、破壊後も細部の確実な形態を残し、人々を再建への衝動に駆り立てたのであった。その時、山崎氏の胸を衝いて浮かんだのは、二〇世紀という時代のむしろ対照的な異様さであった。

二〇世紀になって初めて、人類は鉄とコンクリートによる造形を建築技術の主流に置くようになった。人類は自由に溶接できる金属を軸に、そこに泥土状の物質を流しこんで成型する建築を開発したのである。そこでは細部が細部としての独立性をもたず、形成の単位が固有の形の要求をもたない。このことの含蓄がどれほど大きいかを、我々はあまり自覚していない。しかしそれは、建築家の細部に拘泥する意欲を弱らせ、壁画や彫刻による装飾の習慣を失わせ、さらには壊された建築を復元し永続を願う敬虔な精神をも失わせたのである、と。

ここまで読んで私は、これは単に建築の問題だけではなく、実は二〇世紀文明そのものなのかもしれないと思わずにはおれなかった。そうした想いを喚起するような仕掛けがこの本のいたるところに仕組まれている。建築を論じ、グローバル化する市場経済の意味を読み解き、「文明の衝突」論のいかがわしさをえぐる。一九九〇年代後半から世紀の転換点を挟んで書きつづられた五六編の時論のいずれもが、単に何事かを説明したり分析したりするというのではなく、何事かを表現し読む側を刺激して次なる一歩へと思考を促すような余韻を周到に仕組んでいるのである。

（『毎日新聞』二〇〇一年一一月四日）

深層心理を軸に、逆説に満ちた生涯を描く

根井雅弘『シュンペーター――企業者精神・新結合・創造的破壊とは何か』講談社、二〇〇一年

歴史は何という不思議なめぐり合わせを用意するのであろうか。マルクスが没した一八八三年というその同じ年に、二〇世紀の経済学を互いにライバルとして牽引するケインズとシュンペーターが生まれた。社会主義と福祉国家の実験がくり拡げられた二〇世紀を経て、今、マルクスにもケインズにもかつてのような思い入れが薄れている。さりとて市場礼賛論には違和感をぬぐえない。そんな中で、企業者精神とイノベーションの意味を強調したシュンペーターが注目されている。組織の硬直化に悩む大企業でも、会社内企業＝起業家の育成が叫ばれ、そこにもシュンペーターの名前が登場する。経済学という宇宙の力学状況が微妙に変わって、シュンペーターに光が当たり始めている。

そのシュンペーターの代表作である『経済発展の理論』を読んだ三木清が、「初めて人間の出てくる経済学に出会った」と語ったことがある。哲学者のこの一言は、シュンペーターの経済学の特質を見事に言い当てている。マルクスの『資本論』の基軸になっているのは階級としての人

間であって、たとえ資本家が登場する場合でも、それは資本の担い手としてのものであり、労働者もまた労働の担い手としてのそれに限定される。一方、新古典派経済学はといえば、もっぱら利潤を最大化する生産者、効用を最大化する消費者といった具合に、あたかもロボットのごとき機械的人間が想定されている。確かにケインズにおける企業者はそれに比べれば人間くさい側面を持っているものの、シュンペーターの企業者のようなドラマチックでダイナミックな顔を持たない。三木清ならずとも、シュンペーターの企業者は実に存在感のある人間なのである。

資本主義はダイナミズムに満ちている。イノベーション（革新、新機軸、新結合）が生まれ、やがてそれが普及する。その過程で好況・不況といった景気循環が発生する。この好況・不況こそが資本主義が生きていることの現れであり、たとえ不況といえども、それは経済がむしろ「正常に」機能していることの証だというのである。そうしたものとしてのイノベーションの担い手が企業者であり、彼は単なる経営管理者とは異なり、リスクに挑戦しその中でチャンスを見出し創造的破壊を敢行する能動的な人間である。

根井氏の今回の著作は、そうした経済学を創り出したシュンペーターの生涯を、ウィーン時代、ボン時代、ハーバード時代にわたって丹念に追い、多彩な人間関係とその中でくり拡げられるドラマ、とりわけ鬱病に悩まされ続けた彼の深層心理にまで立ち入ってその葛藤を描いていて飽きさせない。シュンペーターの生涯そのものが平坦な学者生活とはおよそ異なり、それこそ山あり谷ありの景気循環にもなぞらえることができそうな波乱に満ちたものであった。三度の結婚、離別・死別、大蔵大臣就任とその後の政治的敗北、銀行頭取への転身と破産、そして何よりもライバルであるケインズへの対抗意識。

一九三〇年代の不況を、豊かさの中の貧困としてその病を克服すべく処方箋を打ち出したケインズに対して、不況は資本主義の「正常な」調整過程であるとするシュンペーターの主張は、当時の時代文脈の中では受け入れ難いものであったし、シュンペーターの最も優秀な弟子であったサムエルソンやトービンが、シュンペーターのライバルであるケインズの経済学へとその関心を移し、アメリカ・ケインズ学派のリーダーとして活躍するようになった。シュンペーターは表面上は達観を装って、「スクール（学派、集団をなして動くものたち）の形で動きまわるのは魚だけではないのか」と呟いたという。自分の経済学がケインズのそれとはちがって単純なモデル化を許さず、それゆえ、多くの人々に理解され広まることがないと気づいたとき、並はずれて自尊心の強かった彼の心はきっと傷ついたにちがいない。

早熟の天才として若くして颯爽たる学界デビューを果たし、名声と挫折を経ながら、外面的には高名な経済学者としての自尊心を保持し快活さを装いながらも、鬱病に悩まされ続けたその生涯。根井氏は、そうしたシュンペーターの生涯を「パラドックス」として描く。しかしそれは、右で見たような幾重にも陰影を含んだ「パラドックス」であるとすれば、あるいは八木紀一郎氏がいうように「アイロニー」としての生涯と表現した方が相応しいかもしれない（J・A・シュンペーター『資本主義は生きのびるか』八木紀一郎編訳、名古屋大学出版会、二〇〇一年）。こうしたシュンペーター像を描くことが可能になったのも、一九九〇年代以降、R・L・アレンやR・スウェドバーグなどの本格的なシュンペーター研究が相次いで現れたことによるところが大きい。それにしても、「アレンによれば」といった言い回しが随分と多く出てくるのが、少々気掛りなのだが。

（『毎日新聞』二〇〇一年一二月二日）

アングロサクソン型経済の危うさを衝く

R・ドーア『日本型資本主義と市場主義の衝突――日・独対アングロサクソン』藤井眞人訳、東洋経済新報社、二〇〇一年（R. Dore, *Stock Market Capitalism: Welfare Capitalism*, 2000）

冷戦が終わり、「資本主義・対・社会主義」に代わって「資本主義・対・資本主義」といったアプローチが注目されるようになったのが一九九〇年代初めの頃。つまり、異なる資本主義どうしの比較へと関心が移り始めたのである。その最も代表的なもののひとつがM・アルベールの『資本主義・対・資本主義』（一九九一年）であった。その彼によれば、ひとくちに資本主義とはいっても様々で、日独＝ライン型資本主義と米英＝アングロサクソン型資本主義がその典型である、と。

本書（邦訳）には「日独・対・アングロサクソン」というサブタイトルがついているが、恐らくドーア自身もM・アルベールのことを念頭に置いていたにちがいない。また、原タイトルは『株式市場資本主義：福祉資本主義』であり、これまた、比較資本主義の試みであることを示している。ただし、比較資本主義とはいっても、この十数年で問題の取り上げられ方が随分と変わった。当初は、社会主義に対して一括りに論じられてきた資本主義にも実は様々な型があるというのがその中心であったのに対して、アメリカ一極支配が進むにつれて、しだいに、目指すべきモデルとしての米英＝アングロサクソン型に対して、克服さるべきモデルとしての日独型といった具合に論点が微妙に変化してきた。

その背景には、一九九〇年代に入って未曾有の好景気を持続してきたアメリカ経済と、バブル崩壊後の先行きの見えない不況にあえぐ日本経済といった際立った対照がある。日本経済の混迷を克服する手だてとして、米英＝アングロサクソン型の市場原理主義に倣うべしとする声がいちだんと高まるようになったのである。小泉首相が折に触れて口にする構造改革も、彼のブレーンたちの言動から察するに、やはり自由競争、自己責任、市場を通じる優勝劣敗といったアングロサクソン・モデルが基軸になっていることが分かる。そのことの危うさを著者は強調する。

その時々の株価の動きによって企業活動が評価される「株式市場資本主義」では、経営者の視野はどうしても短期に傾き、設備投資や技術革新など長期の計画が軽視されがちになる。一方、株主よりも従業員を重視してできるだけ解雇と賃下げを避ける「福祉資本主義」では、利潤と株価を犠牲にしてでも、売上高や市場シェアなど共同体としての企業の存続が重視される。短期の株価が経営を方向づけるとなれば、堅気のモノ造りよりは投機的なカネ造りに軸足が移って、経済全体の金融化と投機化が進む。日常生活の場面でも、所有する株の上がり下がりに一喜一憂し、老後の年金までが株価によって左右されてしまう。そうしたアングロサクソン型経済を日独型と逐一比較検討したうえで著者は、対立と摩擦を避けて長期の協調を旨とする生き方、格差の拡大を抑えて平等を指向する「生活の質」こそが重要ではないかと問いかける。

もちろん、著者は日本型モデルを手放しで礼賛しているのではない。意思決定と責任の曖昧さや不透明さ、既得権益の硬直化と癒着の構造、公認会計士の機能不全等々といった日本型モデルの問題を熟知したうえでのことである。そうした諸々の問題と長引く不況が、アングロサクソン型の市場原理主義に転換することによって解決できるとする短絡思考を慎むべきだというのである。他ならぬアングロサクソン国の研究者である著者が、目指すべきモデルとしてのアングロサクソン型に厳しく疑問を呈していることの意味を、ここはじっくりと噛みしめることにしよう。

（『毎日新聞』二〇〇二年一月一三日）

深刻で構造的な若者たちの失業

玄田有史『仕事のなかの曖昧な不安――揺れる若年の現在』中央公論社、二〇〇一年

雇用の将来をめぐって、漠然とした曖昧な不安が拡がっている。そんな中で、とりわけ強調されるのが中高年の失業問題。緊急雇用対策においても、取り上げられるのは、まずは中高年ホワイトカラーの雇用確保のこと。それに引きかえ、ほとんど注目されることのないのが若者たちの失業問題である。ところが、若者たちの雇用はかつて経験したことのないような困難な状況を今迎えている。こう著者は強調する。

二〇〇一年九月、失業率は平均で五・三パーセント、そのうち一五〜二四歳男性の失業率は一二・四パーセントにまで達した。一方、四五〜五四歳男性の失業率は三・六パーセント。日本の失業者の実に四人に三人ほどが、高校卒あるいは中学卒の若者たちなのである。それなのに、中高年の雇用に比べて若者たちのそれがさほど深刻に受け止められていないのはどうしてなのか。

恐らくその理由は、若者たちの失業が主として「自発的失業」であり、生計維持のために働きたくても働き口のない中高年の「非自発的失業」とはその性格が異なると見られているからであろう。確かにひと昔前に比べれば、若者たちの仕事へのこだわりが薄れている。定職に就かず、

正社員としての長期雇用から距離を置くフリーターたち。「学卒後もなお親と同居し、基礎的生活条件を親に依存している未婚者」＝パラサイト・シングルたち。さらに、新卒転職をめぐる「七・五・三」。つまり、新規学卒就職者のうち、三年以内に会社を辞める割合が、中学卒で七割、高校卒で五割、大学卒で三割に達する状況を表現する言葉である。経済的な深刻さを伴わない「贅沢な」失業。働くことは小遣いを稼ぐため、あるいは趣味としてといった非難めいた言説の数々。

しかし、それは事態のほんの一面ではないのか。現在進行しつつある若者たちの雇用機会の減少は、決して一時的な現象ではなく構造的問題であることが、この本を読んでよく納得できる。そして、そうした構造の背後にあるのが、労働人口の高齢化と中高年による雇用の既得権化である。つまり、中高年がすでに手にしている雇用を維持する代償として、若者たちの新規採用の機会が奪われる「置換効果」が生じているというのである。

一九九〇年代半ばまでは、中小企業の旺盛な労働需要によって、過剰になった大企業の人員を中小企業への出向や配置転換などで雇用の調整ができていた。ところが九〇年代後半以降の不況で、中小企業の労働需要が大きく減退した。そのため大企業は、若者たちへの求人を抑制することで雇用調整をするよう舵を切り替えた。そして、団塊の世代が定年にさしかかる二〇〇七年頃以降には、定年延長を求める動きがいちだんと強まるにちがいない。さらには定年制そのものの廃止が話題となるかもしれない。とすれば、若者たちに対する中高年の「置換効果」はいっそう強まることになる。

失業率が高まれば、新卒者にとって自分の能力や価値観に合った仕事はますます見つけにくくなるにちがいない。多くの若者たちにとって、第一志望の会社に就職するのが難しくなり、否応もなく第二、第三志望にしか正社員の途がないことになる。そうした就職先では、ちょっとした不満やトラブルでもすぐさま転職につながってしまう。

その一方で、長時間労働の若者たちが増えている。不況によって業務ノルマが増大したり、学卒新規採用の抑制によって一人当りの仕事量が増加したことなどの影響である。年間二〇〇日以上就業し、週六〇時間以上働く三五歳未満の若者たちが、約一九〇万人にも上るという（総務庁統計局『平成九年就業構造基本調査報告』）。週休二日に換算すれば、毎日、朝九時から一時間の休憩を挟んで夜一〇時過ぎまで働くという計算になる。こうした若者たちにとって、やりがいを感じられる仕事、誇りや満足を感じることのできる仕事に出会えるチャンスが失われつつある。そのことが、フリーターやパラサイト・シングル増加の一因なのかもしれない。若者たちの多くが働く意欲を弱め、能力や経験を蓄積できないとすれば、このことは、若者たち自身の個人的な問題として済ませるわけにはゆかない。それこそ将来の日本の生産性低下にもつながりかねないし、そのことが社会的コストとなって跳ね返ってくるかもしれない。著者の目は「揺れる若年の現在（サブタイトル）」にひたと据えられている。そこから、豊富なデータをもとにこれまでの雇用問題の死角を衝く印象深い作品が生まれた。

（『毎日新聞』二〇〇二年三月三日）

歴史を踏まえ、あえて賃下げを提案

橋本寿朗『デフレの進行をどう読むか——見落とされた利潤圧縮メカニズム』岩波書店、二〇〇二年

春闘がすっかり様変わりしてしまった。ベース・アップ要求を取り下げる労組が増えているし、定期昇給分までゼロあるいはマイナスといった例も出始めている。戦後半世紀も続いてきた春闘が、ここにきて大きな曲がり角を迎えているのが分かる。それもこれも、九〇年代以降の長引く不況と雇用不安が背景にあってのことである。

この一月に急逝した橋本さんの遺著をこうした状況を念頭に置きながら読むと、実に大胆な問題提起であったと、つくづく思う。大胆というのはつまり、物価が下落しデフレ状況にある日本

経済が泥沼から抜け出すためには、労使協調で貨幣賃金の切り下げを断行する他ないと指摘しているからである。この主張は実に刺激的で、ぜひとも論争が拡がってほしいと思う。

橋本さんのこの本には柱が二つある。一つは、九〇年代以降の日本経済が、世界的な価格革命の中でデフレ状況に陥っているということ。いま一つは、経済の長期低迷を最も深いところで規定しているのが、「利潤圧縮メカニズム」と橋本さんが名づけているものの作用であるということ。我々は長いこと、物価問題といえば物価上昇のこと、インフレのことといった通念に縛られてきた。確かに、戦後の大半の時期に世界中の先進諸国がインフレに悩まされてきた。しかし、九〇年代以降、物価上昇率が逓減し始めただけでなく、ついには物価下落が現実のものとなった。そうした価格革命が世界的規模で生じていて、しかも日本は他国に先行してそうした動きのさ中にある。急速な円高、素材・資源価格の下落、そして発展途上国からの安価な製品・半製品の輸入がそうした動きを加速してきた。これは、一過性のものではなく歴史上のひとつの新しい局面である。

その一方で、他の先進諸国では労働への分配率が下落しつつあるのに、唯一それが上昇しつつある例外的な国がこの日本である。年功序列賃金も定期昇給もベース・アップも、いわばインフレを前提にして機能してきた仕組みであり慣行であった。しかし、物価の下落が進むデフレの下では、それらはもろに「利潤圧縮メカニズム」として作用することになる。こう橋本さんは指摘する。賃金に圧迫されて予想利益率が下がれば、企業はもちろん投資行動を控えるだろうし、そのことが経済全体を制約して生産性が伸び悩み失業を生み出すことになる。さらに、雇用不安が拡がれば消費が後退して経済が停滞・縮小への悪循環に陥ってしまう。

そこで橋本さんが提案するのが、労使協調による貨幣賃金の切り下げである。つまり、失業増大による賃金の下落という激痛を伴うシナリオを選択するのではなく、雇用を維持しながらの期限つきの賃金切り下げという、いわば日本型ワークシェアリングの提案といってもよい。賃金切り下げによって企業の予想利益率が上昇すれば、設備投資が促されて生産性が上昇するであろうし、同時に経済規模も拡大して雇用が増大する良循環が生まれるというのである。経済史家である橋本さんが他の多くの論者とはちがうのは、九〇年代以降の日本経済の低迷を、二〇〇年単位の歴史の中に位置づけ、通念にとらわれずに大胆に処方箋を提案している点である。このところの春闘の様変わりぶりを見ていると、橋本さんがすでにそうした事態を予見していたような気がしてくる。この大胆な問題提起を機に、大いに論争が拡がってほしいと思う。

（『毎日新聞』二〇〇二年三月二四日）

本来の意味からズレるワークシェアリング

竹信三恵子『ワークシェアリングの実像――雇用の分配か、分断か』岩波書店、二〇〇二年

定義も内容も定かでないままにカタカナ用語が広まり始めたときには、要注意である。この数年間のことで言えば、例えばグローバル・スタンダード。確たる根拠も示されないままに、世界の趨勢だということで様々な規制が緩和・撤廃されて、むき出しの市場競争が強まるようになった。そのとき盛んに語られたのがグローバル・スタンダードであった。さらに遡れば、リストラというカタカナ用語。本来ならば企業の経営を抜本的に革新することを意味するはずのこの用語が、いつの間にやら首切りのことを意味するようになってしまった。

そして昨今、新聞紙上をにぎわしているのがワークシェアリング。昨年秋あたりから急に目につくようになり、ついに新聞の四コマ漫画にまで登場するに至ったこのカタカナ用語が、それ本来の意味からずれて、「賃金の切り下げ」による雇用の維持を表現するようになり始めた。

そもそもワークシェアリングとは、一九三〇年代の不況の下で、働く人々が連帯の精神で仕事を分け合い、失業を防ぎつつ生活のゆとりを確保するという趣旨で登場したものであった。石油

危機以降のヨーロッパでも、短時間労働を導入して雇用者数を増やしたり、長時間労働は無理でも短時間労働なら可能な人たちの社会参加を可能にする制度づくりが目指された。仮りに賃金が減る場合でも、それを補填する何らかの方法が工夫されてきた。例えば、賃下げをしなくても済むよう生産性の上昇を目指すとか、女性も対等に働けるような基盤づくりによって一家の生計を二本柱にするとか、失業保険などの公的資金で補助をするとか、等々。

しかし今、この国でくり拡げられているワークシェアリング論議では、「現行の賃金水準では雇用を維持できない」という、雇う側からの賃金切り下げ要請がひときわ高い声で聞こえてくる。かつてワークシェアリングが登場した時のような、働く当事者による仕事の分け合いを「雇用の分配」と呼ぶならば、これは雇う側の都合によるいわば「雇用の分断」ではないのか。それをワークシェアリングというカタカナ用語を利用して戦略的に推し進めているのではないのか。こう、著者は言う。

確かに、これまでの日本では、経済成長によるパイの増大が雇用を確保するほとんど唯一の手段であった。雇用の分配のありようには手をつけず、何はともあれ雇用のためのパイを拡大する。しかし、パイの拡大そのものがもはや容易ではなくなった。成長経済が転換したのである。とすれば、否応もなく「公平で適正な」労働の分配を実現する手法へと政策は向かわざるをえない。雇用を政策的に分け合う「政治的」な発想、そしてそれを裏付ける哲学が求められることになる。

およそそうした哲学をもたずに、人件費の抑制のための安価で細切れの雇用の拡大をワークシェアリングと呼ぶとすれば、このカタカナ用語は、あるべき働き方やゆとりとは無縁のものとなってしまう。著者は日本の企業と自治体に足繁く通って、ワークシェアリングの名の下に進められている雇用調整の実態を見て回る。さらには、ワークシェアリングのモデルとなったヨーロッパにまで足を運んで、日本との対比を試みる。目新しいカタカナ用語が、定義も内容も定かでないまま拡がることによって見えなくなってしまうものを、しっかりと見極めるためである。

（『毎日新聞』二〇〇二年五月二六日）

「捨て石」としてマルクスを読む

塩沢由典『マルクスの遺産』藤原書店、二〇〇二年

あるひとりの異色の研究者の精神の遍歴記である。異色というのはつまり、数学の研究の過程

でアルチュセールとスラッファの作品に出会い、研究分野を経済学へと転換したという経緯がまずある。さらに、スラッファを通じて経済学を始めるというのも、異例である。大抵はスミスやマルクス、あるいは新古典派やケインズからというのが、この国の多くの研究者のたどる途だからである。そうした途を選択しなかったがゆえに見えてくるものがある。それを、大胆率直に語る。もちろん、アカデミズム村からの反発はある。今まで守ってきた暗黙の了解が破られ、思いがけない問題提起によって楽園が踏みにじられると感じるからである。

社会科学を専攻するものなら、大抵はどこかでマルクスと出会う。どのような出会いをするか、それはほとんど偶然に近い。しかし、出会いの後に、それとどうつき合うか、あるいは別れるか。それは自らの選択である。マルクス主義の公式を早分かりする秀才への不信を表現して「田舎の鈍才」という言葉を好んだ宇野弘蔵に、著者は惹かれるという。そして、労働価値説を拒否する。二〇世紀の共産主義の歴史が人類共通の負の遺産であり、それは正の遺産とともに背負わねば、ともいう。教典のごとくマルクスを奉ってきた人にとっては耳の痛いところだろうし、古典としてマルクスを読んできた人にとっても随分と厳しい問題が突きつけられている。「捨て石」としてマルクスを読む、これが著者の立場である。

その時に何が見えてくるのか。一例をあげよう。著者は、いま注目されている複雑系経済学のリーダー的な存在である。主流派の新古典派が依拠とする「均衡」に対して、何よりも「再生産」

の視点を重視する。無時間の均衡ではなく、歴史的時間の中の再生産、過程としての経済に注目する。そしてこれは、実は、古典派が強調してきたものであった。だからこそ、古典派をマルクスに到達するための単なる抜け殻として見るのではなく、むしろ古典派の最後の一人としてマルクスを位置づける。著者の立場は、言うなれば現代古典派である。スラッファの影響がそこにある。

そして、ひとたびそうしたものとしてマルクスの作品を読めば、実に興味ある論点が甦ってくる。それは商品語を語っている。再生産過程の見事な分析がある。諸制度の変化を利害の対立から分析する視点がある。技術の進歩に関する深い切り込みがある、等々。これらはすべて、複雑系経済学のまたとない栄養源である。複雑系経済学では、人は時間の推移の中で状況を類型化し、それに応じた定型的行動を採る。もちろん定型は一つとは限らない。複数の定型があれば、それらの良否の比較があり、行動の進化がある。すべてを予測し比較した上で採るべき行為を瞬時に決めるとする新古典派の体系は、壮大な虚構だというのである。

本書に収められている対談の中で、藤田省三氏が語っている台詞「体系をつくると継ぎ目の部分にウソが入る。その点で正直でなくなる」。これは、著者のスタンスでもあろうか。本書には、一九七五年から現在までの、二〇近い論文が収録されているが、著者はそれらを、無理に一つの体系として整合化したり正当化したりしない。自らを真理の高みに置いて、他のあらゆる立場を告発する「思想の文体」を好まないからである。読んでいて、その継ぎ目のところがよく見える。その部分が、私には、著者の精神の遍歴記としてとても興味深かった。

（『毎日新聞』二〇〇二年六月二三日）

人間はコストを高める妨害物なのか

神野直彦『人間回復の経済学』岩波新書、二〇〇二年

熱い言葉が全体にちりばめられている。それもこれも、今進められている「構造改革」への抑えがたい違和感に衝き動かされてのことである。あるいは、その「構造改革」を支えてきた主流派経済学への深い失望感からなのかもしれない。まずは、著者の言葉を聞くことにしよう。

人間は、経済人つまり自己利益のみに従って行動するホモ・エコノミクスなのではない。人間は、ホモ・サピエンスつまり「智恵ある人」であり、ホモ・サピエンスの作る経済は弱肉強食むき出しの動物経済ではなく、人間経済のはず。ところが、昨今の「構造改革」論議では、ことあ

るごとに「マーケットの声を聞け」「マーケットの決定にゆだねよ」という主張だけが賑やかで、人間はあたかもコストを高める妨害物であるかのように扱われる。企業も政府も人員削減の首切りゲームに熱中し、人々は「構造改革」によって作り出される競争社会におののいている。これは、明らかにハンドルを切りちがえている。こう著者は言う。

これまでくり拡げられてきた「構造改革」論議は、旧来の産業構造のもとでコストを削減することに傾きがちで、新しい産業構造を作り出して生産性を高めるという発想が弱かった。二一世紀が経験するのは、これまでの工業社会とは異なり知識が決定的な要因となる「知識社会」、すなわち人間そのものの能力を高めることが生産の大前提となる社会である。言い換えれば、コストを高める妨害物として人間を排除するのではなく、生産の最重要な要因として人間能力を発展させなければならない社会である。知識資本を蓄積しイノベーションを引き起こすような、供給サイドからの改革こそが必要だというのである。

そのような方向にハンドルを切り替えたモデルとして著者が注目するのが、スウェーデンである。日本と同様スウェーデンも、八〇年代後半から金融自由化が進んでバブルの宴に踊ったものの、不良債権を一挙に処理し、九〇年代を「失われた一〇年」ではなく「産業構造転換の一〇年」とした。かくして、知識集約型産業の付加価値が急成長する。ハードウェアよりもソフトウェアを担う人間の育成を重視し、「世界最強のIT国家」を合言葉に、IT教育の強化に取り組んできた。

スウェーデンだけではない。「知識社会」の構築を目指す北欧諸国はいずれも、公教育費支出の対GDP比は、経済大国日本をはるかに上回っている。知識資本の蓄積は市場経済だけでは賄えない。中央政府の支えが不可欠であるし、地方政府やコミュニティの市場原理を越えた協力関係こそが肝要である。スウェーデンが知識社会への構造改革で成果をあげているのも、市場原理ではなく協同原理に軸足を据えたからだと著者は言う。すなわち、ホモ・エコノミクスの経済ではなく、ホモ・サピエンスの経済へとハンドルを切り替えたからだ、と。

著者の熱い想いは痛いほどよく分かる。それだけに、今進められている「構造改革」とそれに連なるアメリカ的な市場原理主義への批判が、ひとっ飛びにスウェーデン的な協同原理にもとづく社会システムへの、過剰なまでの期待へと膨らんでいるのが少々気になる。そして私が思い浮かべるのは、かつて岩田昌征氏が試みた経済体制の「トリアーデ論」である（『現代社会主義の新地平』日本評論社、一九八三年）。そこで彼は、次のような冷徹な議論を展開していた。

およそ経済の運営は、市場システムだけによって、あるいは計画システムだけによって、あるいは協議（協同）システムだけによっては立ち行かない。なぜなら、自由を求める市場システムには安と不安が、平等を求める計画システムには満と不満が、友愛を求める協議システムには和と不和が重なり合っていて、一つのシステムだけが過大に拡がると社会は崩壊してしまうというのである。そしてそれぞれのシステムには、自殺、他殺、兄弟殺しといった固有の象徴死のイメージも付きまとう。つまり、協議（協同）システムには、和のイメージで示されるような麗しい関係が常に満ちているわけではなく、救いがたい不和と諍いがいつ発生するかもしれないし、兄弟殺しに象徴されるようなおどろおどろしい結末さえ待っているかも知れない。

そうした事態に陥らないよう、いかなる社会も、市場と計画と協議という三つのシステムのきわどいバランスを維持していく緊張に満ちた知恵の積み重ねこそが必要なのである。協議の原理にもとづくユーゴの自主管理社会の推移とその結末を見つめ続けてきた岩田氏のこの指摘は、協同原理の社会スウェーデンを見る時にも、やはり不可欠なのではあるまいか。

（『毎日新聞』二〇〇二年七月二八日）

消費者であり生産者でもある我々

R・B・ライシュ『勝者の代償』清家篤訳、東洋経済新報社、二〇〇二年（R. B. Reich, *The Future of Success*, 2000）

経済の変化が目まぐるしい。ほんの小さな為替変動によって、膨大な資金が瞬時に国境を越えて動き回る。これまで安定的な業績をあげてきた大企業が、突如大幅な人員削減計画を発表する。ひと頃あれほど勢いのあった情報関連企業が、まるで泡のごとくに消えてゆく。あるいはまた、非正規のパートやアルバイトなど、短期の流動的な低賃金労働が増えている。不安定で変転きわまりない経済が急速に根を張りつつある。そうした新しいうねりを〈ニュー・エコノミー〉と呼び、その光と陰を解剖してみせる。クリントン政権の労働長官にしてリベラル派の労働経済学者の、ダイナミックでバランス感覚のある作品。

我々は、かつてなく豊かで便利なモノに囲まれている。消費選択の幅が広がり、消費者一人一人の好みに寄り添うように企業は熾烈な競争をくり拡げる。自分のサイズと好みの生地や色をパソコンに入力すれば、数日以内に注文した衣服が玄関先に届けられる。証券取引所やブローカーを介さずとも、誰もが一日二四時間、世界中の株式や債券をオンラインで売買できる。かつては思いもよらなかったような消費選択の幅が広がり、マウスをクリックするだけでいとも簡単に好みのモノを入手できるようになった。コンピューターに象徴されるような技術革新の波と規制緩和によってもたらされた〈ニュー・エコノミー〉のいわば光の側面である。

しかし、光が強ければ陰もまた濃い。我々は消費者であると同時に生産者でもある。変わり身の早い消費者がいつマウスをクリックして別の商品に乗り換えるかもしれない。そうしたリスクを常に抱えて、生産者は消費者の好みを素早く察知しつつ魅力的な新製品の開発に励まねばならない。独創的なアイデアを生み出すことのできる「変人」と、そうしたアイデアを消費者の潜在的欲求に結びつけることのできる「精神分析家」が重用され、彼らの所得と富は膨らむ。その一方で、定型的な単純労働の担い手は、賃金の切り下げと首切りの対象となる。かくして、所得と富の格差が広がってゆく。一九八〇年には、アメリカの大企業の平均的な経営トップは、労働者の平均年間収入の四〇倍を稼いでいた。それが九〇年には八五倍、そして二〇世紀末には何と四〇〇倍を越えるまでになった。

そこで、賃金の下がった労働者はより長時間の労働を強いられる。しかし、上層の所得階層といえども、その地位はきわめて不安定である。消費者や投資家の気紛れな選択によっていつその地位を脅かされるかもしれない。かくして、稼げるうちに稼ぐということから、彼らの労働時間もまた膨らんでゆく。今や典型的なアメリカ人は典型的なヨーロッパ人よりも年間三五〇時間も多く働いているという。かつて「ウサギ小屋に住む働き中毒」と揶揄された日本人よりも長時間の労働である。経済格差の拡大はコミュニティの崩壊へとつながるし、長時間労働は家族の絆を揺るがす。〈ニュー・エコノミー〉は、豊かな選択肢を消費者には与えたものの、労働と生活とコミュニティに拭いきれない負荷を持ち込むこととなった（そういえば、著者のライシュは、子供と過ごすための時間を確保するために、労働長官を辞任した）。ライシュが見ているのは、もちろんアメリカの社会であるが、それは、多かれ少なかれ日本の近未来の鏡像でもある。今進められている構造改革が、果たしてそうした現実をどれほど見抜いているのであろうか。

（『毎日新聞』二〇〇二年八月二五日）

政治が潜在能力を死滅させている

J・K・ガルブレイス『日本経済への最後の警告』角間隆訳、徳間書店、二〇〇二年
(J. K. Galbraith, *The Last Warning to Japanese Economy*, 2002)

著者のガルブレイスは、現在、九三歳。ということはつまり、一九二〇年代アメリカのバブル経済を体験し、その後の大恐慌と三〇年代不況をその目で見ただけでなく、そうした苦境を克服すべく颯爽と登場したF・ルーズヴェルトのニューディール政策を、同時代人として観察することができた。いや、観察しただけではない。後期ニューディール政策の推進者の一人として自ら政権を支え、至近距離でルーズヴェルトの人となりを知ることのできる恰好の位置にいた。

そんなガルブレイスだからこそ、一九八〇年代の平成バブルとそれに続く「失われた一〇年」不況に特別の関心を寄せ、小泉政権登場から四百日も経った現在の閉塞状況を、実に歯がゆい思いで見つめてきたのであろう。そうした思いがひしひしと伝わってくる。その彼が言うには、日本の経済と社会には、まだまだ十分な潜在力があり、二一世紀の世界モデルにさえなりうる力量を具えているにもかかわらず、それがまるで死蔵されてしまっている、と。問題は、政策を実行する果断な意思とリーダーシップ、そして何よりもそのタイミングなのだと言う。

一九三三年四月、政権の座に着いたルーズヴェルトは、国民に向けて就任第一声を高らかに謳った。「恐れなければならないものは何もないのです。いまわれわれが恐れなければならないのは、『恐れる』ということそれ自体なのです！」。そして間髪を入れず、一連の緊急救済のための新政策を、就任後わずか百日間のうちに電光石火のごとく実行に移していった。「緊急銀行法」「節税法」の施行、「民間自然保護部隊」の発足（三月）、金本位制からの離脱（四月）、「連邦緊急救済法」「農業調整法」「緊急農場抵当法」「テネシー川流域開発法（ＴＶＡ）」「証券法」の施行（五月）、「住宅所有者貸付法」「グラス＝スティーガル銀行法」「農場信用法」の施行（六月）等々。ルーズヴェルトのこの「ザ・ファースト・ハンドレド・デイズ（最初の百日間）」こそが、国民の心をつかみ、経済の先行きへの不安を期待へと転換させ、経済そのものの転換へとつながったのだ、とガルブレイスは言う。

「構造改革なくして成長なし」と小泉首相が声高に叫んでからすでに四百日も過ぎてしまった。国民の金融資産は千四百兆円にも達しているものの、しかしそれは消費支出には回らず、経済は依然として縮こまっている。新政権への当初のあの熱っぽい期待がしだいに懐疑へと変わり、先行きの不安から国民は財布のひもをしっかりと締めてよりいっそう貯蓄に励む。既存の公共事業が問題なのは事実だとしても、政府の出番がなくなったわけではない。老齢年金や医療保険、失業保険や介護システムといった社会保障制度や社会的インフラの充実なしには、国民が生活の不安や恐怖から解放されることはない。ニューディールを思い浮かべながら、ガルブレイスはこう考える。

「政府にできることは何もない」と、問題を市場任せにして為すところなく消えていった大恐慌後のフーバー大統領の二の舞になってはいけない、と言うのである。もちろん、一九三〇年代と現代とでは状況がまったく同じというわけではない。グローバル化が進んだ国際状況は当時とはちがうし、産業構造も大きく変化している。それに一人当たりGDPの水準も、法制度の状況もちがう。にもかかわらず、歴史の生き証人のこうした警告は、理論家や評論家のあまりにも軽すぎる言説よりも、はるかに迫力と説得力がある。

（『毎日新聞』二〇〇二年九月二二日）

「素顔のマルクス」その魅力

F・ウィーン『カール・マルクスの生涯』田口俊樹訳、朝日新聞社、二〇〇二年（F. Wheen, *Karl Marx : A Life*, 1999）

本書の真ん中ほどに、ロンドンのハイゲート墓地にあるマルクスの墓の写真が載っている。その写真のアングルがとても興味深い。墓石の高さは三メートルを越え、その上の胸像も一メートルほどはあろう。あまりにも巨大で周りの墓からは突出して威圧的な雰囲気さえ漂っている。物神崇拝性批判を展開した彼の墓らしくもない。

この墓は旧ソ連と東ドイツの肝いりで一九五六年に新しく作り替えられたものというが、社会主義の威光が輝いていた時期のマルクスへの態度がよく表わされている。そうした偉大なる先人、名誉ある社会主義の父といったマルクス像と、本書で扱われているマルクスとはおよそ異なる。とはいっても、反マルクスの書でもマルクス経済学批判の書なのでもない。むしろ「素顔のマルクス」を語ることによってその魅力を描いた作品。

夫としての、父親としてのマルクス。咽頭炎と気管支炎とできものに悩まされ、借金取りに追いかけられ質屋とは縁を切れなかったマルクス。さらには、女中のデムートとの間に子どもをつくったマルクス。濃い髭と浅黒い肌で、家族や仲間から「ムーア人」と呼ばれた彼が、小説仕立てのごとくに語られる。さらには、一九世紀の異人たちとのドラマ。不思議な魅力を醸す「妖人」ラサールとの社会主義運動をめぐる確執。第一インターナショナルの主導権をめぐる「怪人」バクーニンとの駆け引き。経済危機の到来と革命の勃発を期待して乗馬の訓練をするエンゲルスと、心躍らせてそれを見つめるマルクス。『資本論』第一巻が、他の誰でもなく、「勇敢で忠実で高貴なプロレタリアートの主役、忘れ得ぬわが友、ヴィルヘルム・ヴォルフ」に捧げられたその理由の推測。

ひと頃、「資本主義のひとり勝ち」やら「歴史の終焉」やらといったことが喧しく語られたものの、その後の資本主義の迷走を経て、今ではそうしたことを声高に叫ぶ人も少なくなった。日本でいえば幕末・維新の頃の人物が、その後の資本主義の歴史をことごとく正しく予言できるなどということはありえないのであって、ハイゲートの墓に象徴されるようなマルクスではない、「素顔のマルクス」に注目した時に見えてくる彼の魅力は尽きない。初歩的蓄積とか利用価値といった訳語はいただけないが、それでもこの作品の読み物としての楽しみは十分堪能できる。

(『エコノミスト』二〇〇二年一〇月八日)

老大家は説く、なぜ繁栄し衰退するのか

C・P・キンドルバーガー『経済大国興亡史1500〜1990（上・下）』中島健二訳、岩波書店、二〇〇二年（C. P. Kindleberger, *World Economic Primacy : 1500 to 1990*, 1996）

経済大国興亡史、直訳すれば世界経済の首位国（World Economic Primacy）の歴史。書名を見てただちに思い浮かぶのは、例えば『大国の興亡』（P・ケネディ）、『ジャパン・アズ・ナンバーワン』（E・ヴォーゲル）、あるいは『西欧の没落』（O・シュペングラー）といった作品。不透明感が漂う歴史の転換点では、決まってこうした標題の本が現れる。さて、この『経済大国興亡史』、圧倒的なリーダー国が不在のままに国際経済が不安定化している現在のさまを、五百年単位の歴史の中に位置づけるという試み。おびただしい分量の学説や主張を腑分けしつつ論を進めるその気力にまず脱帽する。性急に結論を急いだり見栄えにこだわったりする理論家たちをたしなめるように、議論は諄々としていて急ぐところがない。歴史の本質はその複雑さにあると語るこの老大家は、現在すでに九十歳を越える。

この本の柱は二つのテーマ。一つは、ある国があたかも人間のライフサイクルのごとくに、緩やかに成長を始め、スパートがかかって成熟の域に達し、やがて減速し老化するという具合に、

S字型曲線をたどるのはなぜなのか。例えば、イギリス。一七、八世紀の助走期を経て、一八世紀末から一九世紀にかけて急成長し、一九世紀の後半にはピークに達し、一九世紀末から減退期に入った。巨額の海外投資による国内投資の縮小、大英帝国の維持・防衛のためのコスト増大、成功した企業家が反ビジネス的なジェントルマンへと転身することによる活力の喪失、理工系教育のたち遅れと発明・技術革新の停滞による生産性の低落。過去の成功がかえって変革の足を引っ張る動脈硬化症、等々。

いま一つのテーマは、世界経済の首位国がS字型曲線をたどって低落する一方、別の国が首位国の座に躍り出るその交代劇。イタリアの諸都市国家が一五世紀に、ポルトガルとスペインが一六世紀に、ネーデルランドが一七世紀に、イギリスが一九世紀に、そしてアメリカが二〇世紀にその座についた。ただし、キンドルバーガーのいう首位国とは、覇権国とは異なる。力の行使によって他国を服従させる覇権国ではなく、リーダーシップによって他国との調和を図りつつ合意を形成してゆく国。例えば国際経済が危機に陥った時には「最後の貸し手」役を引き受け、為替相場の安定化につとめ、国際的な財政金融政策のまとめ役としての責任を果たす。そうしたいわば国際公共財を提供することのできる国が、その威信によって世界経済を安定化させる。これが彼のいう首位国。

しかし、国際公共財の提供にはコストがかかるし、首位国といえどもその負担に耐えかねてやがて疲弊し始める。一八九〇年代以降のイギリスがそうであったし、一九七〇年代以降のアメリカもまたリーダーシップを放棄し、国際公共財を提供する意欲を失ってしまった。一方、目覚ましい経済成長を遂げたドイツと日本は、首位国の座に挑戦するのをためらっているうちに、そのS字型曲線のピークをすでに過ぎた。かくして、世界経済の先行きは「混乱」の可能性が高い。その混乱の中から、いずれはある国が首位国として台頭するかもしれないが、それが再びアメリカなのか、はたまた日本なのかドイツなのか、もしかして中国なのか。予測は不可能である。とはいっても、キンドルバーガーの主張は決して悲観論なのではない。ナンバーワンだナンバーツーだと言って一喜一憂するのは、まるで子供じみた遊戯のようなもの。重要なのはほどほどの効率性と経済水準を保ち続けることだと、達観したその境地を語る。

そして、ある一つの立場から他の立場をすべて切って捨てるということがない。悪く言えば網羅的折衷主義、よく言えば目配りがきいていて寛容。その分、面白いエピソードや歴史的事実の指摘があって楽しい。そのうちのいくつかを例示してみよう。海洋諸国は個人主義的で自由主義的であったが、大陸諸国は集団的で独裁的であり、ヒエラルキー的な組織を好んだというJ・ピレンヌの説。いかなる国も二、三世代以上にわたって技術革新の最先端に留まったことはないという「カードウェルの法則」。敗戦により旧指導部に代わってニューフェースが活躍するために、敗戦国が一〇年ないし一五年後には回復を果たすという「不死鳥理論」。競争に遅れをとった国こそが、その場の状況に応じた新しい技術を生み出し、それと低賃金とが相まって先進国を追い越してしまうという「馬跳び説」。生産からの金融の分離は、生殖行為からの性行為の分離と同様、度を越すと嫌悪と分裂と抑鬱をもたらす。イタリア諸都市国家に始まり、イギリスそして最近のアメリカに見られるように、経済が金融に傾き始めると経済そのものが傾き始めるという指摘、等々。むしろ曖昧な含みをもたせつつ議論を膨らませているところに、思いがけない発見があって嬉しい。

（『毎日新聞』二〇〇二年一〇月二〇日）

歴史的視点を欠いた経済運営の罪

金子勝『長期停滞』ちくま新書、二〇〇二年

「失われた一〇年」と言われ続けて何と長い時間が過ぎたことか。バブル崩壊後の政策運営の迷走ぶりに、人々は鬱々たる気持ちで日々をやり過ごし、しかしそれでもかすかな期待をいだいて耐えてきた。が、それもどうやら限界に近づいているのかもしれない。一〇月三〇日に決定さ

れた政府の「総合デフレ対策」への反応は実に厳しい。『朝日新聞』の世論調査によれば、七五パーセントの人がこの対策に期待していないというのである。

「歴史的視点の欠如」。これまでの政策運営とそれを支えてきた主流派経済学に対する金子氏の診断である。いま我々が直面しているのは、単なる景気循環のひとこまとしての不景気なのではなく、物価も金利も持続的に低落しながらの世界同時不況。「長期停滞」の時代に突入したのだ、と。こうしたデフレ不況を戦後の日本経済は経験していない。状況は、ある意味で一九三〇年代不況に似ている。「歴史は繰り返す。一度目は悲劇として、二度目は喜劇として」。対策を誤って戦後経済史の茶番劇にしてはならないというのである。

問題の核心の一つは、不良債権の処理を必要な時期に必要な仕方で断行せずにやり過ごしてきたこと。もちろん不良債権の処理とはいっても、個々の金融機関を救うのではなく経済全体の信用システムが健全に機能するよう立て直すのが目的。さもないと、「長期停滞」の経済が底割れするかもしれない。そのためには、公的資金の投入が必要であるし、場合によっては国有化さえありうる。これまでの金融行政と銀行経営の責任も厳しく問わねばならない。こう書くと、まるで竹中大臣の発言と似ていると思われるかもしれないが、金子氏は、これまで一貫して竹中大臣への最も厳しい批判者のひとりであった。

つまり、しかるべき早い時期にそうした対策を果敢に実行してこなかったがために、デフレ不況下での不良債権の処理という綱渡り的な閉塞状況に追い込まれてしまったのだ、と。もちろん、不良債権の処理は倒産や失業の増大を引き起こすかもしれない。そこで、これもかねてからの主張のように、福祉を軸にしたセーフティーネットの張りかえを進めること。しかし、累積する財政赤字の下では財政規模の拡大は難しく、とすれば地方への税源委譲も含めた財政の組み替えによる他ない。当然のことながら大なる政治的決断が必要となる。ところで、セーフティーネットの拡充という文言もまた「総合デフレ対策」の中に登場している。しかし、その中身はほとんど不透明。

さらに、もう一つ。インフレ・ターゲット論批判。この一〇月上旬、竹中大臣は日銀に対して一定の物価上昇を目指した金融政策を要請した。意図的に物価上昇状況を創り出し、株価や地価の低落を防ぎ、さらには累積する国債返還の負担を軽くすることを目論んでのこと。かねてから市場原理主義にもとづく政策を主張してきた人が、それとは全く論理の異なる政策介入をなぜ主張をするようになったのか。そもそも、「長期停滞」の不況下でどのようにして「インフレ期待」を創り出すことができるのか。仮りにそれが可能であったとして、ひとたび発生したインフレを適切にコントロールすることが可能なのか、と手厳しい。この本は、八月二〇日の刊行である。紆余曲折を経て一〇月末に「総合デフレ対策」が発表されるに至った状況を、金子氏が今どう見ているのか、ぜひ聞いてみたいと思う。

（『毎日新聞』二〇〇二年一一月一七日）

「お砂場遊び」のような経済学？

D・N・マクロスキー『ノーベル賞経済学者の大罪』赤羽隆夫訳、筑摩書房、二〇〇二年（D. N. McCloskey, *The Vices of Economists – The Virtues 0f the Bourgeoisie*, 1996）

「今日の経済学は欠陥学問である。方法論が誤っており、そのため間違った成果しかえられていない」。のっけからこんな文章で始まる本なのだが、決して際物なのではない。五三歳で性転換をして話題になったマクロスキー教授（イリノイ州立大学）が、ときに勇み足の言い回しをくり出すものの、急所をつく指摘がいくつもあって、一気に読んでしまった。しかし、神経を逆なでされる人もきっといるにちがいない。

例えば、彼女はこう言う。過去半世紀あまり、経済学は三つの悪徳にすっかり身を染めぬかれてしまった、と。原著名の『経済学者の悪徳』は、そうした意味を込めてのもの。しかも、その悪徳たるや、クライン、サムエルソン、ティンバーゲンといった現代経済学の頂点に君臨する三人のノーベル賞経済学者たちに起源があるというのだから、これは実に刺激的。邦訳名はこちらに着目してのもの。

統計的有意性というもともとは純粋技術的な用語を、経済的重要性と同一視するクラインの悪徳。黒板上で存在証明ができれば、現実経済とは無関係にそれが科学的な真理であると見なすサムエルソンの悪徳。これら統計的有意性と黒板上での証明の二つを合わせれば、現実の経済政策に適用できるとするティンバーゲンの悪徳。そして、これら三つの悪徳の核心にあるのが、「経済学の機械化」という思想である、と。

もちろん、これら三人の経済学者をまな板に載せてこんな風に斬ってみせるのは、彼女流のパフォーマンス。それに、一九四〇年代の美徳が九〇年代に悪徳に転化してしまったと言うのだから、悪徳に転化させた責任の大半は、むしろ彼らの成果を機械的かつ無神経に膨らませてしまった後継者の方にあるというべきか。マクロスキーは言う。弟子たちの手にかかると、一九四〇年代の輝かしいアイディアは、たちまち少年たちの遊戯に堕してしまった。多くの才能が建築作業にたずさわっているのだが、工事の現場はあくまでも砂場の中。彼らは砂場で、砂のお城をあちらこちらへ移動させながら、おもちゃのトラックやブルドーザーで遊んでいるだけなのだ、と。こんな風にして、現実離れした「アームチェア・エコノミクス」を弾劾するのである。

彼女の先生であったA・スミシーズのこんなジョークも引かれている。彼は最初は応用経済学者になろうと考えたが、それには企業人や統計と付き合わなければならないのでなかなか厄介だと気づいた。そこで専攻を経済史に変えてみた。しかし、図書館通いにはうんざりした。そして最後には、必要なものは紙と鉛筆だけで、現実の世の中とは一切関わらなくて済む理論家を目指すことにした、というのだ。

経済学の一部に見られるこうした機械的、数学的な手法の暴飲暴食をやめて実用知に基礎を置く全体認識を取り戻すべきだという指摘は全くそのとおり。また、そうした経済学を何の媒介項も無しに政策運営に適用できると思いこんでいる人たちへの批判も、解毒剤としてまことに有益。しかし、解毒剤はそれ自体では決して栄養剤にならないのも確かなこと。それに、G・ミュルダールやA・センの名前を引き合いに出すまでもなく、ノーベル賞経済学者がことごとく著者の言うような悪徳に染めぬかれていたわけでないのは、例えば、M・H・マッカーティ『ノーベル賞経済学者に学ぶ現代経済思想』(田中浩子訳、日経BP社、二〇〇二年)を読めば、よく分かるはず。

(『毎日新聞』二〇〇二年一二月八日)

株価至上主義の末路

大島春行・矢島敦視『アメリカがおかしくなっている――エンロンとワールドコム破綻の衝撃』日本放送出版協会、二〇〇二年

史上空前の好景気を持続した九〇年代アメリカ。その中でもひときわ光り輝き時代の寵児とまで呼ばれた企業。グローバル化と情報化の波に乗って急成長し、最先端の金融工学を活用して創立わずか一五年で全米売上高第七位にまで駆け上った企業。しかしひとたび株価の下落が始まるや、またたく間にその成長神話が崩れ、不正経理と企業倫理の腐敗が明るみに出て、まるで打ち上げ花火のように消滅した企業。その名は、エンロン。丹念な取材を積み重ねた臨場感あるリポートである。

アメリカ流の資本主義では、市場こそが企業経営のありようを最も正確に評価し、株価の高いことが優れた企業の証とされる。この「株価至上主義」を最優先して急成長したのがエンロン。株式市場がどう受けとめるかを徹底分析し、市場が喜ぶ経営戦略を矢つぎ早に展開。そしてその経営戦略を支えていたのが、「ドリームチーム」と呼ばれるエリートたち。経営学修士（MBA）、数学の博士号取得者、元ウォール街のディーラーたち。九〇年代に発展した金融工学によっ

て、為替や株式や債券など多種多様のデリバティブ（金融派生商品）が生まれ、この新しいデリバティブ取引をブロードバンドに、さらに気温や天候の予測など二二〇〇もの商品にまで拡げたエンロン。雑誌『フォーチュン』は、最先端のデリバティブを自在に操る企業として五年連続で「最も革新的企業」にエンロンを選出した。

そのエンロンが、実は株価引き上げのために数字を偽装していたのであった。その具体的な内容が実にリアルに描かれている。かさ上げした収益を決算報告書に載せ、アナリストの予測を上回る増収増益を達成して株式市場の人気をほしいままにしたのである。かくして当初一〇ドルにも満たなかった株価が、九〇ドルの最高値をつける。九〇年代後半は、まさに株式市場の申し子としてエンロンが光り輝いた時期であった。ところがこの華やかな外見とは裏腹に、エンロンは巨額の損失を実は抱えていた。世界各地に建設した発電所設備が期待したほどの収益をあげなかった。加えてブロードバンドへの過大な投資。九〇年代後半、アメリカの通信業界では四八兆円もの設備投資が行われ、エンロンもまたおよそ一五〇〇億円を光ファイバーに投資。光ファイバーは、アメリカ全土の必要量の数十倍にまで膨らんでいたのであった。もしも巨額の損失が明るみに出れば、エンロンの成長神話はたちまち崩壊する。こんなふうに畳みかける記述が続く。

そこでエンロンはウルトラCを考える。ペーパーカンパニーを作り、そこに損失を移し替える「飛ばし」である。アメリカの会計制度では、自社以外に全体の三パーセント以上の出資者がいれば、そのペーパーカンパニーは帳簿に載せる必要がない。この仕組みを利用して、なんと二八〇〇ものペーパーカンパニーを作っていたという。損失が隠されたままエンロン株は値上がりを続ける。しかしついに二〇〇〇年秋、史上空前の好景気にも息切れがきた。牽引役だったＩＴのバブルがはじけ、株価が急落。それに連動するように、エンロン株も九〇ドルをピークに六一セントにまで急落した。株式市場の申し子エンロンは、九〇年代の上昇相場を一気に駆け抜け、上昇相場が途絶えたとたん、あっという間に破綻した。にもかかわらず証券会社のアナリストたちは、そのぎりぎり直前までエンロン株の「買い」を推奨していた。

収益のかさ上げと損失の「飛ばし」で決算数字を偽装し、株価の上昇を演出し続けたエンロン。その虚偽の決算報告を、それと知りつつ承認していたのが、世界五大会計事務所のひとつアンダーセンだった。それだけではない。ペーパーカンパニーへの損失の「飛ばし」に自らが荷担して、巨額のコンサルティング料をせしめていたのである。司法省はアンダーセンを起訴、書類破棄による捜査妨害で有罪、そして廃業。こうした顛末の中で、老後の生活を企業年金に委ねていたエンロンの従業員たちは、株価の暴落でその途を絶たれてしまった。

その陰で、経営者たちはエンロン株の売却をくり返し、会長が一二〇億円、社長が八〇億円をも懐にしていたという。監査法人が中立的な会計監査を行い、証券会社のアナリストが企業の業績を客観的に評価して投資家にその評価を伝え、そうした一連の仕組みを通じて活力ある公正な経済が運営される、というのがアメリカン・スタンダードではなかったのか。「アメリカがおかしくなっている」のだろうか。いや、アメリカ型と日本型とを問わず、巨大化した株式会社そのものにこそ問題がある、と奥村宏『エンロンの衝撃』(NTT出版)が切り込む。P・C・フサロ他『エンロン崩壊の真実』(橋本硯也訳・税務経理協会)、黒木亮『虚栄の黒船　小説エンロン』(プレジデント社)、藤田正幸『エンロン崩壊』(日本経済新聞社)等、エンロン問題から暫く目が離せない。

(『毎日新聞』二〇〇三年一月二六日)

隠れた本音をユーモラスに分析

緑ゆうこ『イギリス人は「建前」がお得意』紀伊國屋書店、二〇〇二年

巷にはなんと沢山の「イギリス大好き本」が溢れていることか。日本の現状への不満やら西欧への漠然たる憧れが底流にあるのだろうが、それにしても、なぜイギリスなのか。「お金とモノから解放されるカナダ人の生活」とか、「老後が安心して暮らせるドイツ」とか、「スウェーデン、

白夜のガーデニング」などといった本がなぜないのか。イギリス人写真家と結婚して在英一五年の著者が、自らの体験だけでなく、新聞、雑誌、そしてテレビの報道を実に丹念に追いながら展開する舌鋒鋭くもユーモア溢れるイギリス論、そして実は、イギリスという鏡に映った日本論でもある。「イギリス大好き本」とはひと味もふた味もちがう切り口がとても新鮮。

著者が言うには、イギリスは「建前」が実に見事にできあがっている国である。だからこそ、福祉についての立派なお題目を読み、国に一つしかないようなモデル・ホスピスを視察し、自画自賛のパフォーマンス政治家の話を聞き、演技力にたけた国会討論を見てついつい感心してしまう。たまたま幸せに暮らしているある老人がイギリスの福祉制度を讃えるのを聞いて、なんて素敵な国だろうと思ってしまう。かくして「イギリス大好き本」が続出する。しかし、「建前」はあくまで「建前」で、「本音」が実は隠されている。その辺をきちんと見きわめているのがこの本の最大の魅力。

取り上げられているテーマは、例えば、働く女性を優遇するという「建前」で進められてきたあれこれの政策。子供のいる夫婦には配偶者控除も扶養者控除もあるのに、子供のいない夫婦にはそれがない。さらに産休と育児休暇も問題だ。ブレア首相が産休をとったのはよく知られているが、一昨年には、現役の保健相クーパー女史が出産、四カ月の産休をとった。しかし、産休や育児休暇の間、誰かが仕事を代行しなければならないはず。それは誰かといえば、主として子供のいない働く女性たち。「子持ちの女性・対・子供のいない女性」の間にくすぶる不公平感が「本音」として高まっている。

あるいは、階級の壁を越えた一般市民の司法参加という「建前」から、クジ引きによって民主的に一二人が選ばれる陪審員制度。しかしミドル・クラスの市民にとっては、何週間も仕事を休んで裁判所へ通うのは時間とお金の無駄。収入の損失を証明すれば最高で九千円ほどの日当が出るものの、その手続きが面倒だから何とか陪審員逃れを工夫する。かくして最近では、仕事を休んでも困らないワーキング・クラスや失業者だけが陪審員を引き受けるという偏りが出て、この制度の廃止も検討され始めている。以上はほんの一例で、さらに、高福祉が「建前」の老人ホームの窮状、ゆとり教育が「建前」の公教育の荒廃ぶり、多民族を受け入れ共存する寛容さが「建前」のその陰での極右勢力の台頭等々、「建前」と「本音」の確執が実に手際よく語られている。

立派な「建前」を掲げることそれ自体はすばらしくもあるし必要なこと。「建前」すらろくに確立できないような国は情けなくもあるし困りものなのは確か。でも、その「建前」がどんな「本音」とつながっているのかしっかりと見きわめないと、いささかバランスを欠いてしまう。随所に挿まれているコラム、旧世代を代表する著者のお姑さんのドキリとさせる猛語録が、これまたイギリス的な階級感覚を「本音」で表現していて、思わず笑いながらも大いに納得する。

（『毎日新聞』二〇〇三年二月九日）

贈与の経済学は何ゆえ必要なのか

中沢新一『愛と経済のロゴス』講談社選書メチエ、二〇〇三年

暗夜に街路灯の回りをうろついている酔っぱらいに、友人が訊く。「何をしているんだ」「鍵を探しているのさ」「この辺に落としたのか」「違う。あっちの暗いあたりだ」「じゃあ、なぜあっちを探さないいんだ」「明るいところの方が探し易いからさ」。これは、経済学が、もっぱら数量化の容易な部分にだけ目を向けていることを揶揄したお馴染みのジョーク。『愛と経済のロゴス』を読んでとっさに思い浮かんだのがこれであった。経済学はこれまで、経済という「全体性」のごく表面に近い部分しか解明できていない、と著者は言う。商品経済を支えている交換の原理だけでなく、贈与の原理を軸に、しかも「純粋贈与」という新しい原理を付け加えることによって経済の「全体性」に切り込んだ試作品、それがこの本である。

親しい友人に贈り物をするとき、我々は値段のシールを外し、商品としての痕跡を消去する。また贈り物にはお返しがつきものだが、交換のケースとは違って即座にはお返しをしないし、同じ価値をもったモノを返礼するわけでもない。返礼は、しばらくの時間を経た後おもむろに行われ、むしろその方が友情が持続していることの証とされる。贈与において重要なのはモノそのも

のではなく、モノを媒介にして移動していく流動的で連続性をもつ「何か」なのである。その「何か」を表現するために、信頼とか友情とか愛情とか威信とかといった言葉がしばしば使われる。そしてこの「何か」を生み出し増殖させる源になっているのが「純粋贈与」なのだ、と著者は言う。しかしこの「純粋贈与」は、なかなか掴まえどころがない。なぜならそれは、目には見えない力によって人間に「何か」を贈り続ける、まるで母なる大地＝自然のごときもの、あるいは神のごときものだからである。

およそ「増殖」という問題を、完全に合理的な形で説明するのは思いのほか困難である。そのために経済学でも、しばしば神話的思考に訴えることで難局を乗り越えてきた。その最も魅力的なケースのひとつが重農学派のF・ケネーであった。彼は、増殖＝剰余価値が生まれる条件を探っていくうちに、いつの間にか贈与の原理に近づいていた。人間が労働という贈与を大地に加え、それが「純粋贈与」する大地の力と出会うところで増殖が行われる、というふうに。経済学の黎明期に、交換よりも贈与の原理が大きな意味をもっていたというのは実に興味深い。その後に登場するマルクスは、労働力という特殊な商品を想定することによって、交換の原理の下で価値が増殖する秘密を解き明かしたのだが、その彼も、最も初期の『経済学哲学草稿』の頃には贈与論への関心を抱いていたし、最晩年にロシアの女性革命家ザスーリッチへの手紙の中で共同体のもつ意味を評価し、交換の原理だけでなく贈与の原理にもとづく産業社会のありようを展望していた。こんなふうに著者はマルクスをも読み込む。

グローバル市場経済が急進展して交換の原理がますます強まるその一方で、ボランティアやNPOやNGOなどの活動が、次第に地歩を築きつつある状況を読み解くためにも、贈与の原理をいまいちど経済学の中に取り込むべきことを訴えたこの試作品を、私は、経済学批判としてというよりは、むしろ新しい経済学への励ましとして読んだ。「純粋贈与」の、あまりにも掴まえどころのないもどかしさは残るのだけれども。

（『毎日新聞』二〇〇三年三月二三日）

モノであり同時にヒトでもある会社

岩井克人『会社はこれからどうなるのか』平凡社、二〇〇三年

会社とは、実に不可思議な存在である。我々日本人にとって、会社なしには、経済はもちろん政治も文化も語れそうにない。ともかく、生活のあらゆる側面に会社が影を落としている。社会人であるよりは会社人、地域住民であるよりは会社人、夫や父親であるよりは会社人。日本のご

く平均的な大人の生活規範は、これまで長らく「良き会社人」として過ごすということであった。

その会社が変わり始めているのだから、ただごとではない。終身雇用が崩れ、年功序列賃金が見直され、リストラの嵐が吹き荒れる。ベースアップどころか定期昇給さえままならない。この先会社はどうなるのかという問題は、この先日本はどうなるのか、この先日本人はどうなるのかという問題にまで繋がってくる。そうしたものとしての会社を、とことん会社の原理にまで遡って追究し、資本主義の新しい段階と関わらせて論じる。その徹底ぶりとレトリックの巧みさ、それがこの本の魅力である。

かつて八〇年代に、「会社は誰のものか」という問いかけが、日本でも海外でも盛んだった。一つには日本的な会社システムの成功に触発されてのこと、いま一つには会社の社会的責任を問う市民運動の高まりに影響されてのこと。会社は株主のものだとするアメリカ的な「株主主権」論と、会社は従業員を含む多様な利害関係者のものだとする日本的な「会社共同体」論との間で論争がくり拡げられた。ところが九〇年代になって、アメリカ型の「株主主権」論がグローバル・スタンダードとしての地位を確立したかに見えた。アメリカ経済の絶好調と日本経済の絶不調を背景にしてのことである。しかしそれは違う、と著者は言う。

会社は法人である。法人とは、本来はヒトではないが法律上ヒトとして扱われるモノのこと。

会社は、モノである会社資産に対しては所有の主体、すなわちヒトとしての役割を果たし、ヒトである株主に対しては所有の客体、すなわちモノとしての役割を果たす。そうした両義的な存在が、法人としての会社なのである。アメリカの資本主義は、乗っ取り屋（ヒト）による会社買収に見られるように、モノとしての会社の側面が際だっているのに対して、日本の資本主義は、会社同士の株式の持ち合いを通じて、外部の株主（ヒト）からの支配を排した、ヒトとしての会社共同体の色合いが濃い。

グローバル化が進んで、モノもカネも情報もすべて均質化されていく中で、意識的に差異性を創り出してゆかねばならないのがこれからのポスト産業資本主義。そのような差異性を生み出す源泉としての、経営者の企画力や技術者の開発力や従業員のノウハウの果たす役割が高まりつつある。カネで買えるモノよりも、カネで買えない知識や知恵や能力の方がはるかに高い価値をもち始めている。とすれば、会社に対するカネ（資本）の究極的な提供者である株主の力を強調する「株主主権」論は、その正当性が問われることになる。これが著者の見立てである。

だからといってもちろん、終身雇用、年功序列賃金、企業別組合のもとで株主からの支配力を排して専門経営者や工業技術者や熟練労働者を抱えてきた日本の会社共同体が、そのまま二一世紀に通用するというわけではない。なぜなら日本の会社は、あまりに産業資本主義に適応したシステムを作り上げてしまっていて、ポスト産業資本主義の核心である差異性を生み出す創意と工夫が躍動するような仕組みにはなっていないからである。そこをどう転換していくのか、これが問題なのである。

（『毎日新聞』二〇〇三年四月二七日）

近代経済学による歴史としての日本経済論

寺西重郎『日本の経済システム』岩波書店、二〇〇三年

綿密な論理に裏打ちされた日本経済論である。日本経済とは言わずに「日本の経済システム」と呼んでいるところに著者のスタンスが現れている。戦前そして戦後のある時期まで、古くは山田盛太郎の『日本資本主義分析』のように、また近くは井村喜代子の『現代日本経済論』のように、日本経済論の重要な作品は、主としてマルクス経済学をベースにした枠組みと用語によるものが何といっても多かった。そうした状況を多分意識してのことであろう。著者は近代経済学の分析ツールを駆使して日本経済の歴史的推移と改革の見取り図を、大胆かつ論理整合的に描く。その意気込みが伝わってくる。

まず「経済システム」とは、「人々の経済的行動の相互作用を制約するルールの総体」のこと、そしてそのルールは「人々の行動の相互作用の結果、人々がこれ以上のルール変更を望まない状況になったとき、人々を制約する制度としてのルールとなる」。すなわち、均衡としてのルールの総体が経済システム、というわけである。明治以降の日本の歴史の中で、そのようなものとして安定的に持続した経済システムは、著者によれば、一九〇〇年頃から一九二〇年代半ばまでの「明治大正経済システム」と、一九五〇年代半ばから一九八〇年代半ばまでの「高度成長期経済システム」の二つ。

もちろん、均衡としての経済システムも、外生的な条件の変化に適応できなければ、変容したり衰退したりということになる。かくして「明治大正経済システム」は一九二〇年代半ば以降大きく変容することになったし、現在我々が直面している経済の梗塞状態も、「高度成長期経済システム」の不適応の現れだというのである。となれば、仮りに構造改革を論じる時にも、そうした歴史的経路の中でしかるべく位置づけるのでなければ、確かな見取図を描くこともできないし、改革の方向も定まらないことになる。

経済のダイナミズムを見る著者の視点は次の三つ。第一に、政府は、経済のどの分野にどのような形で介入するのか。第二に、民間の経済は、どのような原理にもとづいて行動しているのか。そして第三に、政府と民間はどのような相互交渉（インターフェイス）によって結びついているのか。「高度成長期経済システム」のケースで言えば、第一に、政府支出のGDPに対する比率では先進国の中で必ずしも高いとはいえないものの、有形無形の規制を通じて民間経済に影響力を強めてきた。第二に、企業は終身雇用・年功序列・企業別組合・株式相互持ち合い・メインバンクといったいわゆる日本型企業システムをその特徴としてきた。

そしてこのことと関連して第三に、労働力が企業間・産業間で流動的でなく固定的であるために、利害の調整は所属する産業を中心に業界団体が形成されて、それが政府の関連部局（原局）との間で交渉するという形をとった。春闘もまたそれを補完する役割を果たしてきた。このことは、例えばヨーロッパのように労働力が産業間で流動的な場合には、利害の調整が階級を結集軸として政府ないし資本との間で行われるのとは対照的で、日本で社会民主主義的な政策が根付かなかったことと合わせて印象的である。業界団体に対する政府の競争制限、数量割当、価格規制、租税特別措置、保護関税、補助金などを思い浮かべると、なるほどと納得がゆく。

そのようにして安定的に持続してきた「高度成長期経済システム」が、一九八〇年代半ばを迎えて、外生的条件の変化に適応できずに漂流しているというのが著者の診断。外生的条件の変化とは、時間軸で言えば、明治以来の欧米へのキャッチ・アップが完了して、輸入技術や模倣技術に頼るのではなく、自前で新技術や新産業を立ち上げなければならなくなったということ。空間軸で言えば、東アジアでの唯一の工業化であったがゆえにほぼあらゆる分野の産業をフルセットで抱えてきたために、アジア諸国の急速な追い上げに会って、選択的に産業を特化せざるをえない状況に追い込まれていること。そして経済思想の軸で言えば、市場の失敗よりも政府の失敗を強調する流れが強まって、規制を中心とする政府と民間の結びつきがほころびを見せ始めているということ。これらすべてが、均衡としての「高度成長期経済システム」を立ち往生させているというのである。

なかなかの読み応えであった。ただしひとつだけ注文を。二〇〇四年をピークに日本の人口は減少を始める。そんな中で著者のように持続的な経済成長を目標として受け入れ、それが可能となるような経済システムを構想するということが果たして妥当なことかどうか。一九八〇年代半ばにキャッチ・アップが完了したことが技術導入に着目して語られているけれども、経済成長を前提した豊かさそのものが問い直され始めたのもやはりこの時期だったのではあるまいか。

（『毎日新聞』二〇〇三年五月二五日）

経済学入門はラブ・ストーリーで

R・ロバーツ『インビジブル・ハート――恋におちた経済学者』沢崎冬日訳、日本評論社、二〇〇二年（R. Roberts, *The Invisible Heart*, 2001）

こんな作品があったら、さぞかし経済学入門の授業も眠気から解放されるだろう、と実は思っていた。味も素っ気もなく抽象語を連ねる教科書風ではなく、生活の中の具体例を材料に、とことん考え抜いてみる。しかも、ラブ・ストーリー仕立ての小説というスタイルで。著者のロバーツは貿易論の著書もあるエコノミスト。市場のもつ類い稀な調整機能を、手を変え品を変えてくり出す。主人公は私立高校で経済学を教える三〇歳のユダヤ人教師、サム・ゴードン。学年最初の授業時間にはアダム・スミスのネクタイを締めて教室に現れるというほどの市場信奉者である。政府介入の弊害を説き、自由と自律のためにこそ市場が不可欠だ、と生徒たちに語る。

例えば、石油の埋蔵量が五三一〇億バレル、世界の年間消費量が一六五億バレルだとすれば、石油を使い尽くすのは何年後かと問いかける。もちろん、生徒たちは割り算をして答えるのだが、サムの答は「石油を使い尽くすことはない」というもの。石油が少なくなれば価格が上昇し、消費者は節約するし生産者は新たな油田の開発に励む。省エネ技術の工夫や代替エネルギーへの転換も進むだろう。それらを突き動かすのが利己心で、仲立ちをするのが価格の変化。事実、五三一〇億バレルというのは一九七〇年の数字なのだが、二〇〇〇年には年間消費量が二六〇億バレルに増えたのに、埋蔵量は三兆バレルにまで増大していた。どんなに政府が消費量や生産量をコントロールしようとも、市場にまさる解決法はないのだ、と。こんなふうにして、市場を通じる解決がいかに有効かを説く、まさに新古典派の権化のような役回りだ。

一方、サムが秘かに心を寄せる同僚のローラ・シルバーは、ディケンズとワーズワースを教える英語教師。その彼女までもがサムの考えに次第に関心を寄せるようになる。とはいっても、消費者用製品安全委員会の役員を務める弁護士の兄と同様、消費者保護のためには規制が必要だし、環境問題や福祉の充実には市場を越えた調整がやはり不可欠だ、と自説を曲げない。つまり、こちらはいわばケインズ派。そんなやりとりがくり返されるうちにふとローラは、案外この市場信奉者は無慈悲で偏屈な変人とはちがうのではないかと思うようになる。サムにもまた微妙な変化が生まれる。ローラとの出会いを機に、自分の抱いてきた市場信奉を反芻する気になるのである。かくして学期は進み、生徒たちからの人気を勝ち取るサムなのだが、学校の理事を務める進歩派議員の圧力でついに解雇されてしまう。

時をおいて再会したローラがサムに言う。「私たちの関係は水と油のようなものかもね」。「いや、水と油ではなく、酢と油さ。手間はかかるけど、混ぜてドレッシングをつくることができるよ」と、サム。この台詞が実に暗示的だ。市場と政府とはあざなえる縄のごときもの、どちらが欠けても経済運営には行き詰まる。そういえばかつてサムエルソンが、市場と政府との関係を、新古典派とケインズとの「新古典派総合」と名付けて統合化を試みたことがあった。もっともそれは、「総合」というよりは「折衷」というのが実態で成功するには至らなかった。「酢と油」から首尾よくドレッシングを作るのは決して生易しいことではないのだ。帯には、マネタリスト（新古典派）のフリードマンが推薦文を寄せている。でも、ケインズならきっと断ったかもしれない。

（『毎日新聞』二〇〇三年六月二九日）

生きる・働く・暮らすの一体化

内橋克人『もうひとつの日本は可能だ』光文社、二〇〇三年

昭和二〇年代半ば、著者の高校に島尾敏雄が講演に訪れたことがある。しかし彼は、演壇に立ちつくしたまま一言も語らず、「では、みなさん、さようなら」とだけ言い残して悄然と立ち去っ

た。元特攻隊長の彼が、高校生たちを前にして、果たして何を思ったのか。島尾のこの沈黙の重さが、その後の著者を長らく捉え続ける。そしてつくづく思うには、昨今の構造改革を唱える論者たちのあの饒舌ぶりの何と軽いことか、と。

自らは安全な塹壕に身を置きながら、競争こそは効率を高める、失業はとりあえずの代償だ、改革に痛みは避けられない、と叫ぶ人たちに著者が嫌悪感を隠さないその気持ちがよく分かるような気がする。そうした構造改革ではなく、地域に生きる・働く・暮らすが一体となるような経済を何とか構想できないものか。各地を歩き、確かめ、二一世紀を先取りするような企業のありように注目し続けてきた著者が考えるのは、そうした構造改革である。この本は、そんな内橋ワールドへの恰好の案内書でもある。

例えばこんな企業が紹介されている。アメリカ・バーモント州にあるアイスクリーム・メーカーのベン&ジェリー社。一九七八年に設立されたこの小さな企業が、今や世界的なブランド企業にまで成長した。ここで作られるアイスクリームは、格別に安いわけではない。飛び抜けて美味いわけでもない。ただ、容器の一つ一つにマニフェストが書かれている。「私たちはバーモント州生まれのアイスクリーム・メーカーです。バーモント州の零細な酪農家以外からは原料を買いません」と。

農薬と地下水くみ上げによる大規模農業のパワーになぎ倒されてゆく地域農民と家族経営の

ファーマーを守るために、そして伝統的なアメリカン・デモクラシーを支えるために、デモクラシーの担い手であるファーマーと私たちは一緒にやってゆくのだ、というメッセージである。消費者はアイスクリームを買うだけでなく、ベン＆ジェリー社のいわばその志を買っているのであり、たとえ国際相場が下がってもバーモント州の酪農家から原料を買い続けるというこの企業のメッセージを支援しているのである。

日本での例も紹介されている。重厚長大から軽薄短小への転換と言われてきた中で、その重厚長大産業が蓄積してきた技術力を結集して、かつての公害企業から転身し、地域での新しい資源の創出に取り組んでいる企業グループがある。日本の近代化を牽引し七色の煙を大空に噴き上げ環境汚染の汚名を受けてきた地域が、技術蓄積、資金力、そして何よりも人脈をバネにして蘇生しようとしている。安いコストを求めて海外へと脱出し、空洞化の中で地域が寂れていくのとは対照的なケースである。ある企業の廃棄物が次の企業の原材料となり、その企業の廃棄物がその次の企業の原材料となるような産業連鎖・ゼロ・エミッションの試みである。埋め立て地に眠る膨大な廃棄物が資源の宝庫となって、資源輸出国になるのを目指しているのだという。地域とそこに暮らす人たちを、まるで将棋の駒でも動かすかのように市場の調整メカニズムに投げ込み流動化させることを、効率性の名の下に推進するやり方に異を唱える「もう一つの」構造改革をそこに見てとるのである。著者がＦＥＣと呼ぶ、食べ物（food）・エネルギー（energy）・ケア（care）

の地域自給圏の確立を提唱するのもそうした想いからにちがいない。

（『毎日新聞』二〇〇三年七月一三日）

時代の不安とビジョンと

R・ハイルブローナー、W・ミルバーグ『現代経済学――ビジョンの危機』工藤秀明訳、岩波書店、二〇〇三年（R. Heilbroner, W. Milberg, *The Crisis of Vision in Modern Economic Thought*, 1995）

「経済学を評価する最後の決め手になるのは、それが時代の不安に切り込んでいるか否かである」と書いたのはガルブレイスであるが、恐らく本書の著者たちの問題意識も、これに通じるのではあるまいか。一九七〇年代以降、四半世紀以上にもわたってケインズ経済学が批判にさらされているその一方で、新古典派マクロ経済学が、実に精緻で華麗な分析ツールを積み上げてきたにもかかわらず、かつてケインズ経済学が占めていたような「古典的状況」の形成には至っていない、と著者たちは言う。

そして危惧するのは、現代経済学のほとんど体質にまでなってしまった現実との緊張関係の希薄さである。アメリカ経済学会でのR・ゴードンの会長講演を引用しながら、分析的な精緻化の強迫観念にかられて「適切さ」よりも「厳密さ」を必要以上に偏重することの危険性を指摘しているのも同じ趣旨からである。つまり著者たちが主張するのは、現実をどう認識しどのような視角からそれに切り込むのかというビジョンが、現代経済学においてあまりに蔑ろにされているということである。

かつて経済学におけるビジョンの重要性を指摘したシュンペーターは、それを、分析に先立って現実経済をトータルに見る構えのこと、その意味では価値判断の表明でもあり、それを前提にして初めて分析が出発し理論が一歩一歩構築されてゆくものと位置づけた。そうしたビジョンと分析との関連をかねてからハイルブローナーは重視してきたのであるが、ミルバーグの助力を得て、そうした問題意識を、七〇年代以降現在に至るまでのマクロ経済学に焦点を当てて検討したのが本書。マネタリズム、合理的期待形成仮説、新しい古典派、ニュー・ケインジアンを俎上に載せて、ビジョンの危機という視点から実に手厳しい評価を下している。

対象としているのが「現代の」「資本主義」経済であるということが、これらの学派の分析のどこにどのように組み込まれているのかと問い、ビジョンへの関心の欠落状況を衝く。そして著者たち自身が強調するのは、自己増殖的資本蓄積と公的セクターの戦略的重要性を見極めるべきだということ。もちろん、こうした判断は大いに論争挑発的で意見の分かれるところでもあろうが、ともかく骨太でパンチのあるこの問題提起を、じっくりと噛みしめたいと思う。

(『エコノミスト』二〇〇三年七月二二日号)

正社員中心をどう乗り越えるか

熊沢誠『リストラとワークシェアリング』岩波新書、二〇〇三年

統計の示すところによれば、バブル崩壊後のこの十数年、日本人の労働時間が減少しているという。例えば厚生労働省の『毎月勤労統計要覧』では、二〇〇〇年の年間労働時間は一八五三時間で、一五〇〇~一六〇〇時間台のフランスやドイツを別とすれば、イギリスよりもわずかに長いだけという。バブルの頃の二一〇〇時間台と比べると格段に減ったことになる。しかし、それにしては過労死や過労自殺が無くならないのはなぜなのか。

ひとつには、一八五三時間という数字が平均値だということ。リストラで正社員の首切りが進み、短時間労働のパートタイマーが増えたことが平均値を大きく引き下げている。加えてこの数字には、日本特有の「サービス残業」、つまり支払われない労働時間が含まれていない。事実、総務省の『労働力調査』では、同じ年の総労働時間が、二二四一時間とけっこう長い。『毎勤』の数字は企業が報告する「支払われた労働」時間であるのに対し、『労調』の方は労働者が報告する「サービス残業」をも含む総労働時間だからである。

一方、この数年来、失業率が高まっている。つまり、長時間労働と高失業率の併存。いかにもいびつな構造といわねばならない。そこで著者が注目するのがワークシェアリング。一人当たりの労働時間を短縮して、より多くの人々が労働の機会を分け合うこと。それを「一律型」と「個人選択型」の二つのタイプの併用で達成しようというのである。

先例はすでにある。法定の週労働時間を三五時間にしたフランス。フルタイムとパートタイムの労働条件を均等にしたオランダ。そしてこの日本でも、昨年三月には政・労・使の合意によってワークシェアリングに取り組むことが確認された。ところが、その合意がすっかり影を潜めてしまった。何はともあれ現在の雇用と既得権を確保することが優先されて、収入減を覚悟で雇用の機会を拡大させるワークシェアリングは後退してしまった。

そこで著者は提案する。所定内労働時間を短縮する、所定外の残業も可能な限り短縮する、サービス残業は全廃する、有給休暇の取得率を高める、時間給は維持するがある程度の年収減は覚悟する。かくして、とりあえず年間一八三〇時間を目途とする「一律型」のワークシェアリングを実現する。こうした連帯と相互扶助によって一人当たりの労働時間を短縮して雇用機会を増やし、失業者と潜在失業者を社会に復帰させる。同時に、子育てや介護さらに就学と、人生の様々な段階でフルタイムの労働を一時期離れて、家族や地域や自己研鑽の条件を創り出す「個人選択型」のワークシェアリングを目指す。そしてこれら二つのワークシェアリングのためには、これまでの正社員・非正社員あるいはフルタイム・パートタイムの待遇格差をまず縮めなければならない、と。

長らくノンエリートの自立に心を砕き労使関係のあり方を注視してきた著者は、日本の労働運動が何よりも正社員中心の企業別組合の運動であり、正社員の既得権の確保に偏してきたことを厳しく問い質す。そうした枠を越えることなしには労働運動のサバイバルはありえないとする著者の苦渋が痛いほどよく分かる。もちろん、この本では触れられていないが、問題は労使関係のありようを越えて、グローバル化の進む中で日本経済そのものがどのように推移するのかに関わってくるのはいうまでもない。

（『毎日新聞』二〇〇三年八月三日）

確たる将来像示してこその構造改革

佐伯啓思『成長経済の終焉』ダイヤモンド社、二〇〇三年
松原隆一郎『長期不況論』NHKブックス、二〇〇三年

小泉政権が誕生して、すでに二年半。さすがに当初の熱気は冷めたものの、それでも支持率は依然四〇数パーセント。前政権が前政権だっただけに過剰な期待もあり、必ずしも中身の定かでない構造改革というスローガンに、人それぞれに自分なりの意味づけをし、何かが実現しそうな雰囲気が確かにかもし出されていた。ところが長引く不況と失業率の高まりで、構造改革への疑念がふつふつと沸き始めている。

構造改革には痛みが避けられないと言われても、新しい成長分野で五三〇万人分の雇用が創出されると言われても、おいそれとは納得できなくなっている。到達点が目に見えてイメージできてこそ痛みにも耐えられようものの、それがまるで見えてきていない。そのうち、『構造改革の正しい待ち方』とか『痛みの上手な耐え方』などという政府広報が出たりするのだろうか。

そもそも、小泉流構造改革を支えている経済学はどのような考え方を基本としているのか。何ゆえに規制緩和を推進し、リストラを後押しし、自由競争と自己責任を強調するのか。何ゆえに

日本型経済システムと呼ばれてきた構造の切り崩しを目論むのか。佐伯著、松原著が切り込むのは、まずこの点である。そして、各種政府文書に示されている小泉政権の政策理念の核のひとつが、実はアメリカ流新古典派経済学であることを解き明かしてゆく。

例えば『経済財政白書』によれば、経済が長期停滞しているのは、土地・労働・資本といった生産要素が効率の悪い分野に塩漬けされていて、本来もっているはずの潜在能力が活かされていないから。だからこそ、それらの生産要素を効率の高い分野へと移動させ潜在能力を解き放たなければならない、と。かくして、移動を妨げてきた各種の規制を緩和し、リストラを実施して労働力の移動を促し、株式・社債など直接金融のパイプを太くして資本市場の流動化を図る。さらには、土地や住宅など不動産の流通市場を整備する。つまるところ、日本型経済システムの制度や慣行を大胆に切り崩すことによって自由な競争市場を構築するというのである。

しかし、まるで将棋の駒でも動かすかのように、低効率分野から高効率分野へと生産要素を移動させ、経済を成長軌道に乗せることが果たして可能なのか。まず佐伯著が試みるのは、企業の投資行動から見た批判。投資はいわば経済の牽引役である。その投資水準を決めるのは、ひとつには資金調達のためのコストである利子率、しかし決定的に重要なのは将来的な予想収益の見通し。日本型経済システムが構造改革の名の下に次々と解体されて、企業は将来への確信や信頼を得られないがために投資を思いとどまっている。たとえゼロ金利政策を実施しても量的緩和によって通貨量を増やしても、さらにはインフレ目標を示してデフレ克服を当局が宣言しても、企業の投資が冷え込んでいるのはそのためである、と。

経済を牽引するのが投資だとすれば、経済を下支えするのが消費。そして消費者の将来不安から この下支えが崩れていると指摘するのが松原著。終身雇用が揺らぎ年功序列制が崩れ始めて生涯設計が立ちにくくなっている。いつリストラの対象になるかもしれぬとなれば、消費よりもまずは将来不安に備えての貯蓄が優先される。年金も医療も介護の問題も、まだまだ確たる見通しが立たない。松原著でもやはり、確信や信頼の崩壊が経済の停滞につながると強調。

善きにつけ悪しきにつけ、日本型経済システムと呼ばれてきた制度や慣行は、将来への確信や信頼をつなぎ止める役割をそれなりに果たしてきた。もちろん改革すべき点は多々あるにはちがいないが、構造改革によってそれらを切り崩すというのであれば、新たな制度や慣行に切り替える「つなぎ」の工夫がなければ、経済を牽引する投資も下支えする消費も萎縮してしまう。つまるところ、確信や信頼を生み出す確たる将来像が描けていないことが、経済停滞の究極の原因だというのが両著のメッセージである。

そういえば、「構造改革なくして経済成長なし」という小泉流スローガンも、考えてみれば少々問題ではあるまいか。もしもこのスローガンが、経済成長という目標を実現するために構造改革を実行するという意味だとすれば、経済成長がそもそも二一世紀の日本社会を語るに足る目標たりうるのか否か。佐伯著が「成長経済の終焉」を指摘するのも、恐らくはそうした意味合いからであろう。少子高齢化が進み、二〇〇四年を境に日本の人口は減少するという。そういう状況を見据えた新たな社会像の構築こそが、目標としての構造改革なのではあるまいか。

（『毎日新聞』二〇〇三年八月三一日）

「用心深い楽観主義」で行きたい

B・エモット『20世紀の教訓から21世紀が見える』鈴木主税訳、草思社、二〇〇三年
(B. Emmott, *20 : 21 Vision : The Lessons of the 20 th Century for the 21st*, 2003)

日本経済がバブルのただ中にあった八〇年代末、『日はまた沈む』を書いてバブル崩壊を予言した著者の、今回は二〇世紀と二一世紀をつなぐ超長期の展望。『日はまた沈む』が出た頃の反応はといえば、例えば『日はまだ昇る』とか『日本経済　日はまだ高い』といった対抗本が出たりして、どちらかといえばエモット氏の本は少数派だった。日本中がバブルの宴に浮かれていた

頃のことである。しかし、結果はご承知のとおり。その彼が、時間軸をより長期にとって持論を展開する。

一週間単位で世界を切り取って論陣を張る『エコノミスト（英週刊誌）』のジャーナリストにとって、バブル崩壊の予言もそうだったが、長期の予想を試みるのはかなり危険な冒険のはず。とかく短期の視点に縛られがちな職業上の罠に陥るのを避けるための、どんな長期の歴史認識を持っているのか、かねがね知りたいと思っていた。そんな気持ちで読んでみたのだが、大向こうをうならせるような新説や奇説はこれといってない。でも、反芻してみると主張していることの意味がじんわりと沁み透ってくる。

ワイン醸造業者の間には「用心深い楽観主義」という言い回しがあるという。長年あれこれと工夫を重ねてきたのだから、前年よりも収穫は良くなるはずだという自信。もちろん、日照り続きや疾病で収穫が台無しになりはせぬかという不安もないことはない。その不安があればこそ細心の注意を怠らず、それが結果的に適切な対処につながって、楽観主義を修正するには至らない、という意味らしい。エモット氏の二一世紀を見る視点も、これに通じる。

基本に据えているのは、二つの問題。一つはアメリカのリーダーシップがどこまで続くのかということ、いま一つは資本主義がこれからも豊かさを約束するのか否かということ。アメリカに代わる強力なライバルは登場せず、ただアメリカがどんなタイム・スパンで衰退するかが問題になるというのが前者についての結論。後者については、前の世紀の経験から分かったように、確かに資本主義はあれこれ問題を抱えてはいるものの、それを一気に解決してくれるようなユートピアは幻滅しかもたらさないということ。

景気の浮き沈みは相変わらずだし、国内外で経済格差は広がるし、環境問題もなくなることはない。ともかく不満のタネは尽きない。それでいながら、資本主義は結局はしたたかに存続するにちがいない、と。結論だけを言ってしまえば、何の変哲もない話に見えるかもしれないが、そこにたどり着くまでの説明のプロセスが実に丁寧である。だから、決して飛ばし読みなどできない。右の二つの問題に焦点を絞っているのも、そうしたプロセスを踏まえてのこと。

さて、今回は日本がどう扱われているのか。経済運営がこのままずるずる後手に回って停滞を続ければ、過激な政党や政治家が登場してナショナリズムを煽るような雰囲気が生まれるかもしれない、と警告。とかく日本国内の論争では、構造改革か景気対策かということにのみ話が向かいがちだけれども、それとはちょっとちがう切り口。そして、たとえそうした切り込みの当否がどうであれ、なるほど外からはそのように見えるかもしれないし、とりわけアジア諸国からの視線はそうなのだという指摘は、やはりしっかりと噛みしめておかねばならない。

(『毎日新聞』二〇〇三年九月二一日)

縦割りアカデミズムへの挑戦状

広井良典『生命の政治学――福祉国家・エコロジー・生命倫理』岩波書店、二〇〇三年

お役所仕事といえば、省益にこだわって全体を見ない縦割り行政のことだが、このことは、実はアカデミズムにもそのまま当てはまるのではあるまいか。高齢化の下で福祉の問題が重要なのはいうまでもないし、地球規模での環境問題が深刻だという指摘もくり返されてきた。生命科学が倫理との関連で難しい判断を我々に突きつけているのもそのとおりである。

しかし、それぞれの分野の研究者は、縦割りに区切られたアカデミズムの枠内に自閉して、それが他分野とどのように関わり相互にどんな役割を担うことになるのかといった眼差しを失っている。さながら省益にこだわるお役所仕事のようにである。だから、学際的とか超学的といった、今ではすっかり手垢にまみれてしまった言葉が懐かしいという気さえする。この本が目指しているのは、まずはこうした閉塞状況に風穴を開けることである。

サブタイトルにあるように、福祉国家、エコロジー、生命倫理を貫くものを求め、それを拠点に具体的な政策問題へとつなげる。もちろんそれは、言うは易く実行するとなれば並大抵のことではない。敢えてそれに挑戦するにあたって手がかりにしたのが国際比較。著者の最も得意とす

る手法である。アメリカ・北欧・独仏という、福祉と環境と生命倫理への政策対応をめぐる三つの類型を摘出し、それを日本の実状に投げ返す。

英語のLifeが生命という意味だけではなく生活という意味をも含んでいるように、生命と生活を含んだ「広義の生命」が、福祉・環境・生命倫理を横断する軸だというのが著者のメッセージである。それを拠点にどのような社会を構想するのか、どのような価値選択がありうるのかと問いかける。『生命の政治学』というタイトルもそうした意味を込めてのことである。

国際比較、そして異なる学問分野とのクロスオーバーと、著者のスタンスはまことに自在であるが、そのうちの興味ある例を一つ紹介してみよう。日本の社会保障給付費は、ＧＤＰとの比率でいえば先進国の中で最低の部類に属する。北欧（福祉国家）に比べればもちろん低く、アメリカ（科学国家・軍事国家）とほぼ並ぶ。それをカバーしてきたのが、会社と家族によるインフォーマルな形での社会保障（もどき）であった。会社を中心とした福利厚生、家族による様々なケア、そして公共事業による雇用と所得の保障（土建国家）。これらすべてが、いま転換を余儀なくされている。

グローバル化の中で会社のあり方が変わり始めているし、女性の社会進出で社会保障の肩代わりが難しくなってきている。そして公共事業への批判の高まりはいうまでもない。つまり、社会保障を会社や家族や公共事業によって代替するのではなく、本来の社会保障として実施すべきだというのが著者の立場である。環境税による税収を福祉に向けることによって、環境維持と福祉推進のモデルを提供しているドイツの例も紹介されている。そして、福祉と環境と生命倫理のありうべき関係を、成長経済の中ではなく定常型社会の中で構想すべきだと著者は言う。さてそこで、成長経済とともにあった「土建国家」から定常型社会への転換のための具体的な手順を、次作ではぜひ示してほしいと思う。

（『毎日新聞』二〇〇三年一一月二日）

意外にも会社人間に近い力士の一生

中島隆信『大相撲の経済学』東洋経済新報社、二〇〇三年

九州場所千秋楽、結びの一番、優勝を賭けた横綱朝青龍と大関栃東の同星対決。ぎりぎり終盤になってようやく盛り上がりを見せたものの、大相撲人気の長期低落傾向には歯止めがかかりそうにない。満員御礼の垂れ幕が下りない日が随分と多くなったし、桝席の三分の一が空席ということも珍しくない。そんなわけで、以前にはなかなか手に入らなかったチケットが、インター

ネットで手軽に買えるようになった。

武蔵丸の引退でついにハワイ勢が幕内から消えて、目立つのはモンゴル勢だが、実力はともかく朝青龍の人気はいまいち。人気の高見盛は実力が追いついていない。一方、今年の春場所のように、序二段を除くすべての階級で、優勝したのがすべて外国人力士という現実。国技の大相撲は一体どうなるのかと嘆く声も耳にする。そんな大相撲の現状に、経済学研究者である著者が切り込む。

さて出来映えはといえば、これがなかなか。決して独り相撲にはなっていないし、読んでいて肩透かしを食うようなこともない。相撲協会を持ち株会社になぞらえそれぞれの部屋を子会社に見立てたり、力士の所得を能力給と年功賃金との組み合わせで分析したり、年寄株を終身雇用制と年金制度の視点から解き明かしたりと、なかなかに技が冴える。さらには、八百長が成立するための条件を数理分析したり、横綱の役割を公共財に見立てて横綱審議委員会との関連を明らかにするといった具合に、見せ場もちゃんと作ってある。

例えば、力士の所得についてのこんな分析がある。相撲協会は力士個人の給与は明らかにしていないが、給与体系は公表している。それをもとに著者が推定する。給与体系では、幕下以下は月額〇円、十両が一〇四万円、平幕が一三二万円、関脇・小結が一六九万円、大関が二三五万円、そして横綱が二八二万円。後述の褒賞金をも考慮すれば、平成一五年春場所時点で、横綱朝青龍が相撲協会から受け取る年俸は三八〇〇万円、これに対して西前頭一二枚目の安芸乃島は二三〇〇万円（さらに懸賞金や場所手当等がこれに加わる）。平幕と横綱の年俸差が意外なほどに小さいことが分かる。

その謎を解く鍵が力士褒賞金（持ち出し給金）である。本場所における勝ち越し数、平幕が横綱を破った場合の金星、さらに優勝が点数評価されて積み上げられ、以後減点されることなく既得権として褒賞金が支給され続ける。安芸乃島のように入門して二〇年以上も経ち、勝ち越し数が多いだけでなく金星も史上最多の一六個ともなれば、褒賞金が累積して、若い横綱との年俸差が予想外に小さいことが明らかにされる。ただし、番付が幕下に落ちるとこの特典は失われる。これは、いわば能力給と年功賃金とをうまく組み合わせたようなものというわけである。

さて、現役を引退した後の力士はどうなるのか。彼らの多くは、年寄名跡を取得して相撲協会に残る。ただし、そのためには条件がある。①三役に一場所以上在位、②幕内に通算二〇場所以上在位、③幕内、十両に合わせて三〇場所以上在位。これらのいずれかを満たしたときに年寄名跡を得る権利が生じるのだが、それが実現できるか否かは、引退時点で年寄名跡の空きがあるかどうかにかかっている。年寄名跡の数は一〇五と確定していて、年寄の定年は六五歳。定年退職する年寄の数と、引退する力士の数の如何によって状況が変わる。年寄名跡は年寄株とも呼ばれるが、通常の株式のようなオープンな市場があるわけではなく、退職する年寄と引退する力士との相対で売買される。その価格は二億円とも三億円ともいわれ、裁判沙汰になったことさえある。

首尾よく年寄名跡を取得して協会に残れば、六五歳の定年まで終身雇用。この間、審判部・事業指導普及部・巡業部などの仕事につき、同時に自らの所有する部屋の育成に励み、協会からは補助金や奨励金をもらう。年寄株はさながら年金証書のようなもの。著者の推定によれば、三五歳で年寄となり、その後理事にまで出世して定年を迎える場合の生涯所得は三億六〇〇〇万円。日本における平均的雇用者のケースで同様の計算をすると一億三〇〇〇万円になるという。もちろん、十両以上の有給の「関取」になってそのようなコースをたどることができるのは、力士の中のいわばエリート。幕下以下の無給の「取的」のまま終わる力士も少なくないし、二五歳を過ぎても三段目に留まっている力士の数が増えているのが気がかりだという。さながら企業内の潜在失業者だと著者は言う。

以上はほんの一例にすぎない。著者の大相撲への入れ込み方は半端ではなく、「大相撲の経済学研究会」を立ち上げたところだという。その著者が言う。つまるところ、オープンで競争性の高いスポーツとしての側面と、閉鎖的で差別化された文化的側面とをどれだけバランスよく保ち続けることができるかに大相撲の帰趨がかかっているのだ、と。来年初場所の土俵を見る目がちょっと変わってきそうだ。

（『毎日新聞』二〇〇三年一二月七日）

長期と短期の二段構えの政策提言

小林慶一郎『逃避の代償――物価下落と経済危機の解明』日本経済新聞社、二〇〇三年

論争を誘う日本経済論である。政策の軸足が定まらず、先行き不透明な状況が続く日本経済。しかし、政策が迷走しているその背後に、実は、政策を支える経済学の迷走があるのではないのか。本書が興味を引くのは、大胆な政策を短期と長期の二段構えで提示している点、同時に、日本経済の現状に切り込むための経済学的枠組みを明示している点である。

著者は、日本経済の長期停滞を、「債務超過・デフレ・不況」の悪循環の罠にはまってそこから抜け出せないでいる状況、と診断する。バブル崩壊によって生じた膨大な債務超過の問題を「先送り」してしまったことがデフレを呼び起こし、それがさらに不良債権の拡大につながっている。同時に、債務問題の「先送り」が実体経済を萎縮させ、デフレの長期化を引き起こしてしまった、と。

そこでまず取り組むべきは、「先送り」されてきた債務超過に公的資金を注入して、日本経済に開いたこの穴を埋め、ともかく悪循環を断ち切ること。では、そうした政策を実行する際の経済学的な根拠は何なのか。ここで著者が注目するのが、金融システムのもつ固有の二重性。すな

わち、銀行預金は私企業たる銀行が預金者に負っている私的な債務であると同時に、それが預金通貨という決済手段＝市場経済の社会的インフラとしての公共財でもあるという、「私」と「公」の二重性である。

その意味では、不良債権問題は、銀行業というある特定産業に関わるミクロ経済学の問題なのではなく、貨幣経済の不均衡に連なるマクロ経済学の問題だという立場である。こうした視点から、政策は、短期的には公的資金の注入による債務問題の解決、長期的には累積する財政赤字への対応が求められる。この二段構えの政策の見取り図をまずはっきりと示すべきだ、と。バブル狂乱の中で債務問題を膨らませたこと、さらにバブル崩壊後に債務問題を「先送り」してしまったことの責任は、もちろん問われねばならない。異論は大いにありうるが、このように大胆かつ明快に問題を提起しているのだから、ぜひとも実りある論争が拡がってほしいと思う。

（『日本経済新聞』二〇〇四年一月四日）

供給側に偏した政策を批判

吉川洋『構造改革と日本経済』岩波書店、二〇〇三年

「一方の目で需要を他方の目で供給を見るために、神は人間に両目を与えた」。現代経済学を代表する論客サムエルソンが、かつてこう書いたことがある。長期停滞に陥っている日本経済を、需要サイドから見るか供給サイドから見るかで、ずいぶんとその姿がちがってくるし、当然のことながら、対応策も大きく分かれることになる。

小泉政権の構造改革を支持する論者のほとんどが供給サイドに注目し、供給能力の強化につながるよう、資源と労働力を低生産性の分野から高生産性の分野へと流動化させるべきだと主張する。ここ数年の『経済財政白書』でも、潜在成長力を高めるような供給サイドの改善こそが、長期停滞を脱するための方策とされてきた。

ところで、本書の著者は、小泉政権の内閣府経済財政諮問会議のメンバーである。しかしその立場は、むしろ需要サイドに注目して経済を見るべきことを基本としている。さらに言えば、需要を創出するような供給サイドのイノベーション（革新）を強調する点で、多くの構造改革論者と一線を画している。そう私には見える。

過去十数年の日本経済は、供給サイドの潜在能力を下回る需要不足に悩まされてきた、というのが著者の診断である。潜在的なＧＤＰと現実のＧＤＰとの間にギャップがあるというのである。だからこそ、供給サイドの足腰を強化する政策だけでは不十分、というよりむしろ的はずれ、ということになる。

ところで、個々の財に対する需要はいずれは飽和してその伸びが止まってしまう。停滞脱出に必要なのは需要が持続すること、新たに需要を創出するようなイノベーションが生まれること。つまり、単なる需要サイドではなく、供給サイドと需要サイドの好循環が生まれること。需要の飽和を取り除くような新しい財の登場が経済成長を生み出す、と見るのである。では、そうした需要は果たして存在するのか。

イエス、と著者は言う。高齢社会の現在だからこそ、これまで潜在化していた健康、住宅、環境などの分野の需要が顕在化して重要な意味をもつようになる、と。とりわけ健康は高齢社会のキーワード、様々な新しい需要の可能性がそこから生まれる。新しい需要が旧来の需要と入れ替わってゆく。それだけではない。需要の飽和した既存の財の生産が、中国を初めとする発展途上諸国へと移っていく。

問題は、新しい需要を生み出すような技術を果たして開発できるか否か、さらに技術とニーズを結びつける経営力が果たしてあるか否か。構造改革は需要とイノベーションとのこうした好循環を引き出すためのものでなければならない。これが著者流の構造改革のエッセンスである。これまでの公共事業のような、場当たり的で一時的な需要の創出ではなく、高齢社会に相応しい「持続的」な需要がポイント。しかも、こうした需要の入れ替えと産業構造の転換は、二、三パーセントほどの経済成長の下での方がスムーズにゆく、とゼロ成長路線を退ける。

右で書いたように、著者は内閣府経済財政諮問会議のメンバーである。その著者が言う右のような構造改革が、小泉政権の構造改革と果たして同じものなのか。私には、必ずしもそうは見えない。著者の言う構造改革が、小泉政権のそれとどう重なりどこで分かれるのか。政権の近くに居る著者だからこそ、そこのところをぜひ伺いたいのである。

(『毎日新聞』二〇〇四年一月一八日)

気っぷで描いた経済学相関図

稲葉振一郎『経済学という教養』東洋経済新報社、二〇〇三年

知的興奮を呼び起こす、不思議な魅力を具えた気っぷのいい作品である。読み進むうちに、私は二人の人物のことを思い浮かべた。『作品としての社会科学』を書いた内田義彦と、「経済学を学ぶのは、経済学者にだまされないためだ」と述べたJ・ロビンソン。著者はこの本を「素人による」素人のための本だという。世の中には「玄人による」素人のための本なら、山ほどある。しかし著者は、あえて「素人による」にこだわる。

著者の専門が社会倫理学であって経済学ではないから、というのではない。かつて内田義彦は日本の社会科学の作法にふれて、書き手である専門家が、受け手たる読者の存在をまるでその視野から欠落させてしまっていることを嘆きながら、ちょうど小説の書き手が、たとえその作品がどんなにレベルの高いものであろうと、素人たる読者に確実に届くような作法を工夫していると指摘して、社会科学もそれと同じような意味での「作品」でなければならないと書いたのであった。

文脈はちがうものの、ロビンソンの指摘も、ある意味でこれに通じる。専門というタコツボの

中の精密な論理の構築が、いつの間にやら現実経済から遊離して自閉し、玄人の仲間内でのみ意味のある遊戯になりかねないことへの警鐘を、読者と書き手たる経済学者に投げかけたのであった。だからして、「素人による」というのは、読み手である素人に学としての経済学の切れ味がしっかりと届くような作法を意識して採るということ、つまり「方法としての素人」という作法なのだ、と私には思えた。

取り上げているのは、現在日本の経済停滞をめぐる論争。このテーマを扱った本はそれこそ山ほどある。百家争鳴、いや百家迷走か。大抵の本は、自らの立場をそれなりに真剣に語ってはいるものの、それが全体の中でどんな位置にあり他の様々な主張とどんな拮抗関係にあるのかがなかなか見えにくい。読者には、まるで百家迷走と映ってしまう。本書がユニークなのはその点である。同じ現実が、立場がちがえばどのようにちがって見えてくるかを、いわば横の比較で逐一明らかにしてみせる。同時に、現在の構造改革論争を、戦前の講座派・労農派の論争にまで遡って、歴史の時間軸の中で比較する。

構造改革主義者、実物的ケインジアン、貨幣的ケインジアンがそれぞれどんな主張をし、そう主張をせざるをえない理由を探り、それらが相互にどうつながっているのかを解き明かす作業は、実は並大抵のことではないのだが、著者の豪腕がそれをやってのけた。経済学と経済政策のマッピングを、長期停滞に陥った日本経済を素材にして一枚の絵として描き出したというわけである。そしてこのマッピングの中には、このところ影が薄いかに見えるマルクス学派の主張もしかるべくその場所が与えられている。

構造改革主義者の主張は、確かに威勢がよくて分かりやすい。景気が良かろうと悪かろうと効率化を進め生産性を上昇させて、経済成長へとつなげるということ。これに対して著者の立場は、貨幣的ケインジアンの主張を軸とする。効率化や生産性の上昇そのものは否定すべきではないものの、それを好況下で行うのか不況下で行うのかで、それのもたらす効果がまるでちがってくる。現在のような不況下での効率化は、あたかも椅子取りゲームのような弱肉強食の関係を引き起こしてしまう、と。細かな論理の展開はともかく、全体のマッピングを荒削りながらもはっきりと描いた著者の豪腕に、まずは拍手を送りたい。

(『毎日新聞』二〇〇四年二月一五日)

構造改革を家計から見れば

橘木俊詔『家計からみる日本経済』岩波新書、二〇〇四年

どこから見るかで、同じ日本経済でもずいぶんとちがって見えてくる。企業ならば、不況脱出のためにリストラが必要と考えるだろうし、政府ならば、財政赤字解消のために消費税率の引き上げを目論む。それならば、家計からはどんな日本経済像が浮かび上がってくるのか。意外なことに、この視点からのトータルな日本経済論がこれまで少なかった。

もちろん、消費者問題が取り上げられたことはあるし、長時間労働やリストラ不安を指摘する声もあがっている。先進国の割には住宅の質がまだまだ不十分だという論評もある。さらに物価問題や環境問題をこれに加えてもいい。しかしそれらの問題は、それぞれ個別に取り上げられることはあっても、家計という立場からトータルに論じられることがなかった。この本の狙いはそこにある。それゆえ、『家計からみる日本経済』。

家計とは、経済行動に着目して家族を捉えたもの。勤労することによって家計は所得を得、その所得を消費と貯蓄に振り向ける。その一方で、税金と社会保険料を政府に納め、公共サービスと社会保障給付を受け取る。こんな具合に、家計は企業とも政府ともつながっていて、それ相応

の影響力を持っている。家計から日本経済を見たなら、なじみの薄い数字でも等身大の実感をもって理解できるにちがいない。

そんな本書の中から興味を引く例をいくつかあげてみよう。第一は、近年になって貧困家庭が増えているということ。生活保護を受けている人が一〇年前のほぼ一倍半の一三〇万人。国民百人に一人の割合である。第二に、所得の格差が拡大しているということ。賃金が年功序列から能力主義へと移行しているせいもあるが、それよりは正社員とパートなど非正規社員との間の賃金格差が拡大していることが効いている。そして、最低賃金制度の不備。ＯＥＣＤ諸国の中で日本の法定最低賃金額は最低に近い部類で、しかもその最低賃金額を下回る賃金の人々が一割もいるという。さらに、最低賃金額の方が生活保護給付額よりも低いと知れば、これはちょっと驚いてしまう。

第三に、所得格差の是正という点では、これまで、税制を通じるものよりも社会保障給付による再分配効果の方がはるかに大きかったということ。ところがこの社会保障給付も、国際比較で見ればかなり低い部類で、日本は決して「大きな政府」の国なのではない。日本とアメリカが非福祉国家の典型だと著者は言う。企業と家族が福祉国家の代行的役割を果たしてきたというわけである。

第四は、働き過ぎの人たちがいる一方で失業者が増えているという矛盾。大企業で働く中年男性の長時間労働が目につく。新規採用を控えたり、賃金の高い中高年層をリストラしたために、従業員数が減った。とりわけ大企業でこのケースが多く、少ない人数での長時間労働で何とかやりくりしてきた。超過勤務の賃金率が所定時間内の二五パーセント割り増しに抑えられているのも企業にとっては有利。欧米のほとんどの国では五〇パーセント割り増しである。さらに、手当が払われず法律違反でもあるサービス残業がある。

第五に、社会保障制度への不安が家計の消費を萎縮させ、景気の足を引っ張ってきたという現実。例えば、現在年金を受け取っている世代は、年金額が今後削減されるのではないかと危惧し、現役で保険料を支払っている世代は、将来年金をもらえなくなるのではないかといぶかっている。現行の社会保険方式では、少子高齢化に伴って、給付を受ける世代が増えるのに対して保険料を拠出する世代が減り、その分若い世代の負担が増えてしまう。給付と拠出がほぼ同額なのは、厚生年金のケースでは一九五五年〜六〇年生まれの世代。それより前の世代は給付が拠出を上回り、後の世代ではその逆になる。世代間での損得抗争が持ち上がる気配すらある。

著者の対案は明快である。社会保険方式から税方式に転換すべきだ、というのである。もちろんこれには賛否両論がありうる。社会保険方式では制度に加入している人の保険料が財源となるのに対して、税方式では国民全体からの税が財源。国民すべてが安心して生活できるよう最低限の所得だけは保障し、高額所得者には給付の減額があってもいいし、さらに高いレベルを望む人は私的年金や貯蓄でまかなえばいい、というのが著者の立場。保険方式では世代間の損得抗争が生じかねないが、税方式ではそれがない。税方式で社会保障給付を確実なものにすれば、家計の不安が和らいで、消費不況からの脱却につながるかもしれない。

我々はこれまで「構造改革には痛みが伴う」という言葉をたびたび聞かされてきた。でも、痛みと無縁の人たちが抽象的にそう語るだけでは説得力がない。どこにどんな痛みがあるのか、家計を通して見ると、なるほどと納得できる。

（『毎日新聞』二〇〇四年三月一四日）

新生日銀の政策決定過程を再現

藤井良広『縛られた金融政策——検証・日本銀行』日本経済新聞社、二〇〇四年
軽部謙介『ドキュメント・ゼロ金利——日銀vs.政府』岩波書店、二〇〇四年

ときに「法王庁」と呼ばれてその権威が強調され、ときに「お公家集団」と呼ばれてその現実感覚が揶揄され、ときに「奥の院」と呼ばれて政策決定の不透明さが指摘されてきた日本銀行。

一国経済に重大な影響を及ぼす金融政策を担うこの中央銀行の実態は、外部からは容易にうかがい知ることができなかった。かつて城山三郎がフィクションの形を借りて『小説日本銀行』（新潮社、一九六三年）を書いてからすでに四〇年余り、日銀を取り巻く状況は大きく変わった。

そんな折、期せずして、二人のジャーナリストによるドキュメンタリー作品が刊行された。一九九八年四月からの五年間、新日銀法の下で展開された金融政策決定のプロセスが、まるで映画の一こま一こまを見るかのような臨場感をもって再現されていて、思わず二冊とも一気に読み終えてしまった。関係者へのインタビュー、会議議事録、内部資料、記者会見録、日記など、周到な取材の成果である。

巨額の赤字を抱えて財政政策が身動きできにくくなり、それと対照的に日銀の金融政策がクローズアップされるようになった。そして何よりも、一九九八年に新日銀法が施行されて日銀の位置づけが法的にも大きく変化した。戦時中に制定された旧日銀法の下では、日銀の政治からの独立性は弱く、金融政策は政治の都合で大きく左右されてきた。八〇年代のバブル発生もそのことと無縁ではない。

ところが大蔵省職員の不祥事が発覚したこともあって、いわば棚ぼた式に、日銀の政治からの独立性を謳った新日銀法が成立した。その第三条に曰く、「日本銀行の通貨及び金融の調節における自主性は、これを尊重されなければならない」と。しかし同時に、第四条には政府との協調という条項が残されている。速水総裁率いる新生日銀は、この独立性と協調性の間を揺れ動き、とりわけ総裁自身は独立性を強く意識してしばしば政府と対立し、そのつど辞任騒動に巻き込まれた。そのいきさつがヴィヴィッドに描かれている。

そして興味深いのは、政策決定を担う九人の政策審議委員の確執。新日銀法の下では、金融政策の決定は、総裁、二人の副総裁、六人の民間審議委員からなる政策決定会合での票決による。世界の中央銀行史上例のないゼロ金利の採用、金利から資金量緩和策への転換。これらの政策決定は審議委員の全会一致ではなく、ときには反対票を含むぎりぎりの選択であった。各委員の揺れ動くさま、相互の確執、そして政治の側からの圧力。

『ドキュメント……』のサブタイトルが「日銀vs.政府」となっているのは、日銀の独立性に疑問を呈しているからだし、『縛られた……』という表現も、政治の圧力から自由ではなかっただけでなく、伝統的な手法に「縛られて」後手後手の小出しの政策対応だったとの批判を込めてのことである。

今、日銀は速水総裁時代の新日銀法の一期目を終えて福井総裁の二年目に入っている。政策運営の手法も政府との距離の取り方も速水時代とはかなり変わってきている。速水時代の詳細な評価はいずれ出されるだろうが、ともかく、政策決定とその実施がどのようなプロセスの中で具体的に行われてきたのかを詳細に跡づけたこの二冊のドキュメンタリー作品が、まずは参照さるべき貴重な手がかりとなるにちがいない。

（『毎日新聞』二〇〇四年四月一八日）

戦後教育が生んだ日本の「悲愴」

森嶋通夫『なぜ日本は行き詰ったか』村田安雄・森嶋瑤子訳、岩波書店、二〇〇四年（M. Morishima, *Japan at Deadlock*, 2000）

「生活水準は相当に高いが、活動力がなく、国際的に重要でない国。これが私の二一世紀半ばにおける日本のイメージである」。本書を締めくくる最後の文章である。梅雨空のようにどんよりと重苦しい風景だ。理論経済学者である著者が日本の経済と社会を描写する手法として選んだのが、純粋な経済学的なそれではなく、歴史学、宗教社会学、教育社会学をも含む、いわばオーケストラ的な手法。しかも、二一世紀の日本を「悲愴」という名のシンフォニーとして描く。

今から二〇年ほど前、『なぜ日本は「成功」したか』（*Why Has Japan 'Succeeded'?*, 1982）をものした著者の、今回のテーマは日本の「行き詰り」。二〇年前と言えば、「二一世紀は日本の世紀」

とか「ジャパン・アズ・ナンバーワン」とか、ともかく日本礼賛論が喧しかった時期。そのとき著者は、カッコ付きの「成功」という言い回しでそうした空騒ぎに釘をさしていた。一見「成功」と見える経済も、それを支える社会的信条や倫理的慣習、つまりエートスが変わればたちまち「失敗」に転化する、と。そしてそのような転化が、一九九〇年頃を境に現実のものとなったというのである。

この時期はちょうどバブルの膨張・崩壊期なのだが、実はバブルのはるか深層で、人々の行動を突き動かすエートスが変化していた、と著者は見る。それを解くカギとなるのが、戦前教育から戦後教育への転換。思いがけぬ指摘に思わず引き込まれてしまった。つまり、教育勅語に象徴されるような儒教的倫理から、アメリカ的な新教育制度への転換によって、ひとまず自由主義・個人主義・民主主義が価値規範の基軸となった。そこで著者は次のように世代区分をする。新教育制度によって全課程を終えた一九四一年以降生まれの「戦後」世代。終戦前に旧教育をすでに終えている一九二四年以前生まれの「戦前」世代。そして、その中間の「過渡期」世代、である。

六〇年代および七〇年代は「戦前」世代が日本の実業界や政界を取り仕切っていたのだが、八〇年代を過渡期として九〇年代にはその勢力を失い始めた。「戦前」世代が現役引退年齢を迎えたのである。「戦後」世代は、新入社員としての社内教育を通じて「戦前」世代のエートスに同化されるという手順が、ともかく八〇年代半ばまではうまく働いて、年功序列、終身雇用、従業員の会社に対する忠節を基盤にした日本的経営もそれなりに機能していた。しかしちょうど九〇年前後は、政府主導の「上からの」資本主義が市場主導の「下からの」資本主義へと移行し始めた時期でもあった。そしてこの移行期には、儒教的な「戦前」世代のエートスはそぐわない。

本来ならば新教育制度による自由主義、個人主義、民主主義がそれに取って代わるはずだったのだが、現実はといえば、疑似自由主義、疑似個人主義、疑似民主主義的なエートスが根付いてしまった。利害に対して自己中心的で、自分の主張がなく常に多数派に与し、拝金主義的で快楽主義的。つまりは「下からの」資本主義を支えるエートスとしての資格を具えていない。こんな厳しい評価を著者は「戦後」世代に下す。だからといって絶望的というのではない。もちろん、一朝一夕に新時代に相応しいエートスが形成されるのは期待しがたいし、国家主義的な右からの揺り戻しさえあるかもしれない。ともかく何十年という長い道のりを覚悟しなければならない、と著者は言う。「悲愴」という名のシンフォニーとは、そうした想いがあっての表現なのである。

(『毎日新聞』二〇〇四年五月三〇日)

過去のものではない「社会の鏡」としての水俣病

原田正純編著『水俣学講義』日本評論社、二〇〇四年

「水俣病は鏡である。この鏡は、見る人によって深くも浅くも、平板にも立体的にも見える。そこに、社会のしくみや政治のありよう、そしてみずからの生きざままで、あらゆるものが残酷なまでに映しだされてしまう」。原田氏の一五年前の作品『水俣が映す世界』（日本評論社、一九八九年）の中の一節である。水俣病が公式に発見されたとされる一九五六年は、ちょうど日本経済が高度成長の道筋をたどり始めた頃。それからほぼ半世紀が過ぎた。経済が低迷していて公害や環境どころではない、水俣病はすでに過去のものといった空気さえ漂っている。そんな時だからこそ、「水俣学」の提唱が格別の意味を持つ。

水俣病は、単なる病理学上の病気なのではない。日本思想史研究家のV・コッシュマンがかつて「水俣病患者」という言葉を英訳した時、Minamata desease sufferer という訳語をそれに充てた。patient ではなく sufferer。すなわち「受苦者」「受難者」「殉教者」。patient では、医者や医療に対する単なる「患者」でしかない。一方、sufferer はもっと広く社会総体の中での「受苦者」。コッシュマンが「鏡」の中に見たのはそうしたものとしての水俣病であり、水俣病を単

に医学の問題にとどまらず、社会的な受難、殉教として位置づけたのである。

『水俣学講義』は、編者をも含む一一人の語り手による熊本学園大学での一三回の講義の全記録である。sufferer としての患者とその家族に寄り添い医療に関わってきた医師がいる。大学院生時代から足繁く水俣に通い公害の発生源を探求し続けた研究者がいる。チッソの従業員でありながらある時期から患者を支援するにいたった労組員がいる。もの言わぬ患者に代わってシャッターを押し続け、貴重な記録を残した写真家がいる。恐らく全国紙では不可能であろう、現在に至るまで水俣に目を向け記事を書き続けてきた地方紙の記者がいる。幾度となく窮地に陥った水俣病裁判に法律的な支援を与えてきた法学者がいる。

さらに、転勤を拒んで水俣を見続けてきたテレビ・ディレクター。そして海洋生物の食物連鎖に注目して水俣病に取り組んできた生物学者。自ら裁判を闘いながら水俣病の意味を世界に訴え続けてきた水俣病患者自身。「水俣学」という講座を大学の正規授業科目として立ち上げ、水俣病の意味を将来に語り継ぐことを決めた大学人。彼らは、こもごもに、過去のものとしてではない水俣病の今日的、将来的な意味を問いかける。私はこの本を読みながら、しばし目を閉じて、講義が行われている教室のピーンと張りつめた光景を想像してみた。そして、いつの間にやら自分もその場に参加しているような錯覚にとらわれた。そんな熱気が伝わってくる。

水俣病が公式に発見された後、一九六八年には、原因がチッソ水俣工場の排水中のメチル水銀化合物であることが政府の統一見解として示された。これを受けて補償交渉が始まったのだが、その過程で、水俣病補償処理委員会に解決を委ねる「一任派」と、それをよしとせず裁判に踏み切った「訴訟派」に分裂。そして七三年、原告側の勝訴。しかし、これは問題の解決ではなくむしろ始まりであった。水俣病の認定基準が医学的見地からして問題含みだというだけでなく、補償金額が膨大なものとなるからという制約によって、逆に認定そのものが厳しくなったり認定の大幅な遅れが生じた。多くの人たちが認定を棄却され、重症の患者たちがその過程で亡くなってゆく。

九五年、村山・自社さ連立政権が和解案を提示。国と熊本県が「遺憾の意」を表明し、水俣病と認定はできないけれども症状のある未認定患者に一時金と裁判費用を支払うという内容であった。関連五団体がこの政治的解決策を受け入れる。苦渋の選択であったにちがいない。一方、企業責任、国と県の行政責任を問うグループが訴訟に踏み切り、二〇〇一年に勝訴。しかし、その日の新聞のトップ記事にはならなかった。水俣病はすでに過去のものという空気が流れていた。国は即刻上告、現在最高裁で審理中、まだ決着はついていないのである。

それだけではない。アフリカ、アマゾン流域、中国などでも有機水銀中毒が発生し、日本の水俣病への対応のあり方がそれら地域に影響を与えている。水俣病問題はまだ終わっていない。この半世紀の経緯の中で、医学の狭い領域だけではなく、政治、経済、社会、歴史などそれぞれの領域を越える研究が不可欠であることが確認されてきた。毒物は胎盤を通さないという医学の定説を覆したのは、被害児をもつ母親の言葉であった。専門家と素人との境界を越えた共同作業もまた不可欠なことが分かった。そうしたバリアフリーの研究が「水俣学」の目指すところでもある。ほぼ時を同じくして原田正純・花田昌宣編『水俣学研究序説』（藤原書店）が出たし、『石牟礼道子全集』（同）も刊行が開始された。「水俣学」は、これから創造され続けてゆく学問として誕生した。

（『毎日新聞』二〇〇四年七月四日）

歴史家でありかつ理論家でもあるバランス感覚

C・P・キンドルバーガー『熱狂、恐慌、崩壊——金融恐慌の歴史』吉野俊彦・八木甫訳、日本経済新聞社、二〇〇四年（C.P. Kindleberger, *Manias, Panics and Crashes : A History of Financial Crises*, 4th ed., 2002）

金融危機や恐慌を扱った著作への関心は、どうやら景気の動向と逆相関の関係がありそうだ。

例えばJ・K・ガルブレイスの『大恐慌　一九二九年』やF・L・アレンの『オンリー・イエスタデイ』も、好況時には記憶の彼方に消え去り、経済危機や不況のたびに思い起こされては版を重ねてきた。そして本書、C・P・キンドルバーガーの『熱狂、恐慌、崩壊』についても、どうやら同じことが言えそうだ。初版が一九七八年、本訳書の原本である第四版が出たのが二〇〇〇年、この間、ブラック・マンデーがあり、バブルの崩壊とそれに続く平成不況といった現実がその背景にある。

これまでの著作と同様、本書にもキンドルバーガーらしい持ち味が存分に表れている。すなわち、歴史家であり同時に理論家たろうとするスタンス。大抵の理論家は、合理的な人間行動を前提にした理論構築に励む。しかし、歴史家でもあるキンドルバーガーは、合理的人間行動への過度の依存を退けて、熱狂、興奮、貪欲といった側面にも目を配る。だからして新古典派やマネタリストによるモデルへの違和感を隠さない。本書でたびたび登場するフリードマンへの厳しい批判もその現れである。だからといって、実物大の地図を描くかのごとく歴史的現実の記述に終始するというのではない。「歴史は一回限りの現象を扱うのに対し、経済学は普遍的な現象を取り扱う」。だからして関心は「一般的な金融危機についての基本的経済モデル」を構築すること。その苦闘の跡が記されている。

対象は、一七世紀オランダのチューリップ投機以前にまで遡って、投機と熱狂、その加速、崩壊へのプロセスを比較し、それぞれの特徴をあぶり出してゆく。初版では第二次大戦前までで終わっていたのだが、今回は八〇年代後半に始まる日本のバブルの膨張と崩壊、九七年の東アジアの通貨危機、さらにロシア、ブラジルの経済危機へと、対象を拡げている。「市場は全体としてはよく機能し、資源配分の決定を通常は市場に依拠できるし、ある範囲内で所得分配についても市場に依拠できるが、時には市場も押しつぶされることがあり、救助を要することがある」。「最後の貸手」の役割もそうしたものとして位置づけられる。ごくありきたりの結論のようにも見えるが、実は、膨大な歴史資料の読み込みと経済文献の周到な検討の末に導き出された、歴史家であり同時に理論家でもある彼のバランス感覚の表現なのである。

（『エコノミスト』二〇〇四年八月三日号）

回復を本物にする技術・産業とは

森谷正規『捨てよ！先端技術――日本企業が、再び世界で勝つために』祥伝社、二〇〇四年

ようやく昨年あたりから、景気の先行きにほのかな明かるさが見えてきた。政府の『月例経済報告』にも『日銀短観』にも、前向きの言い回しが目立つようになってきた。そして新聞報道によれば、中国経済の目覚ましい成長によって建設資材など素材産業の輸出が伸びていること、液晶テレビやプラズマ・テレビなどの家電新製品の消費が増えていることなどがその原因だという。

でも、果たしてこれは長期構造的なものなのか、それとも一時的なものなのか。著者の診断は実に明快で、しかも手厳しい。最近の日本の景気回復は、実は日本に「合わない技術、合わない産業」に支えられたものであって、決して長期的なものでも構造的なものでもないというのだ。景気回復を本物にするためには、日本に「合う技術、合う産業」に経済をシフトさせる戦略が必要だ、と。

さてそれでは、日本に「合う技術、合う産業」とは何か。ひとことで言えば、それは日本が他

国に対して比較優位をもっている技術、産業ということになる。とすれば、それは先端技術のことかと思うかもしれないが、実は、それほど問題は単純ではない。例えば、DRAMと呼ばれる超LSIメモリは、一九八〇年代にはまさに先端技術そのものであって、その分野で日本企業は世界を圧し、最盛期には世界市場の八割をも生産していた。

ところが九〇年代に入って事態は急変する。韓国の企業サムスン電子がDRAM生産量で世界のトップに踊り出、対照的に日本勢はシェアを下げ続けた。そして二〇〇二年には、ついに一割を切ってしまった。七月二九日の『日本経済新聞』によれば、さらに台湾の四企業がこの分野に打って出て、一兆円もの投資が計画されているという。先進国から後発国に急速に技術移転が進んでいるのである。この辺の具体的な説明がとても分かりやすい。

日本の家電総合メーカーのように多分野にわたって生産を拡げるのではなく、特定分野に集中して投資を決行している。しかも、日本のサラリーマン社長とはちがって、創業者やその後継者が絶大な経営権力を握っているから、敏速かつ果断な意思決定ができる。こんな具合にして、先端技術分野で、かつては日本に「合う技術、合う産業」であったものが「合わない技術、合わない産業」に転化してしまった。先端技術にのみこだわっていてはやってゆけなくなっている。「捨てよ!先端技術」というわけである。

一方、日本に「合う技術、合う産業」の典型はといえば自動車がある。ほぼ一世紀もの歴史を持つこの産業は、先端産業というよりはむしろ成熟産業である。三万個にものぼる部品はそれぞれに多様かつ複雑で、それらを組み立てる技術や技能の「深い蓄積」が不可欠だから、後発国がおいそれと追いつくことができない。パソコンのように規格化・標準化された「モジュール型」の製品とは異なって、複雑で微妙な「すり合わせ型」の技術や技能は、長年の「深い蓄積」があってこそ初めて可能となる。

とはいっても、トヨタやホンダのように好成績をあげている企業がある一方で、不振にあえいでいたゴーン以前の日産や、リコール隠しでいま揺れ動いている三菱のような企業もある。つまり、「合う技術、合う産業」という軸だけでは不十分で、「良い経営、悪い経営」といった軸をも加えて判断せねばならない。この二つの軸を基準に一六の企業が俎上に載せられ逐一診断が下されて、経済の体質改善の処方箋が示される。企業名も経営者名も実名で登場するから、なかなかに迫力があってつい引き込まれてしまう。

（『毎日新聞』二〇〇四年八月八日）

進む階層化のタブーを切り開く

橋木俊詔編著『封印される不平等』東洋経済新報社、二〇〇四年

「日本は平等社会だ」という通念が、長いこと受け入れられてきた。ときには一億総中流などとも言われ、ヨーロッパの階級社会と対比されることもあった。そうした流れが変わり始めたのが、一九八〇年代だったのかもしれない。その頃、この日本では消費社会論が賑やかで、例えば、画一的な「大衆」ではなくいくつかにグループ分けされた「分衆」とか「少衆」とかといった造語が登場して、一億総中流の見直しが始まっていた。

そのとき強調されたのが消費の多様化や個性化で、画一的な消費ではない消費スタイルに光が当てられた。しかし、消費の多様化や個性化が話題になっていたその背後で、実は不平等化や格差の拡大が進んでいたのだという分析が現れるようになった。口火を切ったのが橘木俊詔『日本の経済格差』（岩波新書、一九九八年）。続いて佐藤俊樹『不平等社会日本』（中央新書、二〇〇〇年）、刈谷剛彦『階層化日本と教育危機』（有信堂高文社、二〇〇一年）、斎藤貴男『機会不平等』（文藝春秋、二〇〇一年）等々。それまで「封印」されてきた不平等問題が一気に「開封」され始めた。

この四人による座談会が『封印される不平等』の〔第Ⅰ部〕でまず展開されて、不平等と格差をめぐるそれぞれの持説を遠慮なくぶつけ合う。そして〔第Ⅱ部〕で、編者の橘木氏が日本のデータをもとにそれらを逐一検証し総括する。果たして人々はスタート時点で同一のラインに立つことができているのかをめぐる「機会の平等・不平等」論、競争のもたらす帰結が果たしてどのような実態なのかに切り込む「結果の平等・不平等」論。この二つを軸に、白熱した議論が続く。

できることなら不平等や格差の問題は避けて通りたい、直視したくないといった社会心理が働いて、長らく問題が「封印」されてきた。だからこそ四人は、あえて不平等や格差の現実をまな板に載せ、「封印」されてきた問題を一つ一つ暴いてゆく。八〇年代以降、経済の不平等化が拡がり始めていること。親の階層が子供の意欲や努力の格差としてはっきり現れていること。そして、生まれながらの遺伝的な能力差を教育の場でどう位置づけるかという重くて難しい問題、等々。

私にとっていささかショッキングだったのは、福祉と平等の模範国とされてきたスウェーデンで、障害を持つ親が子供を産まないよう「断種」政策が採られてきたという指摘。経済学界の良心と目されてきたG・ミュルダールもがその主張者であったということ。ある国を手放しで模範的モデルとすることの危うさが分かり印象に残った。

さらにまた、「機会の平等」を謳うアメリカで、意外にも日本以上に学歴主義が存在するということ。企業間での労働力移動が多いアメリカでは、次の雇用先を確保する際に、出身大学の格やコネそして修士号などの資格がものを言うという現実。ある一時点ではなくより長いタイム・スパンで雇用問題を考えた時に見えてくる、日本以上に学歴主義的なアメリカの一面である。

そしてとりわけ九〇年代以降の日本で、所得と資産の不平等化が急速に進んで、アメリカほどではないもののヨーロッパの先進国並みの不平等度となっていること。今や日本の平等神話は崩壊し、階層の再生産が定着しつつあるというのだ。さらに、平等化のための政策としては税制を通じる効果は案外に小さく、それだけに社会保障支出の役割が重要になっているにもかかわらず、構造改革の名の下に「小さな政府」政策が推進されているとの批判。これまで「封印」されてきた不平等問題を「開封」して、まずはその所在を明かるみに出したことが、この本の何よりの成果である。

（『毎日新聞』二〇〇四年九月一二日）

成長に代わる二一世紀の豊かさはどこに

C・ダグラス・ラミス『経済成長がなければ私たちは豊かになれないのだろうか』平凡社ライブラリー、二〇〇四年
辻信一『スロー快楽主義宣言！』集英社、二〇〇四年

今から半世紀以上も前の一九四七年、最初の『経済白書』が刊行された。それ以後、回を重ねて今年で五八冊目。白書にはサブタイトルが付いていて、それぞれの時期の抱える経済問題や政策課題が表現されている。例えば、「自立経済達成の諸条件（一九五三年）」、「国際化のなかの日本経済（一九六八年）」、「バブルの教訓と新たな発展への課題（一九九三年）」等々。こうしたサブタイトル群を眺めていて気づくことがある。最も頻繁に登場する語句が「成長」で、一四回。「拡大」の三回をも含めれば合計一七回。例えば、「日本経済の成長力と競争力（一九六〇年）」、「安定成長の課題（一九六五年）」、「新しい成長への足固め（一九八三年）」、等々。

戦後の日本経済がいかに成長を軸に展開してきたかがよく分かる。事実、この半世紀余りで経済の規模（実質ＧＤＰ）が実に一〇倍以上にも膨らんだ。前年を下回るマイナス成長は、わずか三回だけ。ちなみにアメリカは、この同じ時期に一〇数回ものマイナス成長を経験したし、ヨー

ロッパ諸国もほぼ同様。かくして日本では、経済成長がいわば体質化して、少しでも成長率がダウンしようものならたちまち思考のバランスを崩してしまうし、ましてやマイナス成長となれば、すわ一大事と成長を目指す議論が世の中を覆う。小泉政権の誕生を機に『経済白書』が『経済財政白書』と改称され、四年連続で「改革なくして成長なし」がサブタイトルに掲げられたのも、そうした風潮があってのことである。

そんなわけだから、『経済成長がなければ私たちは豊かになれないのだろうか』といういささか異例の長さの標題を持つラミス氏の著書が、世の常識に真っ正面から切り込んだのは、なかなかに印象的である。成長は二〇世紀の常識ではあったが二一世紀の常識ではない、とラミス氏は言う。そして九〇年代以降の日本の不況を、忌むべき困った状況と見るのではなく、むしろ新しい常識のためのきっかけにすべきだというのである。もちろん、失業やホームレスの増大をそのまま放置しておいていいなどというのではない。不況のもたらす問題を、経済成長によって解決するという常識をまずは疑うのである。

ラミス氏が提唱するのは「対抗発展」。つまり、経済以外のものの価値を評価し、経済活動以外の活動や市場以外のあらゆる愉しみを発展させる。そもそも豊かさとは、経済だけではなくあらゆる領域の活動に関わる総体的なものだという、言われてみればごく当たり前の指摘。経済成長によって抑制され犠牲になってきた領域を発展させて、新たな豊かさや愉しさを確かなものにするということ。こわばった表情で禁欲主義を説くのではなく、むしろ新しい豊かさと愉しさを手にすることの喜びを説く。

ラミス氏のこの主張をさらにストレートに展開したのが、辻氏の『スロー快楽主義宣言！』。例えば、こんなことが紹介されている。去年の六月の夏至の日、夜八時から一〇時までの二時間、電気を消してローソクを灯す百万人キャンドル・ナイト運動を呼びかけたところ、予想を越えて五百万人もの参加者があったという。明かりを消した暗闇の中で、ローソクを囲んで思い思いの時間を過ごす。こんな具合にして電気の消費量を減らす、テレビを見る時間を減らす、そして買い物の量を減らして、生活のテンポをスロー・ダウンさせる。スロー・ダウンさせることで見えてくる世界、そこでの人間どうしの関わり合いと愉しみ。それは禁欲主義でもなければ豊かさの減少でもなく、むしろ新しい快楽なのだという。消費を増やすことによる快楽ではない「新」快楽。現にそうしたライフスタイルを実行している日本各地の「新」快楽主義者たちのいかにも楽しげな生活ぶりが紹介されている。でもしかし、そうした事例は、今のところまだ「点」であって「線」にはなっていないし、ましてや「面」にまで拡がってはいない。ゼロ成長や「スロー快楽主義」が二一世紀の常識になるには、あとしばらくは時間がかかりそうである。

最後に、とても印象的な場面を紹介しておこう。東京の都心に雪が降ったある日のこと、ラミス氏が友人の言語学者と会話を交わした。ビルの窓から外を見ると、眼下の公園に職場に向かう人たちの足跡がついている。まるで定規で引かれたかのように真っ直ぐだ。ラミス氏は言う。雪国で見る野生動物の足跡は必ず曲がっている。ネズミかウサギがあのように真っ直ぐな足跡を残すのは、捕食者に追われているときだけだ、と。そこで言語学者が言う。「だったらあの人達を追いかけているのは何だろう」。経済成長の強迫観念、とラミス氏は言いたかったにちがいない。大いに魅力的ではあるもののいささか情緒的なこの二冊の記述を越えて、より具体的な論理を構築する作業はこれからも続けなければならない。

（『毎日新聞』二〇〇四年一〇月一七日）

旺盛な批判精神いまだ健在

J・K・ガルブレイス『悪意なき欺瞞――誰も語らなかった経済の真相』佐和隆光訳、ダイヤモンド社、二〇〇四年（J. K. Galbraith, *The Economics of Innocent Fraud*, 2004）

著者、九五歳の作品である。実に多作で、その一冊一冊が話題性に富み、主流派経済学への辛辣な批判を展開、そのほとんどが日本語訳され、ひょっとしてこれが最後のものかもしれないという感慨が、ふと頭をよぎる。そんな思いで読んだのだが、まったくの新しい主張があるわけではない。

とはいってもさすが。現政権の政治・経済政策とそれを底流で支える経済学への批判精神はいささかも衰えてはいない。例えば、イラク戦争の暴挙と減税政策への手厳しい追及。かねてからの持説だが、現代経済を支配するのは大企業、その担い手であるテクノストラクチュア。彼らが自己存続を求めることから生じる帰結のひとつとして軍産複合体があり、それがイラク戦争の底流をなすというのだ。

二〇〇三会計年度の米国政府の裁量的歳出の半分近くが、軍事支出に充てられている。大企業経営者が連邦政府の中枢に入り込み、例えば、そのうちの一人が不正会計で倒産したエンロンから派遣され、陸軍を統括するポストに就いていた。今や兵站から軍事演習に至るまで、私企業が軍の代役を引き受けている、とガルブレイスは言う。かつてアイゼンハワー大統領が退任演説で指摘した軍産複合体の存在を、いまいちど想起させるのがこの作品の目論見かもしれない。

さらに、経済格差拡大への危惧を語る。CEO年収トップテンの平均額は、この二〇年間で四四倍の一億五四〇〇万ドルにまで膨張。一方、平均的労働者の年収は二倍にとどまる。ブッシュ政権は、二〇一三年まで総額三五〇〇億ドルの減税を決定をしたが、これは富裕層優遇の色彩が強く、景気対策としての意味は薄い。こうガルブレイスは診断する。

印象的なのは、こうした問題を労働の二類型と関連づけて論じている点。つまり、生計を立てるために苦痛を堪え忍ばねばならない単調で肉体的疲労を伴う労働への報酬が少なく、逆に、威信と楽しみを兼ね具え快適な環境に恵まれた労働への報酬が格段に高いというパラドックス。そして、勤勉は美徳という社会通念が、このパラドックスの存在を覆い隠してしまう。

この作品は、著者自身が言うように、論理的厳密性に重きを置いたものではない。世の中をミスリードしてしまう「悪意なき欺瞞」を暴露するという楽しみを、著者自身が読者と共有し味わうための作品。ガルブレイス魂は、やはり健在である。

（『エコノミスト』二〇〇四年一一月九日号）

「主張する」経済学事典

伊東光晴編『岩波現代経済学事典』岩波書店、二〇〇四年

ビアスの『悪魔の辞典』によれば、【辞典】とは「ある一つの言語の自由な成長を妨げ、その

言語を弾力のない固定したものにしようとして案出した、悪意にみちた文筆関係の仕組み」とある。いま図書館で利用できる経済関係の辞典は、多分、二〇冊を越えるだろうが、その大半は三、四〇年も前に出ている。そのうち今日まで改訂を重ねているのは、例えば『有斐閣・経済辞典』(初版一九七一年、第四版二〇〇二年)や『岩波小辞典・経済学』(初版一九五五年、第四版二〇〇二年)など、ほんの数冊。

この数十年、とにかく経済は激変した。そんなわけで、辞典の編者たちの当初の意図とは異なって、説明が現実とそぐわないところがどうしても出てくる。結果的に「その言語を弾力のない固定したもの」にしてしまいかねないのである。むろん、『現代用語の基礎知識』(自由国民社)や『経済新語辞典』(日本経済新聞社)のように、時事的な要素に軸足を置いた辞典もあるものの、語句の思想的背景や学説史的な意味づけとなると、やはり物足りない。

そこに『岩波現代経済学事典』が切り込んだ。経済の激変を念頭に、先端理論に目を配り隣接学問領域にも踏み込む。そして何より、「ひくだけの辞書ではなく、読んで面白い辞書」を目指した、と編者は言う。さっそく開いてみることにしよう。例えば【バブル】。「バブルとは泡のことであるが、実態のない投機による熱況を指し、泡のように消えること」。これでまずバブルのイメージがぱっと思い浮かぶ。続いて、その実例。「一六三六年にオランダでチューリップの球根が投機によって高騰したことが有名……センパーアウグストゥスという品種は今の価格にして二万五千から五万ドルという想像を絶する値をつけ、やがて三七年に、泡のごとくはじけて暴落」。そして日本の現実に話が及ぶ。「八〇年代末の日本も、土地と株式でバブルが起こり、九〇年代にその崩壊によって長期不況が発生」。単なる語句の説明や解説というのではなく、執筆者の主張がほのかににじみ出ている。

いや、にじみ出ているというだけではない。時には、正面きって自らの立場を鮮明にする。例えば【インフレ・ターゲット】。「日本では、九〇年代不況に際して、利子率の引下げを日本銀行に求め、これが景気対策として効果がないことがわかると、通貨供給の増加を求め、それも有効でないことがわかるとインフレ目標値を日銀が設定することを求めた。インフレ抑制政策をデフレ期に求めるという無知に基づくもので、いずれも責任を日銀に押しつけようとする政治的発言である」と、バッサリ。もちろん、反論を承知の上でのこと。

あるいは、思想史の水脈の中に経済学の語句をこんなふうに配置してみせる。例えば【価値】。「封建制度下の共同体が崩れ、新しい経済・社会が生まれようとする西欧の古典の時代には、市場で売買される商品の価格の正常値を律するものが存在するにちがいないという考えが生まれ……それは……その商品の獲得のために要した平均的な労働であるとされた。……このような考えが生まれたのには、ちょうど、若い二人の関係を意義づけ、価値づけているのは愛であるという青春の考え、また人間を人間たらしめているのは自我であるというような、経験的現象を意義づけ、価値づけているものがあるとする古典の時代の共通した考え」があるからだ、と。経済学の【価値】の説明に、若い二人の愛を引き合いに出すとは予想もしなかった。これならビアスも、前述の【辞典】の項目を書き換えるかもしれない。

（『毎日新聞』二〇〇四年一一月一四日）

中学生でも読める脱米国流経済学

松井彰彦（スドウピウ絵）『市場の中の女の子――市場の経済学・文化の経済学』PHP研究所、二〇〇四年

今から二〇年余り前のこと、『レモンをお金にかえる法』（L・アームストロング文、B・バッソ絵、河出書房新社）という絵本が翻訳出版されて、ちょっとした話題になったことがある。子供でも読める経済本というのが謳い文句で、サングラスをかけた経営者ふうの女の子・ミーとサラリーマン風の男の子・ジョニーが様々なやり取りをくり広げる。ミーがジョニーを雇ってレモネードしぼりをやるとすれば、ミーは経営者でジョニーに支払われるのが賃金、ジョニーが文句を言いだせばそれは労働争議。さらにレモネードの値段がコストとの関係でどう決まるかといった具合に、市場経済のメカニズムが解き明かされてゆく。

子供たちを主人公にしたこんな絵本が出版されるのは、いかにもアメリカ的だ。そもそもアメリカは日本やヨーロッパとは異なって前近代とのしがらみが弱く、いわば純粋培養された近代的市場経済を成立させた例外的な国である。そんなわけだから、子供たちのやり取りを市場語で説明しても、それほどの違和感がない。でも、これをそのまま日本に当てはめると、いかにもちぐ

はぐという感じになってしまう。伝統とか文化とか前近代とかのしがらみが付いて回るから、単純には市場原理で割り切れないのである。

にもかかわらず長いこと、アメリカ流の市場経済があたかも世界的な普遍性をもっているかのごとくに語られてきたし、アメリカ流の経済学が普遍的な経済学であるかのごとく見なされてきた。『市場の中の女の子』は、そんな風潮に痛烈な一撃を加えるファンタジーだ。書名の中の「市場」には「スーク」というルビが振ってある。「スーク」とはsouk、すなわちアラブ世界の野外市場を意味する。純粋培養された近代的市場とは異質の市場をもってくることでまず舞台を整え、時代を前近代にまで遡ることによって伝統と文化の入り混じった世界へといざなう。市場を支える文化が様々に異なっているだけでなく、文化のありようによって市場そのものが実に様々な形をとるのである。

主人公は本好きの少女・路香。大学図書館の書庫を歩き回っているうちに、いつの間にやら一四世紀のベネチアに迷い込み、ジェノヴァを経てアラビア半島のジャジーラ国にたどり着く。さらには魔法のジュータンに乗ってタルタル国、そしてジパング時代の日本に飛ぶといった按配。そこで遭遇する異質の市場世界が、楽しげな絵とともに描かれる。海洋国家ベネチアの金貨デュカートが、世界中どこでも通用すると思いきや、タルタル国の都では見向きもされない。「みなが受け取るものは誰も受け取る。みなが受け取らないものは誰も受け取らない」。そんな文脈の中で初めて貨幣が貨幣として存在し機能する。つまり、進化ゲーム理論で言うところの「戦略的補完性・制度的補完性」。ただし、ゲーム理論の専門用語が登場するのは一度だけで、物語は少女・路香の目線で展開されているから、中学生でもたぶん読めるはず。

こんな具合に書くと、まるで進化ゲーム理論を含む新しい経済学の解説本のように受け取られるかもしれないが、決してそうではない。スドウピウのメルヘン風でふんわりとした絵がとても素敵だし、松井彰彦の文章もほどよく練れていて童話としても十分に読み応えがある。ただ、「市場の経済学」と対比される「文化の経済学」なるものが最後まで正体が曖昧なままであるのがちょっぴり残念だ。

（『毎日新聞』二〇〇五年一月一六日）

プラザ合意に報復する日銀女性副総裁

幸田真音『日銀券（上・下）』新潮社、二〇〇四年

かれこれもう六年も続いている。ゼロ金利・量的緩和といった尋常ならざる世界に踏み込んだ

日銀の金融緩和政策である。金融をめぐる市場の機能がすっかり麻痺してしまった。無理やりせき止められてきた堤防が、水の圧力に耐えかねていつ決壊するかもしれぬ状況なのである。そんな事態の先行きを、小説というスタイルでシミュレーションを試みた作品。いや、日本の異常さだけではない。金の裏付けを失った国際通貨ドルもまた、長いこと野放図なまま世界に垂れ流されてきた。そのドルが劇的な崩落に追い込まれる顛末が、この作品のもう一つの軸である。

ところで、昨年一一月に発行された新札三種類の中に、戦後初めて女性の肖像が登場した。五千円札の樋口一葉。そしてこの小説の主人公は芦川笙子・三九歳、美貌の日銀副総裁。もちろん、現実の日銀副総裁に女性が就任したことはない。一九九八年に新日銀法が施行されて以降、金融政策は、政策決定会合における多数決によって決められる。総裁、二人の副総裁、六人の民間審議委員がそのメンバーである。笙子に惹かれる初老の民間審議委員・中井昭夫が、彼女と共同戦線を張って金融政策の舵取りをリードしてゆく。そもそもタダの紙切れにすぎない紙幣が価値あるモノとして機能するのは、それへの社会的信頼があってのこと。年明け早々の贋札騒ぎを思い起こしてみればそのことがよく分かる。そうした円やドルが、もしも社会的な信頼を失うことにでもなれば、果たしてどうなるのか。

いくつもの山場が用意されている。例えば、九・一一以降、親米派のサウジへの風当たりが強まる中で、突如サウジの皇太子が方向転換を決断する。フランスとの間で石油供給と武器購入の契約を結び、しかもそのすべてをドル建てではなくユーロ建てに変更したのだ。これを契機にドル暴落が始まり、さらにアメリカ国債への信頼が低下する。クライマックスは、先進五カ国の財務大臣、中央銀行総裁を集めての通貨会議の舞台、ニューヨークのプラザ・ホテル。奇しくも二〇年前の一九八五年、この同じホテルで開催されたのがあのプラザ会議であった。アメリカのいささか強引な要求に押し切られた形のドル安・円高への転換、先進諸国の協調介入。そしてこれが日本のバブル経済の遠因ともなった。

再び開催されるその会議の前日、笙子は金融協会の求めに応じてスピーチをする。日本が保有するアメリカ国債を大量に売りに出す可能性がある、と。この一言が、サウジの方向転換と呼応して世界的なドミノの連鎖が拡がる。アメリカ国債とドルへの信頼低下。そこにヨーロッパからのニュースが飛び込む。「欧州諸国の中央銀行が、外貨準備の一環として、ドルの比率を減少させ、代わりに円の比率を高める。それにともない日本国債を積極的に組み入れることも決定した」と。一方、日銀の政策決定会合ではゼロ金利・量的緩和の撤廃が決定される。因果はめぐる。それもこれも世界的な地下組織のミッションを担った笙子の周到な計算であった。「二〇年前のプラザ会議の意味を、世界は何も学んでこなかった」とつぶやいて、笙子は忽然と姿を消す。そう、「失われた一〇年」ではなく「失われた二〇年」。読み終えてそのことの意味をつくづく思い知らされる。著者は、小説の中でアメリカにきっぱりと反逆してみせたのである。

（『毎日新聞』二〇〇五年二月二〇日）

戦後循環から見た格差と不平等

山家悠紀夫『景気とは何だろうか』岩波新書、二〇〇五年

ここ数年、経済論壇を賑わしてきたキーワードといえば、まずは格差と不平等。勝ち組・負け組といった言い回しも、いつの間にやら日常語となってしまった。それに、高額納税者の上位リストの顔ぶれも、ひと頃とはすっかり様変わりした。新たな形の格差や不平等がじわじわと拡がりつつあるように見える。そんな格差や不平等を取り上げた本が目につくようになった。

ところで、一九五〇年代、六〇年代に熱を帯びた二重構造論も、ある意味では格差論・不平等論であった。前近代的な中小企業や農業の分野と近代化された大企業分野との間の様々な格差に光を当てて、格差是正の処方箋をめぐって論壇が活気を呈していた。ところが経済成長が進む中

で、いつの間にやらそうした熱気が消え失せて、世の中は一億総中流論へと傾いていった。確かに、所得も増えたし格差もそれなりに縮小した。

転機が訪れたのは八〇年代の半ばであった。登場したのは多様化や個性化といったキーワードの数々。画一的な消費やライフスタイルではない自分なりの消費や生活の提唱が、おびただしい造語とともに登場した。しかし実は、多様化や個性化の陰で、すでに格差や不平等が密かに進行していたのかもしれない。そして九〇年代後半になって、その多様化や個性化の被いがはがされて、むき出しの形で格差や不平等が現れるようになった。にわかに論壇が熱を帯びるようになった。

この本も、そうした文脈で読んでみると実に興味深い。ユニークなのは、戦後半世紀の景気循環の中で現在の格差・不平等を位置づけている点である。景気の拡張・山・後退・谷・拡張……といった具合に、戦後半世紀に、日本経済は一三の循環をくり返してきた。そして現在、一四番目の循環の拡張期の途上にある。ところが、拡張期であるにもかかわらず、家計の所得が減り続けている。実は、一九九七年をピークに現在に至るまで減り続けているのである。

一方、企業収益はこのところ改善されている。景気が踊り場を脱して上向くのではという新聞報道もある。しかし、である。企業収益の改善が、正社員のリストラ、低賃金の非正規社員（パート・アルバイト・嘱託・派遣等）の増大によってもたらされているのであれば、景気の状況と暮らし向きとは無関係ということになってしまう。こうした事態は、戦後、九〇年代半ばまでは見られなかったことなのである。景気循環の構造が変わった、と著者は言う。

転機となったのは一九九七年。橋本政権の『経済白書』にはこう書かれていた。「戦後五〇年を終えた日本経済は、現在歴史的な構造調整期にある。……これまでの経済構造をギアーチェンジをしなければならない」と。そんな立場から財政改革を含む六大改革が打ち出され、市場原理が強調された。財政支出額が抑制されて、日本経済は意図せざる不況へと突入した。一九九七年をピークに家計の所得は減り続ける。

数年後、「改革なくして成長なし」を謳う小泉政権が登場する。橋本政権以上に市場原理を強調し、格差と不平等が自己責任という言葉とともに拡がる。家計の所得と消費が伸びないとなれば、経済は外部の条件に影響されやすくなる。アメリカや中国向けの輸出増大が今の日本の景気を支えている。つまり、構造改革によって景気が回復しているわけではなく、構造改革「にもかかわらず」景気は何とか持ちこたえているというのが著者の結論である。戦後半世紀の景気循環を見渡してそのことの意味を説いているところがミソである。

（『毎日新聞』二〇〇五年三月二七日）

単純には結びつかぬ所得と幸福度

B・S・フライ、A・スタッツァー『幸福の政治経済学——人々の幸せを促進するものは何か』佐和隆光監訳、ダイヤモンド社、二〇〇五年（B. S. Frey, A. Stutzer, *Happiness and Economics*, 2002）

「幸福」と「経済学」。一見、ちぐはぐな組み合わせにも見える。幸福とくれば、まずは哲学とか宗教とかを連想するし、数理的な体系美を競うようになった現代の経済学には、いかにもそぐわない。でももしかし、経済学が「経世済民の学」でもあったとすれば、幸福は経済学と無縁などころか、むしろ密接に結びついていたはずではなかったのか。A・マーシャルは、憔悴と悲嘆に打ちひしがれた男の絵を毎日眺めて、経済学が知的遊戯に堕するのを戒めたという。

ところが現実には、経済学の数理化が進んで、幸福などという曖昧で客観性に欠けるものは、さっさと経済学の体系外に追いやられることとなった。かくして、「効率的な資源配分の学」に特化した経済学が確立する。かろうじて残ったのが効用という概念。つまり「財やサービスを消費することによって得られる満足」のこと。幸福に比べればずいぶんと狭い枠組みだし、その効用でさえも、できるだけ表面には出てこないよう体系づくりが工夫されてきた。

つまり効用は、消費者が財やサービスを購買する背後にあるものとされ、関心はもっぱら、客観的で目に見える購買行動に向けられるようになった。そして、所得の大きさが購買の選択幅を決め、選択幅が拡がれば効用のレベルは高まるはず、という暗黙の了解ができあがった。かくして、所得の増大、GDPの成長が目指すべき社会的目標として定着したというわけである。

ところが本書には、日本とアメリカのいささかショッキングな計量分析が紹介されている。一九五八年から九一年までの間、日本の一人当たり実質GDPはおよそ六倍にも増えた。にもかかわらず、生活満足度はほとんど変化がないというのだ。アメリカについても事情はほぼ同様。一九四六年から九一年までの間、一人当たり実質GDPは二・五倍に増えたのに、生活満足度はむしろ低下しているというのだ。

もちろんそうは言っても、所得と幸福度が無関係というのではない。発展途上国では、両者の間にかなりはっきりとした正の相関関係が見られる。どうやら、一人当たり実質GDP一万ドルくらいが分岐点のようだ。このレベルを越えると、所得の増大と幸福度の上昇は単純な結びつきを失う。例えば、「適応」が所得増大の効果を減殺する、と著者は言う。所得が増大した当初は幸せな気分になるものの、次第にその所得水準に慣れてしまって、幸福度は次第に以前のレベルに回帰してしまうというのだ。

さらに、「願望」水準のシフトがこれに加わる。所得が増大し続けるうちに、人々の望む所得水準が上昇してゆく。願望が達成されてこそ幸福度は上昇するのだが、その願望水準自体が上昇していくのだから、幸福度がすんなりとは上昇しない。ときには下落することさえある。加えて、他のメンバーとの所得の位置関係によっても幸せ感は影響される。かくして、単純なる成長至上主義は退けられることになる。

所得以上に幸福度に影響を与えるのが、失業である。それも、失業によって所得が減少するからというよりは、失業に伴う心理的鬱屈、自尊心の喪失、仲間との関係が切れてしまうのが辛いのだという。在職している人にとっても、失業への不安や、雇用保険や税負担増加の危惧がある。こんな具合にして、所得以外の要因が幸福度に与える影響がデータをもとに逐一検証される。最後に著者が注目するのが、政治制度と幸福度の関係。著者の母国スイスの二六の州での政治制度の比較を試みて、政治への市民参加の度合いが高いほど、そして地方分権の度合いが高いほど幸福度が高くなることが確認される。「幸福」の「政治経済学」の第一歩を切り開いた作品である。

（『毎日新聞』二〇〇五年五月一日）

果たして「持続可能性」領域を越えたのか

D・H&D・L・メドウズ、J・ランダース『成長の限界　人類の選択』枝廣淳子訳、ダイヤモンド社、二〇〇五年（Donella H. & Dennis L. Meadows, J. Randers, *Limits to Grows, The 30-Year Update*, 2004）

経済成長という名のエスカレーターに長いこと乗り続けてきたために、我々は、何につけ成長を前提に物事を考えるようになってしまった。成長率が下がれば不安になるし、ましてやマイナス成長にでもなろうものなら、たちまち大騒ぎとなってしまう。しかし、こんなにも成長が常態化したのは、高々この半世紀余りのことで、少しばかり時間幅を拡げて考えてみるなら、戦後の経済成長はむしろ異例の出来事とさえいえる。果たして成長はどこまで続くのか。

ローマ・クラブの報告書『成長の限界』が出たのは、一九七二年のことだった。現在と比べれば、はるかに成長志向が強い時代だったから、報告書への反発もかなりのもので、「世を惑わす予言の書」などといった酷評さえ現れた。でもこの報告書は、決して悲観的な予言の書なのではなかった。経済活動が様々なコースをたどった場合に、それぞれどこに行き着くのかを、一二のシナリオとして示したのであって、悲観的な結末だけを強調したのではない。

それから二〇年後の一九九二年、第二作目『限界を超えて』が出た。二〇年間のデータを新たに盛り込んでの報告書である。タイトルが暗示しているように、第一作の時点で、我々はまだ地球の扶養力の範囲内にいたのだが、第二作の時点では、すでに扶養力の限界を越えてしまった。対応を誤れば、人口も経済活動も衰退の一途をたどるのだという。とはいっても、ここでもやはり一四のシナリオが示されていて、選択のいかんによっては、「行き過ぎ」からUターンして、「持続可能な社会」にたち戻ることがまだまだ可能とされていたのであった。

そして、第三作目が本書『成長の限界　人類の選択』である。一〇年間のデータが新たに加わった。例えば、世界の五四カ国で、一九九〇年以降一人当たりGDPが減少し続けている。二〇〇〇年の時点で、経済活動は地球の扶養力をすでに二〇パーセントオーバーしてしまった、等々。そして本書でも、一一のシナリオが示されている。市場による調整と技術革新に希望を託すという選択肢もあるのだが、それだけでは地球への負荷が増大して、いずれは経済活動は衰退してしまう。つまり、何らかの意志的な選択が必要なのだ。例えば「シナリオ9」では、子供の数を二人に抑制し、一人当たり工業生産を二〇〇〇年の世界平均の一〇パーセント増にとどめるという選択肢が示されている。これなら、人口はほぼ八〇億人で均衡し、「生活の豊かさ指数」を現在ヨーロッパの中程度のレベルに維持できるという。こんな具合にして、農業革命、産業革命に匹敵する「持続可能な社会への移行」が語られる。

でもしかし、こういったシナリオは、「人類」に焦点を合わせた地球規模のものであって、我々個々人、個々の企業や産業、個々の国々は後景に退いてしまっている。それらが「人類」の視点とどこでどう結びつくのかが見えてこない。地球温暖化をめぐって取り交わされた京都議定書がすんなりとは機能していないのを見るにつけ、いささか不安になる。そんな不安に希望の光を与えるために、第五章が用意されている。科学者が問題を指摘し、政治が動き、消費者が行動し、国際的な連携の輪が拡がり、企業が方向転換して、オゾン層を破壊する物質の生産が制限されるに至った成功物語が紹介されている。これは、ほとんど祈りにも近いメッセージである。二〇一二年には第四作目が予定されているという。その時、私はどんな書評を書くことになるのだろうか。ちょっと不安、でもちょっと楽しみでもある。

（『毎日新聞』二〇〇五年六月五日）

マクロ経済の変化に揺さぶられる若者たち

本田由紀『若者と仕事──「学校経由の就職」を超えて』東京大学出版会、二〇〇五年

若者たちの就職をめぐる状況が、とても厳しい。若年層失業者やフリーターが増えている。さらには、ニートと呼ばれる働く意志をもたない若者たちがいて、その数は八〇万人を越えるともいわれる。若者たちが教育の場から仕事の場へと移行するプロセスが、かつては「学校経由の就職」という形で比較的スムーズに流れていたのだが、今やまったくの様変わりである。変化が目につくようになったのは一九九〇年代の半ば以降、とりわけ世紀を越えてからのことである。こうした事態をめぐって、若者たちの意識面での問題を指摘する声が拡がっている。「やりたいことが見つからない」「働くことの意味が分からない」「大人になりたくない」といった迷いや不安、さらには社会への無関心さが強調されたりする。

でもそれは一面的にすぎる、と著者は言う。原因は、若者たち個々人の内面にあるよりも、まずは経済全体のマクロ次元の変化にある。さらには、「学校経由の就職」という、教育の場から仕事の場への移行の特殊日本的なあり方が問題なのだ、と。同時にそれは、これまで学校で「教育の職業的意義」がなおざりにされてきたこととも深く関わっている。そうした主張を、データ

を示しつつ実にていねいに展開してゆく。経済のマクロ次元に目を向けるだけでなく、学校と企業との組織間関係の変化をアンケートによって確認し、さらにインタビューを通じて、若者たちがフリーターになるに至った契機を、個々人のミクロ次元の心情にまで寄り添って探る。若者たちをめぐる厳しい論調への、著者のいたたまれない気持ちが伝わってくるようだ。

では、企業が若者たちの採用を抑制するに至ったマクロ次元の経済状況とはどのようなものなのか。まず第一に、バブル崩壊後の長期不況が労働需要を控えさせてきた。第二に、五〇代後半の団塊の世代と三〇歳前後の団塊ジュニアの世代が労働力人口の中で大きく膨らんでいて、この二つの膨らみのゆえに、後に続く若者たちの新規採用が滞ってきた。第三に、経済のサービス化が進んでパートやアルバイトなどの非正規社員が増え、若者たちの正社員への途が狭められてきた。そして第四に、かつては退職して家庭に入っていた二〇代後半の女性たちが、今では働き続けることが増えたのも、若者たちの新規雇用に影響しているかもしれない。

こうした事態が生じて、改めて見えてきたものがある。「学校経由の就職」という、特殊日本的な方式のもつ意味である。若者たちの大多数が在学中に就職先を決め、四月一日を機に一斉に働き始める。そして在学中の就職先決定に際しては、志願者の振り分けや推薦といった形で、学校がそれなりに関与してきた。こうした方式で若者たちが組織間でやり取りされてきたのも、実は旺盛な労働需要があってのことだし、若者たちがこの方式を受け入れてきたのも、それによって比較的良好な就職先が保障されてきたからであった。そうした前提条件が崩れてしまったのである。

さて、それではどうすべきなのか。著者の提案はこうである。「学校経由の就職」という方式から離れて、若者たちが一定の試行錯誤を経ながら着地点を見出すプロセスそのものが、意味あるものとなるようにする。若者たちにとって二〇代という時期が、非正規の就業や試行的な雇用、さらには再教育訓練などを経験しながら、納得のゆく仕事先を模索する道筋となるよう、社会全体でバックアップする。若者たち自身の専門性や職業能力を磨くための試行期間としてこの時期を位置づけるというわけである。同時にこれは、若者たち個々人の資質や能力とは別に、在籍している学校の格に応じて就職先が決定されがちだったこれまでの方式を捨てることにもなる、と。

さすがに政府も重い腰を上げ、「若者自立・挑戦プラン（二〇〇三年）」を打ち出した。戦後初めての包括的な若者就業支援策と喧伝されている。でも、どうにも腰が据わっていない。包括的と謳われてはいるものの、質、量ともにとても不十分だと著者は切り返す。本気で大胆な支援をする構えが見えてこないのだ。著者の対案のほんの一例をあげてみよう。就職を希望する在学生や卒業生、さらにニートをも含むすべての若者たちを対象に、働くことの意味と就労への道筋をしっかりと見きわめるための網羅的・包括的サービスを提供する機関を、それこそ全国くまなく立ち上げる。著者が想定しているのは、例えばスウェーデンで試みられてきたような、資金と手間暇を十分に投入した徹底的なマンツーマン方式の就労者支援策のようなものかもしれない。一方で学校側は、これまでなおざりにしてきた「教育の職業的意義」を改めて問われることになる。著者の思い入れの強さが、読んでいて時に息苦しく感じられることもある。異論も大いにありうるだろう。でも、この真摯な問題提起がしっかりと受けとめられて、ぜひとも議論の輪が拡がってほしいと思う。

(『毎日新聞』二〇〇五年七月一〇日)

経営者支配を論理とレトリックで

岩井克人『会社はだれのものか』平凡社、二〇〇五年

経済問題をめぐって、こんなにも茶の間の関心を集めたのは、近年、珍しいことではなかろうか。今年の二月から四月にかけての、あのライブドア・フジテレビ・ニッポン放送をめぐる買収合戦のことである。下手な連続テレビ・ドラマなどよりは、はるかに視聴者の興味を掻き立てた

し、「会社とはそもそも何か」という問いを、買収合戦の当事者はもちろん、茶の間にまでも拡げたという意味で、かのホリエモン氏の「功績」は絶大であった。

そして、この騒動をきっかけに書かれたのがこの本である。著者には、すでに『会社はこれからどうなるのか』(平凡社、二〇〇三年)という作品があるのだが、今回は、前作での論理がよりいっそう研ぎすまされている。何よりも著者は、論理とレトリックの人である。会社が存立し機能することの意味を、とことん論理として突きつめ、メリハリのきいた文章で解き明かしてみせる。会社の実証分析を手がけてきた人たちは、複雑な想いでこの作品を読むことになるかもしれない。現実の生々しい会社行動が、著者流の論理とレトリックでばっさりと裁断されているからである。

会社とは、法律上はヒト(法人)として扱われるけれど、実体としては単なるモノ、具体的には単なる組織にすぎない。著者のかねてからの持論である。組織には、目もなければ耳もないし、口もなければ頭もない。だからして、現実経済の中で会社がヒトとして活動するためには、会社になり代わって契約を結んだり、資産を管理したりする生身のヒトが必要となる。そのヒトが経営者というわけである。このことの持つ意味を、文楽の巧みな比喩でこう表現してみせる。

文楽とは、あたかも人形をヒトのごとくに演じさせることで成り立つ芸術である。登場する浄瑠璃人形は、ヒトの形をしてはいるけれど、実際にはモノにすぎない。その人形が舞台の上でヒトのごとくに動くためには、人形遣いという生身のヒトが操らねばならない。会社も同じ、と著者は言う。会社は、法律上はヒトとして扱われるけれど、経営者が命を吹き込まなければ機能しない。ところが、会社と「信任」関係で結ばれるべきはずの経営者が、自己の利益のみを追求するために、数々の不祥事を引き起こしてきたというのだ。

さらに、現代のようなポスト産業資本主義においては、利益を生み出す究極の源泉は、他とは異なる製品、他とは異なる技術、他とは異なる経営手法を開発する知識や能力を蓄えたヒトへと移った。カネの供給者としての株主から、差異性の創造者としてのヒトへと、会社の支配力が移行したと見るのである。こうした視点から、株主主権論的なホリエモン氏の振る舞いが批判される。

いわゆる日本的経営に対しても、著者はこんな評価を下す。従業員や技術者や経営者が、独立した個人としてではなく集団として協調する日本的な仕組みは、差異性を意識的に創り出すことを求めるポスト産業資本主義とは異質のもの。でもその反面、日本的経営は、アメリカ的な株主主権のイデオロギーに縛られずに互いの知識や能力を組み合わせてゆく仕組みを具えている。もしも日本型の会社がポスト産業資本主義の下で再生するとしたら、まさにこの伝統を通してのことだ、と。こんな具合の論理とレトリックをたっぷりと味わうことができる。同時にふと思い浮かぶのは、著者流のこうした演出がかった説明が、実証分析の世界とどこでどのように繋がっているのかという素朴な疑問である。

（『毎日新聞』二〇〇五年八月七日）

利便性の陰に拡がる過酷な労働

森岡孝二『働きすぎの時代』岩波新書、二〇〇五年

「ホタル族」という言葉をご存じだろうか。長時間労働やサービス残業への世の中の批判が高まり、厚生労働省の監督が厳しくなって、夜九時、会社の天井の電灯が一斉に消える。そんな中で、パソコン画面と電気スタンドの明かりを頼りに残業を続ける人たちのことである。薄暗い部屋の中で、パソコンに向かって黙々と仕事に打ち込んでいる風景は、なんとも侘びしい。ひと頃まではあんなに労働時間の短縮が叫ばれていたのに、まったくの様変わりである。

いや正確には、長時間労働の人たちと短時間労働の人たちに両極分化し始めたといった方がよい。労働基準法の第三二条では、使用者は労働者に一週に四〇時間を越えて、一日に八時間を越えて労働させてはいけないとされている。しかし第三六条では、もしも労使間に協定が結ばれるなら、時間外労働も休日労働も認められるとされている。このいわゆる「三六（さぶろく）協定」によって、事実上、残業が野放し状態になっているのである。

一方、九〇年代以降、パート・アルバイト・派遣などの非正規社員が正社員にとって代わり、すでに雇用者全体の三割を越えるまでになっている。これらの人たちは、身分的にも不安定な短

時間の低賃金労働が中心である。かくして、週六〇時間以上の正社員と、週三五時間未満の非正規社員への両極分化がはっきりしてきた。とりわけ、三〇代の男性正社員の長時間労働が際立っている。「ホタル族」は、いわばそうした状況の象徴といってもよい。

そんな中で、年間一八〇〇労働時間を目標に一九九二年に制定された時短促進法が廃止されようとしている。厚生労働相の諮問機関である労働政策審議会が、全労働者一律の労働時間短縮は今や時代状況に適さなくなったとして、「労働時間の短縮」ではなく「労働時間の設定」を提案しているのである。労働時間を、労使の「自主性」に委ねて自由に「設定」すべきだというのである。こうした流れが、果たしてどのようにして生み出されるに至ったのか。著者は、資本主義の構造変化に結びつけてそれを解き明かす。

その構造変化とは、次のキーワードによって表現される。(一)グローバル資本主義、(二)情報資本主義、(三)消費資本主義、(四)フリーター資本主義、の四つである。例えば、日本の大企業の海外生産比率は、いまや三割を超えている。中国、タイ、メキシコなどの低賃金で劣悪な労働条件の国で商品を生産し、それを日本に逆輸入する。我々消費者は低価格の恩恵に浴することができるものの、競合する国内の会社で働く人たちは雇用の場を脅かされ、価格下落に伴う賃金の切り下げや労働時間の延長を余儀なくされる。『ニューヨーク・タイムズ』の報じるところによれば、中国の反日ストライキは、一日一一時間労働で基本給が月六千円という待遇への不満が爆発したものだという。そうした途上国の労働者と日本の働き手が競合関係にある点を著者は強調する。

あるいはまた、情報通信技術の発展が仕事のスピードを速め、かえって仕事量を増やしている。コンピューターの導入が労働を単純化し、パート・アルバイト・派遣などの非正規雇用で仕事を賄うことができるようになった。リストラを免れた正社員の長時間労働と、非正規社員の短時間労働への両極分化である。さらに、コンビニや宅配便に代表されるように、消費者にとっての利便性がとことん追求され、それに対応するために、パートやアルバイトの細切れの過酷な労働が求められるようになった。

著者が紹介しているアマゾン・ドットコムの事例が、胸に突き刺さる。インターネットを通じてワンクリックで本を注文すれば、瞬時にアマゾン・ドットコムの物流センターにつながる。その巨大な物流センターでは、常時百人ほどのアルバイトが待機していて、注文された本を「一分で三冊」のノルマでひたすら探し回る。労働が厳しいために、アルバイトを一年も続けるのは一〇人に一人もいないという。見つかった本は梱包されて宅配便業者に渡され、深夜便を含む長時間の過密労働によって、翌日、消費者のもとに届く。消費者が求める利便性の陰に、どんな労働世界があるのかを知って、思わず考え込まされてしまう。

そうした過酷な労働を可能にしているのが、著者のいう「フリーター資本主義」である。パート、アルバイト・派遣など非正規の労働者が基幹労働力として組み込まれている経済があってこそ、右で述べたような状況が生み出されているのだ、と。しかもこうした動きは、どうやら日本だけではないようだ。ヨーロッパ大陸諸国は別として、アメリカやイギリス、つまりアングロサクソン圏でも、一九八〇年代を境に、とりわけホワイトカラーの労働時間延長の動きが始まっているらしい。思わぬ「ジャパナイゼーション」の拡がりである。つまるところ、我々はどこまで利便性を求め、どんなライフスタイルを望んでいるのかと、つくづく考えさせられるそんな一冊である。

(『毎日新聞』二〇〇五年九月一八日)

「信頼」が支える何とも人間的で哲学的な存在

赤瀬川原平『ふしぎなお金』毎日新聞社、二〇〇五年

実は、今、お金をめぐる絵本を書いている最中である。そんな折に、この本を読んだ。実にうまい。悔しくなるほどだ。でも、元気もわいてくる。お金というものの本質が「信頼」にあるの

だということが、私のとはちがう形で描かれているからだ。『ふしぎなお金』、でも、中身は「お金のふしぎ」。お金とは、実にふしぎな存在である。

例えば、一万円札を眺めてみる。福沢諭吉の肖像が印刷されている紙切れである。紙代もインク代もかかっていて、原価は二十数円。モノとしては二十数円の価値しかないこの紙切れを、我々は一万円の価値があると「信頼」して使っている。昔の金本位制度の時代であれば、説明は簡単だ。お札を銀行に持ってゆけば、額面と同価値の金貨と交換できたからである。ただの紙切れではなく金貨の裏づけのあるモノだった。

でも、現在は金貨との交換のない不換紙幣である。それなのに、なぜ二十数円のモノではなく、一万円の価値があるモノとして使われているのか。貨幣論の教科書であれば、実にそっけない説明をする。「日本銀行法」という法律があって、その中で一万円の価値のあるモノとして法律上の強制通用力が与えられているからだ、と。あるいは、通貨一般のことを定めた「通貨の単位及び貨幣の発行等に関する法律」があって、やはり法律上の裏づけがあるからだ、と。

でも、大抵の人はそんな法律の存在を知らないし、知らないからといって不都合が生じるわけでもない。とりあえずは、みんなが一万円の価値があるモノとして「信頼」して使っているから、自分も「信頼」して使っているというのが実情である。この本の「あとがき」で、実にうまい比喩が使われている。「〔お金は〕日米関係に似ている。この地球上でのアメリカの存在に、いかがなものかと思いながらも、とりあえずはその関係を飲み込んでの生活となる」と。そういった「信頼」の持つ諸相を、赤瀬川流の絵と文とで巧みに切り込んでゆく。

「財布と拳銃」、「現金は血液」、「お金の祖先」、「ニナの手形」、「悪化は良貨を駆逐する」といった章が並ぶ。例えば、財布と拳銃はよく似ているという。ドキリとする。財布は護身用の拳銃みたいなもので、拳銃なしの丸腰では世の中は渡れない。昔の西部劇の映画には、ガンベルトを外す場面があった。宿に着いて、あるいは自分の家に戻って、外敵なし、大丈夫、という状態で初めてガンベルトを外す。ガンマンがくつろぐ一瞬である。こんな説明を、貨幣論の教科書ならさだめし、貨幣の物神崇拝性などという堅苦しい用語と関連づけて説明するかもしれない。

お金は、とりわけ子供にとってはふしぎな謎に満ちたモノにちがいない。疑問は、解決すると科学になるが、解決しない疑問は哲学となる。だから哲学というのは、本当は子供の学問なのだと赤瀬川は言う。今はもうみんな大人になっているが、そういう「子供」が大人の頭のどこかに残っているにちがいない。そのぺしゃんこの「子供」がふとしたことで、頭の奥から出てくることがある。そういう大人の中の「子供」に読んでほしくて、この『ふしぎなお金』が誕生したのである。愛犬のニナを題材にした手形の話「ニナの手形」は、感動的でさえある。お金は決して、経済学としての貨幣論で説明しきれるような代物ではない。科学で説明するには、あまりにも人間的で哲学的なものなのだから。


（『毎日新聞』二〇〇五年一〇月一六日）

増税を、負担と給付のセットで考える

橘木俊詔『消費税15%による年金改革』東洋経済新報社、二〇〇五年

税金は安いほどいいし、福祉は厚いほどいい。誰もがそんなふうに考えがちだ。納税という言葉はあるけれど、「納める」というよりは「取られる」というのが、むしろ実感かもしれない。だからしてどの政党も、選挙前には、増税論議を避けることとなる。

ところで、自民党圧勝の選挙のほとぼりが冷めたつい先日、財務大臣が二〇〇七年度中の消費税率の引き上げを示唆する発言をした。ただちに与党内から反対の声が上がったし、総理もまたそれに同調した。やはり、増税という言葉はまだまだ禁句なのである。

そんなわけだから、消費税率一五パーセントと聞けば、とたんに拒絶反応が起きるかもしれない。しかし著者は、年金問題の解決のために、あえて一五パーセントの消費税を提唱する。その根拠を、実にていねいに分かりやすく説明している。まずは、一五パーセントという税率の高さに驚かずに、いずれ近い将来に議論が沸騰するであろう消費税率引き上げ問題を考えるためにも、著者の主張をじっくりと聞いてみることをお勧めする。

年金は、高齢期の生活を支えるセーフティーネット（安全網）として重要な意味を持つ。その

年金の財源は、保険方式で賄うのと、税方式で賄うのと二通りある。日本の場合は、税金の投入はあるものの、基本は保険方式。つまり、保険の加入者の払う保険料によって引退世代の高齢者が支えられるという仕組みである。

ところで、少子高齢化が急速に進んでいる。保険料を負担する現役世代が減って、給付を受ける高齢者が増えるのだから、当然のことながら現役世代の負担が増える。おまけに、現役世代は将来どの程度の給付を受けられるのか不明である。恐らく給付減は避けられないし、ひょっとして給付がなくなるかもしれない。そんな状況の中で年金制度の改定がくり返されてきた。

でも改定とはいっても、実はワンパターンのくり返しであった。つまり、保険料の引き上げと給付の削減である。こんな対応がくり返されるなら、現役世代の将来不安と年金制度への不信はますます募ることになる。かくして、国民年金の保険料の未納率が若者を中心に四割にも達している。恐らくこの比率はさらに上昇するにちがいないし、無年金者が大量発生するかもしれない。つまりは、年金制度の崩壊。

そこで著者は、こんな提案をする。将来不安を払拭するために、国民のすべてに夫婦二人で月一七万円の年金を保証する、というのである。財源は、保険料によるのではなく、全額税金によるものとし、消費税を年金のための目的税として活用する。そのためには、現行の五パーセントから一五パーセントへと税率の引き上げが必要という試算が示される。

一五パーセントとは、いかにも高いと感じられるかもしれないが、保険料負担が無くなるのだから、実質的な負担は想像するよりは軽いものとなる。国際比較でいうなら、日本の消費税率は例外的に低い部類に属する。それでも、消費税は低所得者には重い一律課税であるから、その弊害を除くために必需品には低い税率、奢侈品には高い税率といった工夫を加味する。

このようにして、所属する保険制度ごとに格差のあった年金が国民基礎年金として一元化され平等化される。さらに、保険方式であることから生じる世代間の負担の格差が、税方式への転換によってなくなる。この国民基礎年金がいわば一階部分であり、その上に、民営化された年金が二階部分として積み上げられる。この部分は、個々人の任意の選択制となる。本書の内容のほんの一端を紹介した。

税金問題は、とかく負担の側面にのみ目が向きがちだが、本来は給付とのセットで考えるべきものである。給付の側面が不透明で不安が残るとなれば、負担に抵抗が生じるのは当然で、「取られる」という感覚だけが税金にはまとわりつく。逆に、給付の見取り図が明確で納得のゆくものであれば、負担の意味も大いに変わってくるだろうし、「取られる」というよりも、「納める」あるいは「支払う」という感覚が生まれてくるかもしれない。

もちろん著者の提案のすべてに賛成というわけではないのだが、ともかく税金問題を負担と給付のセットで考えるべきことを、年金問題を軸に実に明快かつ平易に解き明かしている点が印象的だ。いずれ議論が拡がるだろう年金と増税の問題を、国民的規模で考えるためにも、このような本の登場を歓迎したいと思う。

実はこの本は、著者だけでなく京都大学のゼミ生たちとの合作である。しかも、学生たちが分担執筆した部分は、著者の見解と全く同一というわけではない。例えば、消費税の税率に格差を設ける著者に対して、学生たちは率直な疑問と批判を投げかけている。基本的なところで信頼関係があって、しかも相互に自由な批判のやり取りができるという間柄は、今どきの大学の教師と学生との間では、そうざらにあるものではない。実にうらやましい。

（『毎日新聞』二〇〇五年一一月二〇日）

低賃金と働きすぎで支えられる景気

鹿嶋敬『雇用破壊——非正規社員という生き方』岩波書店、二〇〇五年

去年の秋頃から、景気の先行きに明るい兆しが見えてきた。株価もまた徐々に上昇し始めている。各種の景気予想にも、ようやく強気の数字が登場するようになった。この調子でゆけば、今年の経済はほぼ順調に景気回復の軌道に乗るのではあるまいか。こんなふうに思いたいところだが、実は、それほどことは単純ではない。

というのも、「景気の回復」と「雇用の回復」とは別ものだからである。いや、「雇用の破壊」が「景気の回復」を支えてきたというのがどうやら真相のようだ。これがこの本のメッセージである。新春早々にこうしたテーマを取り上げるかどうか、実は、少しばかり迷った。その上で、やはり書くことにした。正月向きの明るい話題ではないけれど、避けて通れないテーマだからである。しかも、人口減少に突入する中で、この問題を考えなければならない。

確かに、企業の業績が上がり景気回復の足どりがしっかりしたものとなってきた。その原因のひとつが、正社員に代わって非正規社員を雇用したことだ。パートやアルバイト、さらに派遣社員や請負社員。これら非正規社員の数は、今や雇用者全体のほぼ三分の一にまで膨らんでいる。

この一〇年ほどの間に状況が激変した。かつて非正規社員といえば、景気循環の過程で伸縮的に増減可能な、臨時の調整要員であった。ところが今や、人件費削減の切り札として、恒常的な要員として組み込まれ、その数がじわじわと増えている。

まず第一に、非正規社員は、正社員に比べてかなりの程度賃金が安い。例えば、男性正社員の時間当たり賃金に比べて、男性パートのそれはほぼ四割ほどだという。第二に、正社員であれば企業が負担しなければならない、年金保険や雇用保険や医療保険や介護保険などの社会保険料の負担（合計で月収のほぼ一二パーセント相当）を免れることができる。非正規社員の比率が一パーセント高まれば、企業の利益率が何パーセント高まるかといった興味深い統計が、本書で紹介されている。

一方、正社員はといえば、この数年来、成果主義をベースにした賃金方式が拡がっている。年功序列ではなく成果主義。優れた成果をあげた社員は厚遇されるものの、普通程度の社員はむしろ賃金が下落する。かくして全体としては人件費の削減というのが、どうやら実態のようだ。さらに労働時間。統計上の年間労働時間は、一九六〇年の二四二六時間をピークに減少し始め、二〇〇四年には一八四三時間。が、これは正社員と非正規社員とを合わせた平均の数字。正社員のみの数字では年間二〇一五時間と、まだまだ長時間労働である。つまり、非正規社員の安過ぎる賃金と、正社員の働きすぎとの併存。著者は、「雇用破壊」という言葉でこのことを表現している。

労働組合は正社員の待遇改善には力を注ぐものの、非正規社員にまではなかなか目が向かない。その非正規社員が雇用者全体のすでに三分の一にも達し、しかもまだまだ増えつつある。正社員と非正規社員を含めた全体の「雇用破壊」をどうするのかという視点ぬきには、景気の問題を語れなくなっているのだ。とりわけ、努力が報われることのない仕組みの中で増え続ける若年フリーターは、どのような希望を見出すことができるのか。非正規社員が、職業能力を蓄積することなしに漂流する先にある経済とは、果たしてどのようなものなのか。著者が投げかけるこの問いが、まことに重い。

(『毎日新聞』二〇〇六年一月一五日)

GDPも住宅もゆったり享受できるのか

原田泰・鈴木準『人口減少社会は怖くない』日本評論社、二〇〇五年

このところ人口減少をめぐる議論が賑やかである。明治以降、初めて減少のプロセスに入った

のがそのきっかけである。当初は二〇〇七年からとの予測だったのが、二年ほど前倒しとなり、実は二〇〇五年から減少していたことが判明した。そんなこともあってか、人口減少に関心が集まっている。しかも、議論の大半がネガティブな口調で語られる。

それというのも、単に人口が減少するのではなく、少子化と高齢化が併行する中での減少だからである。労働力人口が減って経済が停滞、縮小するのではないのか。若い世代の負担が膨らんで、社会保障制度が立ちゆかなくなるのではないのか。若者の数が減って、世の中全体が活気を失ってしまうのではないのか、等々。そんな論調に対して、著者は、人口減少社会は「怖くない」と言い、それどころか「楽しい」とまで言う。それも、決して情緒的にではなく、きっちりとデータを示し、一つ一つ論を進めてゆく。

人口減少は、何も日本だけのことではない。アメリカとイギリスを除く先進諸国のほぼすべてで減少している。ただ、日本の減少スピードが速いし、高齢化のレベルも高い。そんなわけだから、確かに懸念材料はある。しかし、かつては、むしろ人口過剰が問題だったのだ。一九五六年の『厚生白書』では、人口過剰が生活水準を押し下げていると指摘されていたし、あの北一輝もその著『日本改造法案大綱』（西田税、一九二三年）の中で、人口過剰ゆえに領土拡大が不可欠と書いていた。人口減少ではなく人口過剰こそが難問とされていたのだ。半世紀を経て、事態が逆転した。

例えば、高齢化によって現役世代の年金負担が増え、制度そのものの存続が危ぶまれている。でもその不安は、現に年金を受給している世代からというよりは、将来に年金を受給する世代からのものが大半である。日本の年金給付額は、平均で見れば、世界でもまずまずのレベル。著者によれば、およそ三割ほど給付を減額しても生活に必需的な費用は賄えるのだという。減額することによって、制度そのものの存続を確かなものにし、将来不安を払拭することの方が先決だというのである。もちろん、これは平均での話であって、高齢者の間の格差問題はそれはそれとしてである。

また、労働力人口が減って経済規模（GDP）が縮小するのではないかと危惧されている。でも、減少する人口の中で、働く人の比率を高める工夫は、十分に可能なはずだ。まずは、女性が働けるような環境を創る。それに、昨今の前期老年（六五歳〜七四歳）世代は、まだまだ元気で就労意欲も強い。加えて、三〇〇万人を超える失業者が現にいる。労働力は潜在的には決して不足というわけではない。労働市場を脱構築し、柔軟な雇用システムを創れば、十分対応が可能だというのである。

一方、仮りに労働力人口が減っても、一人当たりの生産性を高めれば、経済成長は可能なはず。その生産性は、自動車や電気機械など一部の製造業を除けば、日本は国際比較ではランクが低い。とすれば、これはマイナス要因に見えそうだが、著者の見立てでは、むしろ逆である。これまでの日本経済は、多人数による長時間労働で支えられてきた。つまりは、効率が悪かったということ。そうであればこそ、むしろ生産性上昇の可能性が、大いに残されているというのだ。

それに何よりも、豊かさはGDPそのものではなく、それを人口で割り算した一人当たりGDPによって影響されるはず。やみくもにGDPの規模を維持したり成長させるのではなく、一人当たりGDPにこそ関心を向けるべきであろう。GDPも土地も住宅も、その他様々なインフラも、人口が減少すればそれだけゆったりと享受できるというわけである。明治の初期には三六〇〇万人ほどであった人口が、現在は一億二七〇〇万人台にまで膨れあがり、今世紀の半ばにはおよそ一億人、二二世紀の初めには六〇〇〇万人台に減少すると予測されている。

そのように推移する中で、さらに特殊日本的な条件が、これにつけ加わる。戦後のベビーブーマーは世界共通の現象なのだが、日本の場合には、団塊の世代だけではなく、団塊ジュニア世代が人口ピラミッドの中で大きく膨らんで、二つのコブができている。そのコブが、時間の推移する中で、労働と消費と社会保障の分野に影響を及ぼしてゆく。そのことが、実にていねいに分析されている。この二つのコブの推移に注目するならば、人口減少社会への対策は、今後一〇年〜二〇年ほどが勝負どきだという。情緒的ではなく、きっちりとしたデータに基づいた語り口がとても印象的だ。でも、人口減少社会は「怖くない」のは納得できるとしても、「楽しい」とまで言うには、ちょっぴり舌足らずではなかったろうか。

（『毎日新聞』二〇〇六年二月一九日）

この人この三冊・都留重人

都留重人『近代経済学の群像』日経新書、一九六四年
都留重人『日本の資本主義』渡辺敏・石川通達訳、岩波書店、一九九五年（S. Tsuru, *Japan's Capitalism : Creative Defeat and Beyond*, 1993）
都留重人『いくつもの岐路を回顧して』岩波書店、二〇〇一年

二月五日、一人の闘う経済学者が世を去った。一橋大学の季刊誌『経済研究』の「創刊のことば」（一九五〇年）で、都留重人は書いている。形式論理に偏して現実と切り結ぶことを忘れた経済学から脱しなければならぬ、と。彼自身の軌跡が、何よりもそのことと重なっている。片山内閣時の第一回『経済白書』を執筆。日本経済の窮状を国民の一人一人に届くよう訴えたこの小冊子は、言うなれば「作品としての白書」で、その後登場する数多くの白書も、これを越えるものはない。そして日本が高度成長に突入した時期、成長至上主義の危うさを質し、「ムダの制度化」を批判。

そんな彼が、戦後の日本経済をトータルにどう見ていたかを知るには『日本の資本主義』が必読。「創造的敗北とその後」がサブタイトルのこの著書は、英語で書かれた戦後日本経済論の代

表作ともいうべき一冊。一方、日本の「経済学・学者」に対しては、ある種、批判的でもあった彼が、どんな学説史観をもっていたのかは、『近代経済学の群像』で窺うことができる。ここでも、現実と切り結ぶ「経済・学者」像が浮かび上がってくる。

しかし、都留重人を経済学者としてのみ見るのは、適切ではあるまい。戦前、日本の大陸侵略に抗議して八高を除名された都留青年は、密かに期するものを胸に渡米。帰国後も、平和・軍縮運動、さらに公害・環境問題へと積極的に関わる。国内外を通じる人的交流のネットワークの中で、そうした知性がいかにして形成されたかを、自伝『いくつもの岐路を回顧して』で知ることができる。

つい先頃出た『市場には心がない』(岩波書店、二〇〇六年)が、遺著となった。そのサブタイトルが「成長なくて改革をこそ」。「改革なくして成長なし」をスローガンに掲げる小泉政権への異議申し立てでもある。彼は、最後まで、闘う知性を手放さなかった。

(『毎日新聞』二〇〇六年三月五日)

異端のスタイルが誕生したその秘密

R・パーカー『ガルブレイス　闘う経済学者（上・中・下）』井上廣美訳、日経BP社、二〇〇六年（R. Parker, *John Kenneth Galbraith : His Life, His Politics, His Economics*, 2005）

ガルブレイスと聞いて、まず思いつくのは、その巧みな造語の数々である。拮抗力、ゆたかな社会、テクノストラクチュア、不確実性の時代、等々。新著が書かれるたびに流行語が生まれ、ベストセラーとなって話題をさらう。その彼も、実は、主流派経済学者からの評価は必ずしも芳しくはない。例えば、サムエルソンはこう書いたことがある。「経済学者でない人はガルブレイスを過大に評価するが、経済学者は彼にあまりにも関心を払わなさすぎる」と。そのサムエルソンが、他方ではこんなふうにも言っている。「私たちノーベル賞受賞者の大半が図書館のほこりをかぶった書棚の奥に葬り去られてしまう時代になっても、ガルブレイスは忘れられることなく読まれ続けるだろう」と。

実に不思議な魅力を具えた経済学者、七二冊の著書があり、うち三冊の小説を書いた文明批評家。思いもかけぬ問題提起をして、通念に安住しかけている我々を揺さぶり続けてきた異端の人。しかも、その揺さぶりは実に手が込んでいて、ユーモアと皮肉と機知をちりばめ、主流派経済学の盲点を衝く。その特有の文章スタイルと論理運びを、楽しみつつ受け入れる人と、毛嫌いして拒絶反応を示す人とが、はっきりと分かれてしまう。

そんなわけだから、このクセのある人物の目を通して、戦後の経済と経済学の動きをたどってみるのは、実に興味のあることにちがいない。ついでながら、実は、彼は二〇三センチの身長を有する巨人である（琴欧州とほぼ同じ！）。そのせいでもあろうか。主流派経済学のアングルとは異なる独特の視角から経済と社会を俯瞰する確固たる構えをもっている。そうした彼流のスタイルが、一体どのようにして形成されたのか。総計一五〇〇頁にも及ぶ本書で、その秘密が解き明かされている。

彼の名前が一般に知られるようになったのは、『アメリカの資本主義』（一九五二年）以降のことだが、実は、一九三〇年代、四〇年代が特別の意味を持っていたことが分かる。アカデミズムの中では「二流市民」的な農業経済学の分野で活動を開始した彼が、ニューディール政策に直接関わる中で、農業問題が主流派経済学の世界とはおよそ異質であることを実感する。第二次大戦中の物価管理局での価格統制の仕事では、実業の世界と政治との関わりに引き込まれる。そして戦後、爆撃調査団の一員として、軍部の強大な力を目のあたりにする。さらに、国務省の仕事に携る中で、組織と権力との関わりを強く意識する。いずれも、後の著作の中で展開されるテーマである。さらに、ハーバード大学で終身在職権を得る前の数年間、雑誌『フォーチュン』の編集者として、徹底的に文章術の訓練を受ける。そんな経緯を経た後に、我々のよく知るガルブレイスが誕生したのであった。

本書のもう一つの魅力は、ニューディール期から現在に至るまでの、アメリカの経済学者の学界見取り図・相関図が、実に詳細に描かれていることである。それも、単に学問的な立場のちがいだけではなく、政権との関わり方、政策立案をめぐる競合・対立、さらに大学人事にまつわる人間臭い確執が、パノラマのごとくに描かれている。ガルブレイスの生涯を語ることで、そうした問題すべてが語られるということは、とりもなおさず、彼が象牙の塔の中に静かに収まるような人物ではなかったことの証でもある。欲をいえば、この本の叙述それ自体が、もっとガルブレイス流のユーモアと皮肉と機知に富んでいたなら、どんなにか楽しかっただろうかと思うのだが。

（『毎日新聞』二〇〇六年三月一九日）

淡々とデータを示して不平等に切り込む

白波瀬佐和子編『変化する社会の不平等――少子高齢化にひそむ格差』東京大学出版会、二〇〇六年

「勝ち組・負け組」といった言葉が流行るようになって、どれくらい経つのだろうか。当初は、何と無神経な表現かと気を揉んだのだが、いつの間にやら慣れっこになってしまった。そうこうしているうちに、今度は「上流・下流」という言葉が登場し、これまた、あっという間に拡がってしまった。こうした過激な言い回しが、大した抵抗感もなく受け入れられてしまう状況とは、一体どのようなものなのか。意識的にちょっと距離を置き、地道に問題の所在を探ってみる。それがこの本のスタンスである。

格差や不平等が取りざたされるようになったのは、一九九〇年代後半以降のこと。まずは、バブルがはじけて経済の先行きが見えにくくなったということがある。それと重なるように、とりわけこの数年来指摘されるようになったのが、少子高齢化。でも、少子高齢化は事実としても、そのことが個々人の生活レベルでどんな具体的な意味を持つのかは、実は曖昧で確たる実感がない。少子高齢化というマクロの確実な条件と、生活レベルでのミクロの不確実な見通しの中で、

何とか自分の位置を確かめてみたい。多くの人がそう思っているのではないのか。

そんな時に、「勝ち組・負け組」とか「上流・下流」といった過激な言い回しが登場した。「ヒルズ族」のような突出した「勝ち組」は、自分とはおよそ関係のない別人種。他方で、生活保護世帯が近年になって増えているとはいっても、これまた自分とはちがう。つまり、「勝ち組・負け組」「上流・下流」という枠組みを設定し、そのどちらでもない自分を確認して何となく納得し、それ以上は立ち入らない。そうした風潮とははっきり異なるスタンスを、七人の論者それぞれがとっている。少子高齢化が進む中での不平等感の爆発、家族形態の変化する中での格差、中年無業者の知られざる実態、義務教育現場での格差の拡がり、健康面にも現れる格差、遺産が次世代に及ぼす効果、進む年金の個人化と自己責任論がその題材である。

例えば、「爆発する不平等感」というテーマで、こう論ずる。高度成長時代の親たちは、将来、子供たちが自分たちより確実に豊かになると予想できたがゆえに、現にある格差や不平等を、より長期の時間幅の中で解消することができた。ところが現在、そうした予想はもはや成り立ちえない。親たちは、自分たち自身の一生という時間幅の中で帳尻合わせを意識するようになった。かつてのような経済成長が望めない中では、現にある格差や不平等が、そのままより切迫したものとして感じられるからである。

あるいは、「教育格差の将来像」というテーマで、義務教育における格差と不平等の拡がりを指摘する。そもそも義務教育は、人生のスタートラインで不条理な格差が子供たちに及ばないよう、機会均等原則を掲げてスタートした制度であった。ところが、少子化に伴って児童生徒数が減少するその一方で、教員の高齢化による人件費の高騰が重くのしかかっている。教員の高齢化は一律ではなく地域によって大きく異なるし、財源、教育行政を提供するマンパワーも地域によって大きな格差がある。そんな中で、国による財政調整が後退して地域格差が拡がり、どの地域で義務教育を受けるかによって、その後のライフコースが大きく影響されてしまう。過激な言い回しがあるわけではないし、派手な論理を組み立てているわけでもない。むしろ、淡々とデータを示し格差と不平等の実態に切り込んでいる分、問題の重さがかえってよく伝わってくる、そんな一冊。

（『毎日新聞』二〇〇六年四月二三日）

モラル・サイエンスの伝統継承者としてのケインズ

伊東光晴『現代に生きるケインズ』岩波新書、二〇〇六年

ケインズ没後六〇年、主著『雇用、利子および貨幣の一般理論』から七〇年が過ぎた。そんな中で著者は、「現代に生きる」ケインズ像を描いた。「現代に生きる」とはとりも直さず、ケインズの時代はすでに終わったという根強い主張が他方にあることを意識してのことである。単に経済学アカデミズムにおいてだけではない。経済政策の場においても、市場原理主義的な潮流が強まって、ケインズ政策を過去のものとする空気が漂っている。そうしたケインズ評価の動きに、切り込んでゆく。

今から四四年ほど前の春のこと、出版されたばかりの前著『ケインズ』（岩波新書、一九六二年）を読んだ時のあの高揚した気分が、甦ってくる。ケインズについての平板な解説書の類いはいくつかあったし、テキストブックの中に行儀良く収まっているケインズ理論の説明もいくつか読んだ。しかし、ケインズという人物の生きた様がいまひとつ伝わってこなかったし、ケインズが闘おうとしていたのが、つまるところ何であるのかが、もどかしいほどにぼんやりとしていた。

そんな時に『ケインズ』に出会った。まず、ケインズが生まれその中で成長したケンブリッジの知的世界のありさまが描かれていた。そこで成長したケインズが、何を社会問題として意識し、何を政策課題と考えたかが、歴史的文脈と関連づけて解き明かされていた。そしてその政策を、理論の上で裏付けるための経済学がどのように形成されたのかが、経済学説史の流れの中で描かれていた。いや、経済学説史という枠を越えて、社会思想史の中にケインズがしかるべく位置づけられていた。スミスやマルクスではなく、近代経済学者をそのように描いた稀な例であった。

その意味では、『現代に生きるケインズ』は、前著『ケインズ』の続編である。しかし、もちろん単なる続編なのではない。一九七一年から『ケインズ全集』三〇巻の刊行が始まり完結した。さらに、膨大な書簡の類いを含む『ケインズ・ペーパーズ』が公表されるようになった。それらをもとにした内外の研究が蓄積されてきた。それらを踏まえて、「現代に生きる」を軸に、大きくらせんを描いて再びケインズ像をしたためたのである。そのうちの、ほんのいくつかを紹介してみよう。

「ケインズ革命」という言葉で表現されるように、ケインズの経済学は、それに先行する経済学のパラダイムを転換したのは確かである。しかし著者は、イギリス経済学のより大きな流れの中では、むしろケインズは、アダム・スミス以来の「モラル・サイエンス」としての経済学の伝統を「継承」していることを強調する。すなわち、それぞれの社会的文脈の中で、単に効率性だけではなく、公正と自由をも総合的に考慮しつつ、手段の学としての経済学をケインズは構想していたのだ、と。

それとは対照的に、効率性をほとんど唯一の基準に構築してきた現代の主流派経済学や、自由を唯一の目的として強調するハイエクのような立場は、「モラル・サイエンス」としての経済学の伝統からは大きく外れているのだという。そしてその後の経緯はといえば、効率性を基準とする新古典派流の経済学があっという間に拡がり、現実の政策にも大きくその影を落としている。しかも、そのような経済学が拡まるにあたって、実は、ケインズに最も近い立場にあったケインズ・インナーサークルの経済学者たちが負の役割を果たしたというのである。

まずはハロッド、そしてカーン。この両者は、恐らくは善意からであったろうが、『一般理論』が経済学アカデミズムに受け入れられるようにとの配慮から、新古典派流の貯蓄論と企業行動論を『一般理論』の中に取り入れることを進言し、ケインズも結果的にそれに妥協する。さらにヒックスが、ケインズと新古典派との関連を総括的に表現したＩＳ・ＬＭ分析を発表した時に、またしてもケインズは、自らの真意とは逆にそれを承認するかのような言質を与えてしまう。かくして、新古典派流の経済学が勢いを得て世界中のテキストブックの中にどっかと腰を据えるようになった。それだけではなく、それをもとにした経済政策が現に進められている。そうした原因の一端は、つまるところケインズ自身にもあったのだと著者は言う。

著者の一方の目は、以上のような転変の中でケインズ経済学がたどった道筋を改めて見直している。そしてもう一方の目は、そのような経緯をたどった経済学が、現実の日本の経済政策にどのような深刻な影響を及ぼしているかを見据えている。著者が語る多彩なアイディアは、新書という冊子の中にはとうてい収まりそうにもない。続編をぜひ読みたいと思うのは、きっと私だけではあるまい。

(『毎日新聞』二〇〇六年六月四日)

「成長」信仰を問い直す

宮本憲一『維持可能な社会に向かって――公害は終わっていない』岩波書店、二〇〇六年

ちょうど一年ほど前のことであった。アスベスト災害が表面化して日本中を震撼させその深刻さが明らかになってきた。うかつにも私は、新聞やテレビで報道されるまでは、それがどのよう

な意味を持っているものなのか、通り一遍の知識でしか捉えきれていなかった。本書を読んで、今更ながらことの重大さを思い知らされることとなった。

実は、アスベスト被害は、四〇年ほど前に既に予測されていたのだという。アメリカでは、一九九九年以降、訴訟が急増しているし、これまで保険会社が支払った賠償額は、九・一一テロやハリケーン被害で支払った額をはるかに越えているという。そして、年間一万人もの死者が予想され、今後二〇年間は患者の数が増えて二〇一五年頃にそのピークを迎えるというのである。恐らくは、日本でも似たような状況が生まれるかもしれない。

ある時期から、公害は既に過去のもので今や地球環境問題が重要だとする議論が拡まるようになった。地球環境問題を引き起こすのはいわば現代文明そのものであり、その文明の享受者である我々すべてにその責任がある、と。かくして、公害や環境破壊を引き起こす社会経済システムや企業の責任が、いつの間にやらうやむやにされかねない雰囲気になってきた。

一方、一九九二年の国連環境開発会議で、「持続可能な発展（sustainable development）」が人類共通の課題として確認された。そしてこの「持続可能な発展」が、本来の意図とはずれた形で流布するようになった。つまり、現在の経済成長が持続的に可能であるように、その範囲内で環境や社会の持続性を論じるという構えができてしまった。実はそうではなく、地球環境という客体の限界の枠内で経済と社会の発展を考えるというのが、そもそもの原点であった。そのことを明らかにするために、著者はあえて「持続可能な」という流布されている言い回しを避けて、「維持可能な」社会と経済という表現で問題を据え直す。アスベスト問題も、もちろんそうした文脈で考えねばならないというのである。

アスベスト災害は、まずは労働災害であり、そして製品の使用に伴う公害であり、さらに廃棄物となった後に生じる公害でもある。つまりは長期にわたる複合的な災害、ひょっとして産業革命以降最悪の災害となるかもしれないのである。これだけでもショッキングなのだが、もう一つショッキングなのは、千数百人を擁する環境経済・政策学会のメンバーのうち、アスベスト問題に関心を寄せている人がほとんどいなかったという事実である。著者が、ブレヒトの『ガリレイの生涯』の中の一節、「私（ガリレイ）は科学の唯一の目的は、人間の生存条件の辛さを軽くすることにあると思う」を引いて自らの信条を重ね合わせているその気持ちがよく分かる。

ところで、雇用問題も少子高齢化に伴う社会保障負担も、はたまた財政赤字の累積も、ともかく経済成長なしには解決できないとする風潮がいまもって根強い。いわば、すべての問題を経済成長に丸投げするといった対応である。小泉政権の『経済財政白書』のサブタイトルが、この五年連続して「改革なくして成長なし」であった。著者はボールディングの次の言葉を引用している。「際限のない成長を信じているのは狂人か経済学者ぐらいのものだ」。すべての問題を経済成長に丸投げするという場当たり的な現実主義を、水俣病を初め苦渋に満ちた公害の歴史をくぐり抜けてきたこの社会が、どう振り払ってゆくのか。まことに重い問いかけである。

（『毎日新聞』二〇〇六年七月二日）

求められる「人生前半」の社会保障

広井良典『持続可能な福祉社会——「もうひとつの日本」の構想』ちくま新書、二〇〇六年

骨太の大胆な提案を組み込んだ作品である。社会保障というものを、短期的なつじつま合わせで論じるのではなく、中長期の「もうひとつの日本」を見据えて構想した試論といってもよい。提案が大胆であるだけに、もちろん異論・反論もありうるかもしれないが、むしろ読んでいて実にすがすがしい。

社会保障といえば、対象としてまず思い浮かぶのは高齢者であろう。年金、医療、介護など、「人生後半」にこそ社会保障が現実味をおびて迫ってくると考えるのが通例。それに対して著者

は、あえて「人生前半」の社会保障を提案する。日本の社会保障給付額のGDP比は、国際比較をするなら、アメリカと並んで先進諸国の中では最も少ない部類に属する。その少ない給付額の中で相対的に多いのが年金で、児童手当、失業対策、公的教育支出など「人生前半」の社会保障が手薄である。ちなみに年金給付額は四四・八兆円、高等教育支出は一・六兆円、若者の社会復帰のための「若者自立塾」予算が一〇億円（二〇〇五年）。

ところで近年、ニートやフリーターを引き合いに出すまでもなく、若者の雇用状況がとても厳しい。それだけでなく、彼らの間で急速に格差が拡がっている。そこで著者は、「子ども時代」というものを延長して捉える必要があるという。つまり、一五歳から三〇歳までを「後期子ども時代」と位置づけ、いわば児童手当を広い意味で再編成すべきだというのである。我々を取り巻くリスクが「人生後半」だけではなく、「人生前半」にまで拡がっていると見るからである。

具体的な対策として著者が提案するのが月額四万円の「若者基礎年金」。格差が世代を通じて累積し、若者たちが同じスタートラインに立つことが次第に難しくなっているという判断が著者にはある。若い世代が、学びつつ働く、あるいは働きつつ学ぶといった試行錯誤を経て人生の選択を進めてゆく時期を、社会的に支えるべきだ、と。さてその財源はどこに求めるのか。同じスタートラインに立つということからして、まず考えられるのは相続税の大幅な強化。さらに、退職年金の抜本的見直し。

とはいっても、老齢基礎年金は厚めに手当てをする。夫婦で月額一六万円程度を、保険方式ではなく税方式によってすべての人に保障する。それを越える部分を削減、あるいは民営化する（これらは橘木俊詔氏の提案とも重なる）。ちなみに、日本の現行の年金給付額は国際比較で見ても決して少ないわけではない。というよりは、社会保障が年金に偏っていて、他の分野が手薄になっているともいえる。福祉・医療・失業・教育など社会保障の分野別のシフト、「人生前半」へのシフトが必要だというのである。もちろん、消費税の増税も大いにありうる。

この作品のもう一つの柱が、「持続可能な」「福祉社会」の構想である。社会保障がいわばGDPで表現される富の分配のあり方に関わるものであるとすれば、GDPの規模そのものに関わるのが環境政策である。著者はかねてから定常型社会・ゼロ成長経済を提唱してきた。つまり、資源・環境の制約によって今までのような経済成長がすでに難しくなっている。それに、経済が成熟するにつれて、モノの豊かさよりも時間の豊かさ、新しいコミュニティ形成を目指すべき段階にきているというのである。そして国の「公的」な関与だけではなく、NPOや協同組合のような「共的」な関係を組み込んだネットワークを創ってゆく。つまり「福祉国家」から「福祉社会」へ。

しかも、環境政策と社会保障政策とは別々のものではなく、統合して考えるべきである、と。例えば著者が紹介しているように、ドイツでは、環境税を社会保障財源に充てている。制度や仕組みを構想するにあたって、アメリカ・モデルだけではなく、もっとヨーロッパの実例に学ぶべきだというのである。その意味での「脱ア入欧」。「人生前半」の社会保障と環境政策を視野に入れた「持続する福祉社会」の提唱。ぜひとも社会保障を論ずるきっかけになってほしいと思う。

最後に、一つだけ注文を。人口が増大しつつあるアメリカは別として、微減しつつあるヨーロッパ諸国とも異なり、日本はかなりのスピードで人口が減少する。もしそうであるならば、GDPを人口で割り算した一人当たりGDPをあるレベルで維持するには、著者がいうようなゼロ成長経済・定常型社会というにとどまらず、GDPのマイナス成長さえも大いにありうるのではないのか。また、それとは逆に、この著書では取り上げられていない七百数十兆円にも達するこの国の公的債務残高に対処するためには、やはり経済成長が必要ではないのかという、ありうべき異論・反論にどう答えるのであろうか。

（『毎日新聞』二〇〇六年八月六日）

「政策の対象」としてではなく、「生きる主体」として

『環（2006 Summer（Vol.26）特集「人口問題」再考）』藤原書店、二〇〇六年

人口減少が、にわかに関心を集めるようになった。当初の予測よりも早まって、昨年から日本の人口が減少し始めたからである。昨秋の内閣改造では、急遽、少子化担当の特命大臣のポストが設けられた。合計特殊出生率という専門用語も頻繁に目にするようになった。一人の女性が生涯に産む子供の数のことであり、その値が二・〇七を下回ると現在の人口水準を維持できないのだという。

その数値が予想以上のスピードで下がり始め、昨年は一・二五ショックと呼ばれるレベルにまで落ちこんだ。当然のことながら、年金、医療、介護などの社会保障をどう手当てするかが差し迫った課題となる。そうした問題を論じた文献は、もちろん山ほどある。しかし人口問題は、そうした社会保障や経済の問題をはるかに越えた拡がりと奥行き、歴史的な経緯をもっている。

『環』の「特集」がそのことをよく示している。とりわけ興味をそそられたのが、「政策の対象」としての人口よりも、「生きる主体」としての人間という視点である。「子供を増やし、その子供を早く大きくして税金を取って老人を養おうというのは浅ましいこと」（宇江佐真理）。「産むか

産まないかは、もともと選択ではなく、生きることそのもの。選択ではない、生きる尊厳をとり戻したい」（三砂ちづる）。こうした指摘に、少子化「対策」は果たしてどのような答を用意しているのだろうか。

そもそも、人口減少と人口過剰のどちらが問題なのかは、歴史的な文脈による。日本における第一回国勢調査は一九〇五年に予定されていたのだが、日露戦争に伴う財政逼迫で延期、一九二〇年になってようやく実施された。統計学者たちは、population cencus をあえて「国勢」調査と訳した。そこには、人口増加を国の発展と結びつける素朴な発想が見て取れる（佐藤正広）。

人口過剰の脅威が意識されるのは、それよりも後のことである。中国大陸への侵略の背景にあったのがそうした人口過剰圧力で、戦後にもその発想は引き継がれた。一九七四年の『人口白書』の副題は「静止人口をめざして」であった。そうした中で、予想をはるかに上回る少子化と高齢化が進み、社会保障負担が意識されるに至ったというわけである。しかし、人口減少が、社会保障や経済の問題に局限されすぎてはいなかったか。

「特集」冒頭の「死を奪われ、生も奪われた人々」（イバン・イリイチ）が、重く胸に突きささる。修道院副長に宛てた手紙の中でイリイチはこう書いている。「私の友人が、死に身を委ねる時期が訪れたと感じたとき、私に会いに来ました。彼女は海の近くの木の下に座って、ボトルに入ったシュナップス（香りをつけた強い蒸留酒）を飲み干し、雪の中で眠りにつくというのです。でも、私は何もしてあげられませんでした。その後、彼女は肺炎で倒れました。そして福祉と医療が、彼女を一人の入院患者にしてしまったのです。死期は過ぎ去ってしまい、あの秋の日に抱いていた解放への願望は失われてしまったのです」。「人格としての一生を終えているにもかかわらず、現代の科学技術によって、あの世とこの世のはざまでさまよい続けることを余儀なくされている人々のために祈りを捧げてください」と、この手紙は結ばれている。

こうした問題は、もちろんのこと、少子化対策費数千億円などといったことで解決できるはずもない。「政策の対象」としての人口ではなく、「生きる主体」としての人間のありようが、人口問題の中で忘れられてはならないというメッセージである。

（『毎日新聞』二〇〇六年九月一〇日）

見かけではない貧困の現実、そして「階級」

橘木俊詔『格差社会——何が問題なのか』岩波新書、二〇〇六年
橋本健二『階級社会——現代日本の格差を問う』講談社選書メチエ、二〇〇六年

ここ数年、格差をめぐる論議が賑やかである。不平等社会、格差社会、勝ち組・負け組、下流社会、希望格差、はては健康格差、等々。学術誌から週刊誌に至るまで、国会論戦から日常会話に至るまで、格差問題はごくありふれた話題となった。こうした格差論議のきっかけとなったのが、実は、橘木氏の八年前の著書『日本の経済格差』（岩波新書、一九九八年）であった。

そこではこう指摘されていた。一九八〇年代以降、日本の経済格差は拡大し続け、アメリカのレベルにまで近づいている、と。かつては「一億総中流」が論じられ、平等社会としての日本の特徴があれこれ説明されていたのだから、格差の拡大を真っ正面から強調した橘木氏の指摘は衝撃的であった。当然のことながら賛否両論があり、論争は現在にまで続いている。そうした中で最も代表的な反論の一つが、格差の拡大は「見かけ」上のもの、とする指摘であった。

すなわち、高齢者層はその内部でもともと格差の大きい層であり、その高齢者層が人口全体の中でシェアを拡大しているのだから、数値（ジニ係数）の上では、全体として格差の拡大として

現れはするが、それは日本が実質的に格差社会になったということではなく、高齢化に伴う「見かけ」上のことである、と。現に、今年一月の国会論戦で小泉前首相がこの論法を使って構造改革批判をかわそうとした。

橋木氏の立場は、もちろんこれとは異なるし、今回の『格差社会』でもそのことが確認されている。高齢の貧困者が数の上で増えているのは「見かけ」上のことではなく事実であり、彼らがどのような実状にあるかが語られる。それに、貧困層として重要度を増しているのは高齢者だけではない。ニートやフリーターの増加など、若者間での格差が拡がり、彼らが貧困から抜け出せずに一〇年後、二〇年後を迎えて中年ニートやフリーターであり続ける可能性も高い。さらに、生活保護世帯が百万を超え、貯蓄ゼロの世帯が二割を越えた等々、「見かけ」ではない貧困の現実が具体的に語られる。小泉前首相も、後になって、以前の論法を変えることとなった。

ところで、もしも格差が固定化される可能性があるとなれば、ことは単なる格差ではすまされまい。そこでごく自然に思い浮かぶのが、階級という切り口。橋本氏の『階級社会』が時を同じくして刊行されたのも偶然のことではあるまい。この著書には「現代日本の格差を問う」というサブタイトルが付されている。とはいえ、階級と聞けば、何やら教条的で型どおりの議論かと思いきや、むしろ全体としては柔軟で、格差問題をあくまで現実に即して説明するという構えが伝わってくる。

橋本氏は、格差をその表層ではなく構造にまで立ち入って以下の四階級区分を試みる。①資本家階級（経営者・役員・自営業者・家族従業者で従業員規模五人以上）、②旧中産階級（同、五人未満）、③新中産階級（被雇用者で専門・管理・事務職）、④労働者階級（被雇用者で③以外、ただし女性事務職を含む）。その結果、九五年から〇二年までの間に、全体としての格差を示すジニ係数が微増している中で、労働者階級と他の三階級との間で所得格差が急拡大しているというのである。格差全体の中で、年齢差、男女差、個人差などを含むあらゆる要因の中で、「階級」間格差がその比重を増してきている、と。橘木氏のいわば横糸の議論と、橋本氏の縦糸の議論とを重ね合わせて読んでみると、なかなかに味わい深い。

そこで、こうした格差状況を脱するために橘木氏が提示するのが、正規雇用・非正規雇用を越えた同一労働同一賃金、最低賃金の引き上げ、ニート・フリーター向け雇用政策の推進等々、社会保障政策の具体的なリストが最終章に並ぶ。そしてもちろん、それらを実施するとなれば、政府支出の増大が避けられない。ところが現在、歳出削減、「小さな政府」論が澎はいとして拡がりつつある。実際の政府支出はどうかといえば、国民所得に占める社会保障給付額で見て、日本は先進諸国の中で最低クラス、つまり、すでにして十分に「小さな政府」なのである。

一方、政府支出を支える税負担はといえば、これまた国民所得に対する比率で見ると先進諸国の中で最低クラス。つまりは、アメリカと並んで低負担の典型国。しかし、いざ増税となれば、国民のたいていは拒絶反応を示すし、与党は選挙で大敗するのはまちがいない。社会保険庁の不祥事やムダな公共事業や役人の天下り等々、政府活動への根深い不信があって「小さな政府」への雰囲気が醸成されているのではないのか、と橘木氏は言う。つまるところ、どのような政府を国民が創ってゆくことができるのか。格差問題を通じて、じっくりと噛みしめるべき問いかけである。

（『毎日新聞』二〇〇六年一〇月二二日）

隣人との比較で左右される幸福感

W・バーンスタイン『「豊かさ」の誕生――成長と発展の文明史』徳川家広訳、日本経済新聞社、二〇〇六年（W. Bernstein, *The Birth of Plenty*, 2004）

「経済的豊かさは、人間を幸せにするか」。経済学者なら内心では思っていても、滅多に口にはしないような問いを、ずばり投げかける。著者のバーンスタインはアカデミズムの人ではなく、著名な投資アドバイザー。良くも悪くも専門学者ではないことからくる大胆さが、四百頁を越えることの著書を活き活きとしたものにしている。何よりもストーリーとしての荒削りの面白さがある。

そもそも、経済が持続的に成長し富が増大する条件とは何なのか。ここ数百年ほどの歴史を、政治的な脈絡をばっさりと切り捨て、富の増大という一点に絞って話を進める。そして見出したのが、以下の四条件。すなわち、私有財産制の確立、科学的合理主義の定着、豊富な資金が循環する資本市場の形成、効率的な輸送・通信手段の整備。この四つが満たされて初めて経済は持続的な成長の途をたどるし、そのいずれか一つでも欠けると成長は頓挫する、と。

かくして、オランダとイギリスの成功、スペインとフランスの失敗、さらにイスラム諸国とラテンアメリカ諸国の停滞が、ドラマチックに語られる。専門の研究者なら細部にこだわるから、こうはゆかない。戦後日本の高度成長も、長大な時間軸と世界大の空間軸の中で位置づけられて、改めてその特異な意味を確認できる。そして最後に、経済的「豊かさ」がつまるところ何をもたらしたかという、とてつもなく重い問いを投げかける。

もちろん、模範的な答などあるはずもないのだが、著者の指摘の中に興味をそそられる論点がいくつも含まれている。例えば、こうだ。一九七三年から九八年にかけてヨーロッパの一人当たりGDP（国内総生産）は六〇パーセントも増大したのに、幸福感は増していない。一九五八年から八七年にかけての日本では一人当たりGDPが五倍にも増えたのに、幸福感はほとんど変わらない。一人当たりＧＤＰが一万五千ドル以上の国々では経済的豊かさと幸福感はほとんど関係がなく、それ未満の国々においてのみ経済的豊かさが幸福感を押し上げる、と。ミシガン大学の「世界価値意識調査」等を活用した大胆な仮説である。

つまりは、絶対的な富の多寡よりも、隣人と比べてどれだけ豊かかということの方が重要になってくるというのである。プリンストン大学の著名な経済学者Ｐ・クルーグマンの台詞が引かれている。「私の仕事は楽しく、給料もよく、世界中の学会から招待状が寄せられもした。人類の九九・九パーセントと比較すれば、私は恵まれていた。嘆くべきことなど、一つもなかったはずだ。でも人間というのはそれで満足するような生き物ではない。私は、同世代のトップ経済学者だけを、自分の同類と見ていたのだ。そうなると自分は同類の中の落伍者に思えてしまうのだった」。

スターリンのソ連と毛沢東の中国とで、世界人口の四分の一もが貧困の中にありながら、そうとは自覚しないで暮らしていた。目に見える隣人はみな同じような状況にあったのだから、とりわけ自分が貧しいとは感じなかったのかもしれない。今、こうした嘘を通せる国は北朝鮮くらいなもの、と著者は言う。グローバル化が進んだ社会では、はるか遠方に暮らす人々の豊かさがリアルに迫ってくる。「隣人」が国境を越えてすぐ側にいる。その「隣人」と自分との差を意識した時に、幸せ感が決まるというのだ。その「隣人」をどの範囲で意識するのか、その「隣人」との格差をどう感じるのか。長大な歴史の時間軸の中で、格差問題を考えるための恰好の一冊。

（『毎日新聞』二〇〇六年一一月二六日）

「バブルから長期不況へ」は歴史の定理

篠原三代平『成長と循環で読み解く日本とアジア』日本経済新聞社、二〇〇六年

安部内閣の支持率が低落しつつある。それにつけても、前首相の劇場政治的手法の巧みだったことが今更ながらに思い知らされる。いや、それだけではない。前首相は、いくつもの幸運に恵まれていた。そのひとつが、中国との経済関係であった。靖国問題をめぐってあれほど日中間でぎくしゃくしたにもかかわらず、皮肉なことに、日本の経済成長を支えた重要な要因のひとつが、実は中国向け輸出の増大だったのである。

著者は、自在に統計データを操りながら、そのことを明らかにしてみせる。衣料品や家庭電気機器など中国からの輸入が増えて、国内の競合産業が苦境に立たされてきたのは確かだが、その

一方で、中国向け機械類、中間製品、鉄鋼などの原材料の輸出が伸びてきた。そして、輸出の伸びが設備投資の伸びを呼び起こし、それが今度は国内総生産（ＧＤＰ）の成長を牽引してきたというのである。前首相は、株価の上昇と景気の堅調ぶりを構造改革の成果だとして胸を張ったのだが、そもそも小泉内閣誕生の頃には、すでにして中国向け輸出が伸び始めていたのであった。それに牽引されて右の因果関係が続いたのであって、構造改革はむしろ進んでいない、というのが著者の見立てである。まことに自在に著者は統計データを操るのだが、それも、数世紀といった長期間にわたるだけでなく、国際比較の中で日本の特徴を浮き彫りにしてみせる。例えば、しばしば「失われた一〇年」と評されるバブル崩壊後の不況についての論争も、著者にはまるで「箱庭」の中の出来事のように映るらしい。それというのも、著者によれば、大型バブルの後には必ず長期不況が続くのは、一八世紀以来の動かし難い歴史の教訓だったからである。

そのことを、イギリスのあの「南海泡沫」事件にまで遡って検証し、戦前すでに五度ほど大型バブル・長期不況のサイクルがあったことを確認する。そうしたことの一環として平成不況が位置づけられるというわけである。もちろん、平成不況は政策の不適切な対応によってもたらされた「政策不況」の面があるとはいえ、三世紀以上にもわたる経済循環の長大なダイナミズムを重視する著者の目からすれば、さだめしそれは「箱庭」の中の議論のように映ったのかもしれない。

こんな具合にして、日本とアジア諸国の成長と循環が比較されてゆく。輸出と工業化が急展開する中国、サービス産業の技術革新が著しいインド、さらにはロシアとブラジルの潜在成長力、等々。教科書的通念から解き放たれて自由に統計データを読み込み、次々と新たな事実を発見してゆく。そうした発見のあれこれについては直に読んでいただくとして、ほんの一例だけをここで挙げておこう。日本はよく土建国家と称される。就業者総数に占める建設業就業者の比率を見ると、欧米諸国に比べて二倍以上と突出しているし、建設業所得のGDPに対する比率で見てもやはりそうだ。地域の活性化というスローガンの下、全国規模での巨大開発が進められ、建設業はさながら「政治産業」としての役割を果たしてきた。そして、似たような事実が韓国についても当てはまるという。

その建設業がいま曲がり角を迎え、「政治産業」的性格が崩壊し始めている。就業者比率も所得比率も急降下しつつある。そしてこのこともまた、構造改革を契機とする公共事業の見直しによるというだけでなく、はるか長期にわたる経済循環のひとこまとして位置づけるのである。統計データをじっと凝視して構想を練る著者の様子が、まるで手に取るように浮かんでくるようだ。

（『毎日新聞』二〇〇六年一二月一日）

成長一辺倒に抗する文明批評

伊東光晴『日本経済を問う——誤った理論は誤った政策を導く』岩波書店、二〇〇六年

「論争の書」である。歯に衣着せぬ主張を、時流に抗して展開していて、文章の一つ一つに緊張感がみなぎっている。もちろん「論争の書」であるから、異論もまたありうるだろうが、扱っている問題はどれ一つとっても、日本の経済と社会が取り組まねばならぬ緊急のものばかりである。例えば、社会保障をめぐっての増税の是非、成長政策の見直し、あるべき会社像のイメージ、等々。

高齢化と格差を扱った章で、著者は、ずばり増税もやむなしと指摘する。もちろん増税とくれば、右も左も拒絶反応を示すのが世の常。そうした拒絶反応ゆえに、問題の先送りがこの数十年来続いてきた。しかし、今、この国は世界一の高齢社会である。年金も医療も介護も費用がかさんで、それを支える財源をどうするかが問われている。保険料の引き上げではとても対処できない。日本の消費税率五パーセントは、ヨーロッパ諸国の二〇パーセント前後と比べれば格段に低い。それに所得税率が八〇年代以降引き下げられてきた。一方、借金である国債の残高は、ＧＤＰ（国内総生産）をはるかに越えていて、家計ならとっくに破産状態。痛みを覚悟して増税を受

け入れねばならない、と著者は言う。

ところが現実に採られたのは、不況対策としての減税であったが、それで消費が伸びて景気が浮揚とはいかなかった。減税分は、消費にではなく貯蓄に回ってしまった。将来不安が消えないままでは、おいそれと消費の拡大とはゆかない。さらに、低金利政策が続いた。当局の目論見では、利子率が下がれば投資が増えて景気に弾みがつくはずだったのだが、そうはならなかった。それに、家計への利子所得が減ってしまった。

著者が次に強調するのが、労働世界の変貌である。不況を乗り切るために企業が進めたのが、大胆なリストラとスリム化であった。正社員に代えて、人件費の安い非正規社員を増やした。個々の企業がそうした対応をすれば、社会全体としての需要はかえってしぼんでしまう。その一方で、リストラを強行した企業の役員は高額の報酬を手にした。企業行動の成果を、株主と経営者で分け合う株主資本主義論が吹き荒れた。著者は、R・ドーアとともに、そうした風潮を嘆く。会社を株主のものと見る「ストックホルダー・カンパニー」ではなく、従業員や地域社会や取引相手等々の利害関係者すべてのものと見る「ステークホルダー・カンパニー」の意味を、しかるべく評価すべきではないか、と。

時流に抗したもう一つの主張が、成長政策への批判である。小泉政権の五年間は、「改革なくして成長なし」がスローガンであった。その後を継いだ安部政権は、「上げ潮の成長戦略」を謳っている。経済成長が続けば、累積した財政赤字の手当てもできるし、格差問題も「上げ潮」で全体が底上げされて解決に向かう、と読んでいるからだ。著者が見据えているのは、そうした目前のことだけではなく、もっと長期の文明論的な問題である。

「成長なき安定・繁栄は可能か」。こう著者は問う。かつてJ・A・シュンペーターが指摘したように、資本主義の本質は動態にこそあって、停滞はその死を意味する。走り続けることによってのみ資本主義は存続する。そこで著者は、E・ドーマーの理論を引き合いに論を進める。経済が持続して成長するためには、一定の比率で投資が行われねばならない。その比率を維持することと自体が至難のわざなのだが、仮りにそれが達成されて成長が続いたとしても、地球的な環境問題や資源問題の制約が重くのしかかる。発展途上国ならいざ知らず、すでに十分に豊かさを手にしている先進諸国が、これ以上の成長を続けるのは、道義的にもにわかには頷けないというのである。

さて、どうするか。ドーマーの議論の途中を端折って、結論だけを言えばこうなる。「成長なき安定・繁栄」を実現するには、一つは貯蓄率がゼロとなること、いま一つは投資の生産能力効果がゼロとなることが必要。前者は、望ましい福祉国家が形成されて将来不安が払拭されれば、個々人が貯蓄によって将来不安に備える必要がなくなるというイメージであろう。そして後者は、教育、学問、文化、芸術への投資ということであろうか。たとえ直接的に生産能力効果には結びつかないにしても、品格のあるより良い生活の基盤をつくることにつながるにちがいない。これこそが「美しい国」の投資のように思うのだが、現実の政策はむしろ逆向きに進んでいるようだ。著者の主張には、現実の政策のありようを論ずるケインズ研究者としての顔と、二一世紀の先進国社会のありようを見据える文明批評家としての顔が重なって映し出されている。

(『毎日新聞』二〇〇七年二月一一日)

漱石を神経衰弱にした「渦」とは

西本郁子『時間意識の近代——「時は金なり」の社会史』法政大学出版会、二〇〇六年

サン・テグジュペリの『星の王子さま』に登場する点灯夫が、こう言って嘆く場面がある。「今では、この星が一分間に一回転するから、一秒も休めなくなってしまった。一分ごとに火をつけたり消したりしている」。その三〇数年後、筒井康隆が短編『急流』の中で、加速化する時間にあたふたする日本人を揶揄する。「どうやら時計までが、早く回りはじめたようだ。……時刻表

通りの運転を遵守しようと、電車、バス、船、飛行機などの交通機関の運転手はやたらととばし始め、怪我や事故は日常茶飯事。テレビ、ラジオ番組はこまぎれでずたずた、急いでしゃべってアナウンサーは舌を噛む。……速いペースについてゆけず自殺者が増加する」と。

明治の初期に日本を訪れた欧米人のほとんどが、日本社会に流れる時間の悠長さに驚き、半ばうらやみ半ば苛立っていたことを思えば、その変貌ぶりはまことに印象的である。著者が言うように、日本は、第一楽章から第四楽章までを矢のように走り抜けた。ヨーロッパは、第三楽章を終えたあたりで疲れてしまった。日本はまるで疲れを知らなかった。その代わり、疲れを越えた過労に突き当たったようだ。「過労死」という日本特有の語が生まれたのが一九七八年。

「加速化」するペースと社会経済との関連については、これまであまり議論されることがなかった。そこで著者が注目するのが、ゾンバルト。経済活動を推し進める四つの要素をゾンバルトは指摘した。大きさ、速さ、新しさ、権力欲である。その彼の著作の中に、頻繁に登場する言葉が「渦」。その「渦」が生じるのは、速さの異なる「ふたつの流れ」が合わさった時、あるいは流れが鋭い角を曲がる時である。

明治期、急速なペースで近代化が進んで、それまでとは異なる時間が生まれた。その二つの時間が交叉するところに、「渦」が現れた。著者は、漱石の作品の中に「渦」という言葉がしばしば登場するのに注目する。急速なペースで欧米に追いつこうとすれば、「起つ能わざるの神経衰弱に罹って、気息奄々」と漱石は書いた。こんなふうにゾンバルトと漱石を重ね合わせてみる。なるほど。

明治期には、西洋に「追いつき追い越せ」と言いながら走った。戦後も、アメリカを横目に「もっと速く！」と、高度成長とバブルの坂を駆け上がった。その一方、七〇年代には加速化への懐疑や息切れが聞こえてきた。「こんなに急いでいいのだろうか　田植えをする人々の上を時速二百キロで通り過ぎ　私には彼らの手が見えない　心を思いやる暇がない」と谷川俊太郎が書いた（「急ぐ」）。ローマ・クラブ『成長の限界』やE・F・シューマッハー『スモール・イズ・ビューティフル』が注目を集めた。ところが石油危機で経済が低迷。「ゆっくり」の声は、さらなる経済効率を求める大合唱にかき消されてしまった。そして九〇年代半ば、コンピューターとインターネットの時代。世界は再び速度をあげた。昼夜の別なく、時差の壁をもくぐり抜け、情報は世界中を駆けめぐる。そうした中で、「スローライフ」への関心がじわじわと拡がっている。

時間をめぐるおびただしい数の文献をたぐり寄せ、明治以降の日本人の時間意識を丹念になぞる。学術書、文学作品、雑誌、新聞、絵画、広告文など、ときに過剰なほどの几帳面さをもって。そして最後に、バッハの二短調トッカータの譜面が示される。この譜面には、音符だけではなく休止符にも延長記号のフェルマータ（𝄐）が付せられている。「もっと休みを！」。ほどよい休止の後だからこそ、荘厳で重厚なトッカータの旋律が響くのである。

（『毎日新聞』二〇〇七年三月一一日）

したたかに「地域社会」が息づく国

島村菜津『バール、コーヒー、イタリア人——グローバル化もなんのその』光文社新書、二〇〇七年

コンビニがない。スターバックスもない。マクドナルドが進出したときには、たちまち反対運動が拡がった。およそ規格化や画一化やマニュアル化には馴染まない、そんなイタリアに著者は二〇年にもわたって通いつめ、マクドナルド的なファストフードに対抗するスローフードの動きを見続けてきた。そして今回は、イタリア流カフェ「バール」に焦点を当てて、イタリア社会の一断面を伝えてくれる。「バール」という窓から見える地域存続のしたたかさ、とでもいえようか。さびれたシャッター通りが目につく日本への、地域再生へのメッセージでもある。

「バール」とは、いわばカフェと食料雑貨店とが合体したよろず屋のような店。朝の出勤前に立ち寄ってコーヒーをすする。昼どきには、子供連れの母親がアイスクリームを分け合い、一人暮らしの老人がエスプレッソを愉しんでいたりする。夕方ともなれば、食事前のリキュールをひっかけに立ち寄ったり、買い物ついでに足を止めたり、待ち合わせの場所に利用したりする。飲み物だけではなく、数百種類もの品をあれこれ揃えている店も多い。パンやケーキやアイスクリーム、文房具や本、それにバスの切符までも、といった具合。人口三七〇人に一軒というから、ほとんど徒歩圏内に一軒はある馴染みの空間だ。

しかも特筆すべきは、客の面倒な注文にもいちいち応えてくれるということ。つまり、規格化や画一化やマニュアル化とは正反対の応対。サッカー・ワールドカップ戦があった日のこと、ひとりの青年がバールにやってきて、こんな注文をしたのに著者は驚いたという。「三色（赤、緑、白）の国旗の元気の出るようなアイスクリームを作ってくれ、ジンを入れてね」と。こんな無茶な注文にも、きちんと応えるというのだ。

そういえば、エンツェンスベルガーの『ヨーロッパ半島』の中に、こんな一節があった。「あらゆるイタリア人は、貧乏のどん底にいるときでも、何らかの特権をもっている。何者でもない人はいない。……アンドリア市にあるバールに、五人の長距離トラックの運転手が現れて、それぞれのコーヒーを注文する。第一の男はモルト・ストレットの、第二の男はマッキアートの、第三の男はコン・ラッテ・カルドのコーヒーを頼み、第四の男はカプチーノを所望する。そして最後の男は、店じゅうに響きわたる勝ち誇ったような大声で叫ぶ——〈ダブルのエスプレッソ、それにミルクをたっぷり！〉」。

たった一杯のコーヒーにも大げさなほどにこだわり、日常のささいなことをも存分に愉しむその流儀に、このドイツの詩人は目を見張った。そして著者は、しみじみと日本の風景を思い浮かべる。画一化、規格化、マニュアル化したコンビニや大規模チェーン店が拡がって地域の商店街がさびれてゆく国がある一方で、まるで曼陀羅模様のようにさまざまな店が元気に息づいて地域を盛り立てている国がある。グローバル化が進む中で、地域社会が存続してゆく底力を見せつけられたような気がする。

私は、最近よく読まれているという早坂隆『世界の日本人ジョーク集』（中公新書ラクレ、二〇〇六年）の中のある一節を思い出して、思わず頷いてしまった。そこにはこう書かれていたからだ。「ある豪華客船が航海の最中に沈み始めた。船長は乗客達に速やかに船から脱出して海に飛び込むよう指示した。イギリス人には〈飛び込めばあなたは紳士です〉。ドイツ人には〈飛び込むのがこの船の規則です〉。フランス人には〈飛び込まないでください〉。そして日本人には——〈みんな飛び込んでますよ〉」と。

（『毎日新聞』二〇〇七年四月一五日）

生活水準の「見通し」立たぬ若者たち

山田昌弘『少子社会日本――もうひとつの格差のゆくえ』岩波新書、二〇〇七年

人口問題を論じた本を読んでいて、もどかしい思いをすることがしばしばある。例えば、途上国の人口爆発を取り上げては、食糧不足や環境への深刻な影響が強調される。日本の人口減少を論じては、経済成長が行き詰まり社会保障が立ちゆかなくなる懸念が語られる。こうした議論で念頭に置かれているのは、いわば政策の対象としてのマクロの「人口」であって、生きる主体としての個々の「人間」ではない。

一方、生きる主体としての「人間」に軸足を置くとなれば、政策対応のあれこれは、個々人の自由な生き方への侵害と映るかもしれない。戦時中の「産めよ増やせよ」キャンペーンを思い起こす人がいるだろうし、「女性は産む機械」と言い放った大臣のことを思って眉をひそめるかもしれない。しかし、マクロ的に見た経済や社会の抱える問題が残るのも紛れもない事実。『少子社会日本』が印象的なのは、生きる主体としての個々の「人間」(とりわけ若者たち)を、マクロ的な「人口」問題と結びつけて論じているからに他ならない。

日本の人口は〇四年をピークに減少に転じた。しかも、少子高齢化を伴っての減少であること

が、問題を難しくしている。少子化の背景にあるのは晩婚化と未婚化、そして夫婦の産む子供の数が減少していること。とはいっても、結婚「したくない」からでも子供を「持ちたくない」からでもない。著者が関わった様々な調査データから分かるのは、むしろ結婚「できない」、子供を「持てない」状況に追い込まれているということだ。

問題は、結婚に伴う生活水準への「期待」と、結婚後の所得水準の「見通し」との関係。後者が前者を上回れば、結婚に踏み切って子供を持つことへの抵抗はなかろう。かつては生活水準自体が高くなかったから、「期待」水準もそれほど高いものではなかった。一方、年功序列賃金が一般的だったから、たとえ出発時点での所得が少なくても将来はほぼ確実に見通せた。石油危機を契機に低成長経済へと屈折して、状況が変わり始めた。生活水準がかなり上昇していて「期待」水準が高まったのに引きかえ、年功序列制が揺らぎ始めて「見通し」が不透明となった。そして劇的な転換点を迎えたのが九〇年代半ば、と著者は見る。

若者たちを取り巻く雇用状況が一変したからだ。グローバル化と情報化の下で、労働の二極化が進んだ。著者はそれをライシュに倣って〈ニュー・エコノミー〉と呼ぶ。単純で代替のきく労働と、キャリアと能力を具えた労働とに分断されて、若者たちは正社員と非正規社員とに待遇が分かれた。非正規社員の賃金はもちろん安いし、雇用も不安的だ。一方、正社員といえども、年功序列制が崩れて「見通し」の不確実な若者たちが増えた。かくして「見通し」が「期待」を下回ってなかなか結婚には踏み切れず、子供を持つことへのためらいが生まれる。かねて著者が主張してきた「パラサイト・シングル（親に生活を依存してリッチに暮らす独身者）」論がこれと組み合わさって、「少子社会日本」が描かれる。

そこで著者はこんなスローガンを提案する。若者たちすべてが希望を持てる職に就き安定した収入が得られる「見通し」を示すこと、どんな経済状況の親の下に生まれようとも一定水準の教育を子供が受けられるような対策を講じること、格差社会に対応した男女共同参画を進めること、等々。そうであればこそ、というべきか。こうしたスローガンが実現性を持つためにも、『少子社会日本』では触れられていない〈ニュー・エコノミー〉登場の経緯とその意味について、より立ち入った検討が是非ほしいと思うのである。

（『毎日新聞』二〇〇七年五月二七日）

「請負」という名の違法「派遣」の実態

風間直樹『雇用融解――これが新しい「日本型雇用」なのか』東洋経済新報社、二〇〇七年

朝日新聞特別報道チーム『偽装請負――格差社会の労働現場』朝日新書、二〇〇七年

「偽装請負」。辞典には載っていない言葉である。それというのも、この言葉が新聞紙上に登場して関心を集めるようになったのは、つい昨年の夏以降のことだからである。景気の回復があれこれ語られるようになったものの、ひとたびこの偽装請負の実態を知ってしまえば、労働を取り巻く世界がこのまま融解してしまうのではないかという気になってしまう。そんな想いを呼び起こす、迫真のルポ二冊。私はふと、鎌田慧『自動車絶望工場』（現代史出版会、一九七四年）のことを思い浮かべた。

グローバル化が進み、途上国の低賃金労働との競争に太刀打ちできずに、工場が海外に移転するケースが増えている。そんな中にあって、工場の国内回帰のさきがけとなり、日本製造業復活のシンボルとして注目された「勝ち組」の代表が、キヤノンであり、松下電器産業であり、シャープであった。知的財産や生産技術の流出リスクを避け、ハイテク満載の中核製品を国内で生産す

る途を選んだのである。その軸となったのが正社員の削減、それに代わる低コスト非正規社員の活用であった。日本全体で、今や非正規社員は雇用者全体の三人に一人を占めるまでになっている。その代表例が、派遣社員と請負社員である。

戦前の経緯を踏まえて、戦後、労働者を供給しそこから利益を得る「人夫出し業」が職業安定法によって禁止された。業として他人の就業に介入して利益を得ることはできないこととなったのである。八六年施行の労働者派遣法は、いわばその例外として限定的に派遣が認められたものであった。ただし、労災などの危険もあることから、製造業は派遣対象からは除かれた。その後、条件緩和が進み、〇四年には製造業もその対象として認められるようになる。ただしユーザー側は、一年を越えて（さらに、三年へと改定）派遣労働者を使用する場合には、直接雇用を申し入れる義務を負うこととなった。こうした直接雇用の義務ゆえに、メーカー側は派遣の継続的受け入れを渋る。そこで狙われたのが請負業。

請負業は、メーカーの製造ラインなどを一括して受託し、自社で業務を遂行するアウトソーシング・ビジネス。請負会社は本来、独力で生産できる自前の設備やノウハウを持たなければならない。しかし実態はといえば、単に人を集めてメーカーに送り出すだけの会社も多いという。製造業への「派遣」が禁止されていたものの「請負」は可能だったことから、またたく間に「偽装請負」が拡がったのである。つまり、契約上は請負でありながら、メーカーの製造現場に労働者を送り込み、メーカーの指揮命令の下で仕事をさせる。れっきとした法律違反である。『雇用融解』ではシャープの実状が、『偽装請負』ではキヤノンと松下電器産業の実状がリアルに報告されていて、ジャーナリストの執念のようなものがひしひしと伝わってくる。

請負業界は、かつて『週刊東洋経済』が「闇夜のカラス」と表現したように、その実態はよく知られていなかった。一説に「一万社、百万人」ともいわれ、玉石混淆。『雇用融解』の第一章には、かつて請負業のトップであった「異形の帝国〈クリスタル〉の実像」が描かれている（その後クリスタルは、あのコムスンを抱えるグッドウィルに吸収された）。そのクリスタルのパンフレットには「垂直立上・垂直撤収」の見出しが掲げられ、「企業様に適した人員を確実に配属いたします。また、減産時には人員調整を行い、次の繁忙期に備えます」と書かれていたという。

東北、九州、沖縄など雇用状況が厳しい地域から若者たちをかき集め、メーカーの生産増減に合うように臨機応変に送り出す。契約は数カ月という短期のものが多く、終われば別の地域の別のメーカー現場へと移っていく。若者たちの多くは、健康保険や雇用保険などの社会保険にも加入しておらず、正社員の半分以下といわれる賃金で昇級もボーナスも退職金もなく使い捨てられていく。そうした偽装請負の実態が明るみに出されて、当局もようやく乗り出すようになった。

読んでいて胸に突き刺さったのは、そうした偽装請負の現場で労災事故が発生したときの対応ぶりである。肋骨骨折で全治一カ月の怪我を負ったのに、現場責任者は救急車を呼ばず自分の車で病院に行くよう指示したという。治療は労災保険ではなく自分の国民健康保険で、しかも事故が起きたのがメーカーの現場なのに、請負会社内においてとして処理されたというのである。労働基準局の立ち入り検査で偽装請負の実態が明るみにでるのを避けたかったらしい。こうした「労災飛ばし」は決して珍しいことではないというのだ。

これまで進められてきた労働をめぐる規制緩和・自由化とは、働く場の融解のことだったのかと思わずにはいられない。今後も議論されるであろう「労働ビッグバン」の動向を見きわめるためにも、ぜひ目を通しておきたい二冊である。

（『毎日新聞』二〇〇七年七月一日）

労使の「共犯関係」にあえて苦言

熊沢誠『格差社会ニッポンで働くということ――雇用と労働のゆくえをみつめて』岩波書店、二〇〇七年

この数年、格差問題を論じた本は数多いが、私にとってとりわけ印象に残る一冊がこの『格差

社会ニッポンで働くということ』であった。日本の労使関係のありようを見続けてきた著者の、眼差しの確かさと暖かさが全編ににじみ出ていて、幾度となく頷きながら読み進んだ。書斎で統計データを操ってあれこれの仮説をひねり出すといったスタイルとは違う、いかにも労使関係の現場を知り尽くした人の語り口である。

いま「語り口」と書いたが、実はこの本は、一〇回にわたる市民講座の速記録をもとにできあがった作品だからである。大学での講義も、市民社会に対する問いかけと無縁の一研究者の知識の披瀝であってはならない、という想いがもともと著者にはあった。学外の働く人々にぜひ聴いてほしいというその想いが言葉の端々から伝わってくる、そんな「語り口」でこの重いテーマに一歩一歩切り込んでゆく。

「格差社会ニッポンの核心は〈労働〉の状況にこそある」。これが著者の基本的なスタンスである。まずは、日本の〈労働〉の状況が、雇い方、働かせ方、支払い方を一望できるパノラマとして示される。働く人々が職業・地位・収入の点で、恵まれた階層と恵まれない階層とに分化し、恵まれない階層が分厚い層として急増している。「格差社会」とは、地味な労働に携わる多数のノンエリートたちが、「経済大国」に相応しい生活水準を享受できずにいる社会、とりわけ職場の内外の状況改善に向けた発言権を失っている社会のことである、と。

かくして、現状分析はさしあたりは暗い。企業規模別の賃金格差、能力主義・成果主義による個人間賃金格差、正規雇用者・非正規雇用者間の処遇格差ゆえの女性と若者へのしわ寄せ、働きすぎと働く機会の喪失とが共存する労働時間のいびつさ、公共サービスを後退させる方向での「官民格差」是正の動き。しかし、経済力という点では日本に及ばないEU諸国なみに、貧困ライン以下の人々を減らすことはきっとできるはず。同一労働同一賃金を保証するEU諸国なみの労使関係を築くことができないはずはない。使い捨て労働を容易にするような労働ビッグバンではなく、むしろ労働に関する規制を強化すべきではないのか。こう著者は言う。

法律や行政のしかるべき対応と並んで、というよりもそれ以上に意味をもつのが、労使関係のありようである。労使関係の国際比較を積み重ねてきた著者だからこそこう強調する。月八〇時間もの残業を労使協定で承認してきた日本の労働組合は、働きすぎによるメンタル・クライシスや過労死に対して問責されてしかるべきだし、人材請負会社への組合員の「転籍」に承認を与えてきた労働組合は、偽装請負に関して会社と共犯関係にあるともいえる。

にもかかわらず、責任の追及は労働組合には向かわなかった。労働組合に対するこの奇妙な寛容さこそが実は問題で、労働組合の存在そのものが人々の視界から消えてしまっているのではないのか。同じ職場で働く非正規社員の均等待遇のために正社員が体を張ることはなかったし、だからこそ「組合とは身内の利益のためにのみ動くもの」と見られるようになった。その「身内」の間でさえ、能力主義や成果主義による個人選別が進んで仲間どうしの競争激化の中で連帯の気風が消えてしまった。労使関係のありようが、いま崖っぷちに立たされている。労使関係が変われば、逆に、法律や行政を動かすことにもつながるはず。絶望ではなく期待のゆえにこそ、著者はあえて厳しい現状分析と批判を労働組合に突きつけるのである。

(『毎日新聞』二〇〇七年八月一二日)

動物に照らして思想の扉を開く

R・マッジョーリ『哲学者たちの動物園』國分俊宏訳、白水社、二〇〇七年(R. Maggiori, *Un animal, un philosophe*, 2005)

我々が動物を見るとき、実はそこに、人間を見ているのかもしれない。人間を人間たらしめているものを知るために、自分の中にある動物的なるものの範囲を見定め、本能に支配される動物にはないもの、すなわち理性、意志、あるいは象徴的言語などの意味合いを確かめているのかもしれない。『哲学者たちの動物園』で描かれているのは、荘子、ソクラテスに始まりガダリ、デリダに至るまでの古今東西の哲学者たち。彼らが動物にどのような眼差しを注いでいたのかを探り、逆にそこから浮かび上がってくる人間観に分け入っていく。

とはいっても、決して堅苦しい書きっぷりではない。パリ郊外の高校で哲学を受け持つ教師らしく、「哲学すること」への関心を呼び起こすその手際のよさはさすがだし、日刊紙『リベラシオン』のコラムニストというだけあって、ピリリとわさびの効いた語り口も鮮やかだ。邦訳名は『哲学者たちの動物園』だが、原著名は『ひとつの動物、ひとりの哲学者』。つまり、ひとりの哲学者をひとつの動物と関わらせて、その哲学者の思想の扉を開いてゆく。「プラトンの白鳥」とか「モンテーニュの燕」とか「ルソーのオランウータン」とか、さらに「ニーチェのライオン」とか「ハイデガーの蜜蜂」等々、三六の組み合わせが並ぶ。

例えば「カントの象」の章はこんな具合だ。あのゲーテがこう言ったというのだ。『純粋理性批判』を読むのは春にかぎる、と。周りの花々が読むものの気分を慰めてくれるからだ。この名著を読み、さらに『実践理性批判』を、次いで『判断力批判』を読むとすれば、我々はこの上なく厳めしいカント像を抱くにちがいない。啓蒙主義的精神の時代のただ中に生き、人間に「未成年状態」から抜け出すよう説き、その悟性を働かせる勇気を持つよう勧めたカント。人間を、決して手段としてではなく、それ自体が目的であるものとしてその尊厳を説いたカント。生涯、ケーニヒスベルクを出ることなく、超几帳面な生活を送ったカント……。

でも彼の著作が、ひたすら理性をのみ礼賛し、感性や物質を蔑んで関心を寄せなかったと考えるのは正しくない。著者は『自然地誌学』を取り上げ、そこで記されている気象現象、動物、植物、金属、宝石へのカントの関心に注意を促す。例えば象について書いたこんな文章がある。「象は短いしっぽを持ち、そのしっぽには長くて硬い毛が生えているが、この剛毛を、人間はパイプ掃除などに使う。……その鼻はまさに万能の道具である。手の代わりとなって、まぐさをつかんだり、口に運んだりする。……オスの陰茎は人間ひとりよりも大きい。もっとも太いものでは、直径二ピエ半もある。……」。あるいはまた「動物に対して残酷な者は、人間に対しても厳しくなる」という動物愛好家たちがよく引用するカントの一文を紹介しつつ、そのカントが実は肉が大好物だったと記す。そしてこの章をこう結ぶ。カントは、もう一度言うが、『純粋理性批判』や『実践理性批判』や何とか批判やらも書いた人なのだ、と。

「ベーコンの蟻」の章は、こんな具合だ。「知のための知」ではなく「力のための知」を求めた彼は、学者のタイプを虫に見立てていた。経験主義者たちは、事例を過剰なまでに積み上げるだけで終わりがちで、これは蟻のようなものだ。彼らは集め、そして消費する。一方、合理主義者たちは、もっぱら抽象的世界にのみ目が向いて現実と向き合おうとはしない。これは、自分の体から出す糸で網を張り、うっかり獲物が引っかかってくれるのを待つ蜘蛛に似ている。ベーコンが最も好むのは、まず観察可能なデータを集め、しかしそこにとどまらず自分の頭でそれを方法論的に吟味して真の知を創り出そうとする学者である。だからこそ彼は蜂に賛辞を捧げたのだ。蜂は自然の花の恵みから花粉を集め、次いでそれを甘い美徳、蜜に変えるからである、と。

さらには、愛する婚約者に突然の別れを告げて自分の殻に閉じこもったキルケゴールには「二枚貝」。動物＝機械論を唱えたデカルトには、人間の言葉をオウム返しにくり返す「カササギ」。疎外された労働の意味を問い、人間労働を動物のそれと対比したマルクスには「ビーバー」を結びつける。これならフランスの高校生ならずとも、「哲学すること」への敷居がぐんと低くなって、人それぞれが小哲学者としてものを見る楽しみをきっと実感できるにちがいない。

（『毎日新聞』二〇〇七年九月二日）

まずは「負担と受益のリンク」の回復を

井堀利宏『「小さな政府」の落とし穴——痛みなき財政再建路線は危険だ』日本経済新聞社、二〇〇七年

「美しい国」構想を掲げた安倍政権が、もろくも崩れ去った。事務所費問題をめぐる大臣たちの対応ぶりや不適切発言のあれこれがあったからというだけではない。すでに小泉政権以前から持ち越されてきた問題に、きっちりとメスを入れなかったことが、構造的な重荷としてずっしりとのしかかっていた。例えばその一つが、国の借金である国債の残高がすでに五百兆円をも越えていたという厳しい現実。借金であるからして、いずれは返済しなければならず、それは今後の税金によってなされるはず。

国の一般会計のおよそ三分の一が借金で賄われている。つまり、現在の世代が三分の二を負担し、残りは先送りされることになる。日本の福祉は、いわばそこそこの中福祉、しかもそれを支える負担は現在の世代だけでなく、かなりの部分を将来世代に先送りしている。すなわち、現在の世代にとっては中福祉・低負担。若い世代やまだこの世に登場していない将来世代に、現在のつけが回されることになる。こうした世代間の不公平は、およそ「美しい国」には相応しくない

はず。

ではどうするのか。すじ論からすれば増税ないし社会保険料の引き上げということになろう。現在の世代が将来の世代に負担を先送りせずに自前でけりをつけるべき。ところが、いざ増税や社会保険料引き上げとなれば、国民こぞって拒絶反応するのはまちがいのないところ。引き合いに出されるのが、社会保険庁のあの驚くべき不誠実や大阪市役所のヤミ給与、さらには防衛施設庁の談合事件や地方自治体首長の汚職、等々。支払った税金や保険料がどのように使われるかが不透明で、負担に見合う受益が信頼に足るものになっていない。

小泉政権以来採られてきたのは、無駄な歳出の削減による「小さな政府」路線。巧みなパフォーマンスで郵政民営化を実現し、「官から民へ」を演出してみせた。公共事業費もまた削られた。安倍政権はそうした「小さな政府」路線を引き継いだ。無駄な歳出の削減それ自体は結構なことだし、公務員規律を糺すのもこれまた当然のこと。しかし、それだけでは今抱えている財政問題が解決することにはならない。かといって増税となれば国民的な反発は必至。そこで打ち出されたのが、例の「上げ潮路線」。規制緩和を通じて技術革新を呼び起こし、生産性を高めることによって経済を成長軌道に乗せる。経済成長が続けば自ずから税収の増大が見込めるし（自然増収）、増税なしでも財政問題の解決に向かうはずだ、と。

しかし著者は、これを「成長に逃げ込む」対応と呼んで釘を刺す。現在、日本の税収はＧＤＰ

（国内総生産）のおよそ二割ほど。経済が成長すればもちろんそれなりに税収は増えるが、五百兆円を超える国債残高を手当てするにはほど遠いし、増え続ける社会保障需要も支えきれない。それに中長期的に経済成長が持続するという想定はいかにも甘い期待で、あたかも「神風」を待つようなものだというのである。もし期待どおりに経済成長が持続しなければ、先送りを続けてきた財政問題は危機的な状況を迎える。ここはやはり、現在の世代がそれなりの痛みと負担を覚悟すべきだというのである。

ところで、諸外国では社会保障や財政問題にどう対処しているのか。本書で紹介されている北欧三国のケースが興味を引く。例えば、スウェーデンは高福祉・高負担の典型国として知られている。財政赤字はほとんどなく、将来の世代に負担を先送りすることなく福祉をやりくりしている。もちろん福祉が手厚い分だけ負担もまた重い。税や保険料の負担がその見返りとしての福祉の受益に結びついていることを、国民が納得しているのだという。「負担と受益のリンク」がはっきりと目に見えるからこそ、二五パーセントという高い消費税率が受け入れられている。

ところがこの日本では、「負担と受益のリンク」が現在の世代と将来世代の間でねじれていて不公平感がぬぐえず、行政に対する国民の信頼が薄いからこそ、五パーセントの消費税率でも重いと感じる。まずもって「負担と受益のリンク」を回復することが必要。加えて、北欧諸国にはない固有の難しさがこの日本にはある。ついに世界一の高齢社会に突入し、しかも今後ますます高齢化が進む。年金や医療を中心とする社会保障需要は確実に伸びるはず。高齢者人口が増えるその一方で、それを支える現役世代が相対的に減ってゆく。先送りでは最早やりくりができない時が必ずやってくるにちがいない。福田政権の路線はまだ不明だし、野党も負担増を打ち出すのには及び腰である。消費税率二五パーセントで象徴されるような「大きな政府」も消費税率五パーセントで象徴されるような「小さな政府」も現実味がないと見て、著者はその中間を提案する。論争のきっかけになりそうなタイムリーな一冊。

（『毎日新聞』二〇〇七年一〇月一四日）

「西洋化」の意味、改めて問いかける

小田実（飯田裕康・高草木光一編）『生きる術としての哲学――小田実　最後の講義』岩波書店、二〇〇七年

小田実が逝って三カ月余りになる。その彼が、慶應大学で行なった特別講義「現代思想」八回分をまとめたのがこの本。いまだ何ものでもなく、だからこそ可能性に満ちた若者たちに向け

て、「考えなあかん」と熱っぽく呼びかけた講義録。細密画ではない、大きな図柄の荒削りのデッサン風の講義。期せずして小田ワールドへの恰好の案内書となった。

編者である高草木さんが「あとがき」で小田の書斎の壁に掛かっていた二つのものについて書いている。実に象徴的だ。一つは、フランスの作家リラダンの観念的で審美的な戯曲『アクセル』の中の「生きるだって？　そんなことは下僕どもがやってくれるさ」という台詞。「生きる」こと以上に崇高な価値があるという超越的なこの台詞を、小田は「戒めのために」掛けていたのだという。生きる現場で考え行動するというのが小田の信条だったのは言うまでもない。

いま一つが、一九四五年六月の大阪空襲を、上空のＢ29から撮影した写真。『ニューヨーク・タイムズ』紙に載ったこの写真は、黒煙に覆われていて下の世界が見えない。その黒煙の下の死の恐怖の修羅場に、中学一年生の小田がいた。「する側」からではなく「される側」から世界を見るというのが小田の原点でもある。「ベ平連」での活動も、もちろんそれに連なる。

講義はいずれも、この二つと重なり合う。行動の中の哲学、肥大化する科学技術、平和主義の重さ、「市民」の政治、朝鮮問題への眼差し、法人資本主義の行方、ベトナム戦争の世界史的意味、社会主義の植民地としてのカザフスタン、等々。いずれの講義でも「考えなあかん」とアジを飛ばしてしゃべりまくり、学生たちを揺さぶる。例えば、「二つの」大航海という興味深いテーマが取り上げられる。

一つは、コロンブスのアメリカ「発見」やバスコ・ダ・ガマのインド「発見」に始まるヨーロッパの大航海。いま一つが、それよりも百年近く前の中国・明の鄭和ひきいる大航海。前者がキリスト教と武力と商業がセットになって軍事的侵略となったのに対して、後者は前者を上回る規模と装備をもってインド洋さらにアフリカにまで赴き、朝貢貿易は求めたものの軍事的侵略を伴わなかった。この事実に着目して、世界の「西洋化」の意味を問いかける。

人権宣言で「自由・平等・友愛」を謳ったフランスが、ベトナムを植民地として支配した。第二次大戦中、西洋化の優等生日本が植民地解放を掲げて侵略して敗戦。独立を果たしたベトナムは、その独立宣言の冒頭でフランスの人権宣言とアメリカの独立宣言を引いている。そのフランスが再びベトナム支配を試みて失敗、その後にアメリカが介入して泥沼のベトナム戦争。ベトナム人二百〜三百万人、アメリカ人五万八千人が死亡。傷跡はベトナムだけでなくアメリカにも深く刻まれた。

二〇世紀に戦争で死んだ人の数は一億六千七百万人ともいわれる。日本の平和憲法は、世界が「西洋化」を脱して平和へと向かう新しい原理の宣言だったからこそ、憲法問題は一日本国だけの問題ではない。世界がどのような方向に進むかをも決する重要な選択が託されているのだ。こんなふうに学生たちを挑発しながら、講義が進む。

末期ガンの病床にあった小田を瀬戸内寂聴さんが見舞ったとき、小田は冗談交じりに「もっと生きられるようお経をあげてほしい」と語ったという。軍事的侵略を伴う「西洋化」ではない近代化の途を、小田は東洋的発想の中に見出していた。そのことを、もっともっと書き続けたかったのかもしれない。

（『毎日新聞』二〇〇七年一一月一八日）

異質な両者をどう総合化するか

根井雅弘『ケインズとシュンペーター——現代経済学への遺産』NTT出版、二〇〇七年

二〇世紀を代表する経済学者といえば、まずはケインズとシュンペーターの名前が思い浮かぶ。一九世紀を象徴するマルクスが世を去ったその同じ年にこの二人が生まれたというのも、何かしら因縁めいている。著者にはこれまで、両者をそれぞれ別個に論じた優れた作品があるのだが、その両者を総合化して「現代経済学への遺産」をくみ取るべく試みたのが本書。実に手慣れた筆運びでこの両者を対比し、その人物と経済学をくっきりと浮かび上がらせている。

戦後の経済学は、およそマルクス的な壮大な社会科学とは異質の、細分化と精密化とがひたすらに追い求められてきた。それを思えば、狭い意味での経済理論を越える経済社会学を目指したシュンペーターは、むしろ特異な存在に見えてくる。資本主義経済のダイナミズムを「新結合（イノベーション）」を軸に解き明かし、資本主義を越える社会体制にも目を配り、そのかたわら膨大な経済学説史をものした。いかにも「学者」と呼ぶに相応しい人物であった。

一方、ケインズはといえば、学説史上はもちろん経済学者として扱われるのだが、実は、たぐ

い稀な「時論家」としての顔を持っていた。イギリスが直面した現実問題にそのつど処方箋を示し、体系書よりはむしろパンフレットの形で論陣を張った。例えば一九三〇年代の不況に対しても、政府が積極的に介入して需要を創り出すべきだと主張。今や二〇世紀の古典となった彼の『一般理論』も、時論家としての自らの発言を裏付ける論理を探し求める中で生まれたともいえる。

三〇年代不況に対するシュンペーターの立場は、おそよケインズとは対照的であった。不況はイノベーションによって引き起こされる経済動態のいわば「適応過程」なのであって、政府のいたずらな介入は、その「適応過程」を妨げるとして静観を決め込んだ。一方、ケインズは「嵐の中にあって経済学者に言えることが、ただ嵐が遠く過ぎ去れば波はまた静まるだろうというだけのことなら、経済学者の仕事とは、実に他愛もなく無用である」と書いている。

そのケインズは、ケンブリッジ学派の伝統のまっただ中で育まれ、それに抗う中で「ケインズ革命」を成しとげたとはいえ、結局はイギリス経済学の大きな流れの中にあった。そしてその政策提言も、あくまでもイギリスの立場を背負ってのものという意味で、彼は終生「ナショナリスト」であった。一方、オーストリア生まれのシュンペーターは、その経済学を、フランス人ワルラスの一般均衡論とドイツ人マルクスの動態化のビジョンを軸に構想し、ハーバードに身を置いた時期には、弟子たちがケインズ派へと転じていくのをあえて止めなかった。いわば、生き方もその経済学も「コスモポリタン」的であった。
ことほどさように、ケインズとシュンペーターとは異質の存在だったのだが、その両者をどう総合化するのか。その一つの試みとして、著者は、吉川洋『構造改革と日本経済』（岩波書店、二〇〇三年）を紹介している。すなわち、高齢化が進む日本社会で、健康・住宅・環境など、将来的に需要が伸びそうな分野でイノベーションが生まれるならば、「イノベーションと需要との好循環」が起動して、不況からの脱出が可能になるというのだ。「ケインズ・需要・短期」vs.「シュンペーター・イノベーション（供給）・長期」といった通説的な二分法を越える、興味をそそる問題提起である。でも、著者自身によるケインズとシュンペーターの「新結合」は、どうやら次作に持ち越されたようだ。

（『毎日新聞』二〇〇八年一月六日）

福祉のあり方を照らし出すラディカルな光源

G・W・ヴェルナー『ベーシック・インカム——基本所得のある社会へ』渡辺一男訳、現代書館、二〇〇七年（G. W. Werner, *Ein Grund für die Zukunft : das Grundeinkommen Interviews und Reaktionen*, 2006）

「働かざる者、食うべからず」。新約聖書の中のパウロの言葉とされているが、キリスト教徒ならずとも、こうした労働倫理はあまねくゆき渡っているのではあるまいか。現にこの日本でも、「不労所得」という非難語めいた言い回しがあるし、ラファルグの『怠ける権利』もラッセルの『怠惰への讃歌』も、すでに絶版となっているらしい。そんなわけだから、すべての個人に無条件でミニマムの所得（ベーシック・インカム。以下、BIと略記）を保障するなどというのは、まるで荒唐無稽な絵空事と取られるかもしれない。

しかし、実はこうしたBI的な主張は、すでに一八世紀末にT・ペインによって語られて以来、決して主流的な位置を占めることはなかったものの、様々に形を変えながら、あたかも持続低音のごとくに語り継がれてきた。そして戦後の八〇年代以降、ヨーロッパを中心にこの主張が注目されるようになった。「訳者あとがき」によれば、〇七年だけでドイツでBIをテーマにした本が十数冊も刊行されたという。ちなみに、日本でBIが語られるようになったのは、数年前からのこと。しかも、その多くは、専門家によって専門書の中においてであった。

だからして、本書のような一般向けにBIを論じたものはむしろ例外的で、BIを知るための恰好の一冊といえる。著者のヴェルナーは、ヨーロッパ全土でドラッグストア・チェーン「デーエム」を運営する創業者で、近年カールスルーエ工科大学教授に就任したという異色の経歴の持ち主。彼へのインタビューを中心に、対談、鼎談、小論文を含めた構成で、BI的発想のエッセンスが語られる。成功した経営者である彼が、何ゆえにBIを主張するに至ったのかは、それ自体大いに興味をそそるのだが、彼自身は「ゲーテとシラーの世界に触れたから」とだけ述べて多くを語らない。

戦後の福祉国家は、おしなべて八〇年代頃からその機能不全が目立つようになった。失業率が高まり雇用不安が常態化し、それまでのケインズ的な完全雇用政策が問い直されるようになった。ワーキング・プアと呼ばれる貧困層が増え、格差の拡がりが目立つようになった。何もヨーロッパだけのことではなく、この十数年来の日本の現実でもある。しかも、労働市場から排除されるだけでなく、社会生活全般からも切り離される「社会的排除」が関心を呼ぶようになった。それへの対処に二通りのものがある。一つは、職業訓練やリカレント教育や職業紹介などを通じて就労を促し所得を確保させるいわゆるワークフェアと呼ばれる対策。そしてもう一つが、むしろ就労と所得とを切り離し、無条件ですべての個人に所得を保障するBI。

ヴェルナーは言う。所得を得るだけのために不本意な雇用関係の中に身を置くのではなく、BIによってミニマムの所得が保障されるなら、自らの意志によって自由に仕事を選択できるし、ボランティア活動など雇用の場以外で自らの役割を見出すこともできる、と。もちろん、こうしたBIの考え方に対しては、賛否が分かれる。賃労働への束縛から人々を解き放つその一方で、自らは働かずBIだけを受け取る「フリーライダー（ただ乗り）」が発生し、「怠け者による勤労者の搾取」を招くとの批判もあろう。フェミニストの中には、稼ぎ手たる男性への依存から女性を解放する契機を与えるとして評価する人がいるかと思えば、BIが給付されることによって、女性が労働市場に赴くのを却って引き留めることになるとして反対する人もいる。

あるいは意外なことに、市場原理主義的な新自由主義者から賛意の声があがる。BIが保障されるのであれば、最低賃金などの配慮なしに、賃金は市場の自由な調整に委ねることができるというのである。一方、エコロジストからは、人々を賃労働・生産至上・経済成長からの離脱を促すものとして支持される。つまり、BI構想は、それだけが独立してその効果が発揮されるというのではなく、どのような立場のどのような政策パッケージの中で位置づけられるかによって、その果たす役割が大きく分かれるということなのである。

ところで、BIの財源はどうするのか、果たして実現の可能性があるのかという疑問に対しては、小沢修司『福祉社会と社会保障改革』（高管出版、二〇〇二年）が、日本の現状を念頭に計算を試みていることを付け加えておこう。そして、ヴェルナーの特徴は、ここでもいかんなく示されている。財源を、税率五〇パーセントの消費税に求めているのである。その根拠は、所得税や法人税は、経済的富を生み出す過程に対する税であるから全廃する。その一方、消費は経済的富を消失させる過程であるからして課税さるべきだというのである。確かに一つの見識ではある。荒唐無稽、いや実にラディカルな発想であるからこそ、そこを光源にして福祉国家のありようを逆照射して問題を浮かび上がらせる。そういうものとして、大いに読み応えのある一冊。

(『毎日新聞』二〇〇八年二月一七日)

「ペイする」税への転換を求めて

石弘光『税制改革の渦中にあって』岩波書店、二〇〇八年

税金は「支払う」ものなのか、「納める」ものなのか、はたまた「取られる」ものなのか。憲法にも税法にも「納税」とあるのだから、「納める」ものにはちがいないが、実感としてはむし

ろ、「取られる」というのが近いかもしれない。なぜなのか。納税者に対応する英語は、タックス・ペイヤー。「ペイ」には、「支払う」という意味だけではなく、「引き合う」という意味がある。つまり、税金を「支払う」だけではなく、その税金が自分たちにとって「引き合う」ように使われているか否かを見届けるという意味が込められている。

一方、税金を「取られる」と感じるのは、納税者の納得できるようには税金が使われていないという諦めにも似た気持ちがあるからではなかろうか。つまりは、政府・行政に対する不信。社会保険庁や防衛省の不祥事、あるいは無駄な公共事業のことを引き合いに出すまでもなく、そうした感覚は根が深そうである。だからして政治家は増税という言葉を避けたがるし、選挙民の側も増税には敏感に拒絶反応を示す。サルコジ仏大統領やメルケル独首相が、選挙戦ではっきりと増税を訴えたのとは随分とちがう国柄なのである。

六年間にわたって政府税調の会長を務めてきた著者には、増税をめぐる自身の発言が過剰なまでの拒絶反応を呼び起こした苦い経験がある。そもそも増税論議が持ち上がった背景には、国の借金残高が、先進国の中では異例なほどの額にまで膨れあがっている現実がある。国債の利子支払いだけで一時間当たり一一億円。加えて、世界一の高齢社会となって年金、医療、介護の費用が急増してゆく。それに見合うだけの負担を現在の世代が工面しなければ、子や孫の世代に負担が先送りされ、累積してゆく。

対応策としてしばしば語られてきたのが、まずは増税などせずとも、歳出の無駄や非効率をなくせば財源を捻出できるという主張。もちろん、無駄や非効率をなくすこと自体は必要にはちがいないが、それによって浮く金額だけで財源を賄うことは、とうてい不可能。第二に、富裕層や高利益大企業の負担を増やすべきだという主張。所得税の最高税率を引き上げれば確かに税収は増えるではあろうが、それでもやはり二桁も三桁も足りない。それに、法人税を支払っているのは全企業の三割ほどの黒字企業だけ。法人税率の調整によっては、とても必要な財源を賄うことはできない。第三は、安倍内閣時に出された「上げ潮路線」政策。つまり、経済成長さえ実現できれば、増税せずとも税の自然増収が生じて財源が確保できるという主張。しかし、目論みどおりに経済成長が続くという保障はどこにもない。「上げ潮」ならぬ「引き潮（不況）」によって税の自然減収に見舞われるかもしれない。いずれの主張も借金残高を減らし社会保障を安定的に維持するには不十分だ、と著者は言う。

そこで示されるのが、二桁台の消費税率による全国民的な負担。加えて、利子・配当・株式譲渡益を一括して金融所得として税率を引き上げる等、所得税を基幹税として復権させること。さらに特定産業への特別措置を見直す等の法人税改革。もちろん、「公平・中立・簡素」といった税の大原則はあくまで維持する。それにしても、増税となればやはり拒絶反応が現れるにちがいない。政府・行政に対する不信が容易には消えそうにないからである。だからこそ著者は、信頼できる政府・行政を作るためにも、「取られた」税の行方をしっかりと見届け、負担と給付のつながりに目を配るタックス・ペイヤーとしての意識改革に期待を寄せるのである。

（『毎日新聞』二〇〇八年三月一六日）

近代化を制御する小国の幸福

今枝由郎『ブータンに魅せられて』岩波新書、二〇〇八年

ヒマラヤ山脈の東の麓に位置する人口六〇万ほどの小王国ブータン。農業と牧畜を中心とするこの仏教国は、ときに最後の秘境などと呼ばれて関心を呼んだことはあったものの、一般にはほとんど知られることがなかった。ところがこの数年、しばしば新聞紙上にも登場するようになった。

「GNP（国民総生産）ではなくGNH（国民総幸福）こそが目標」と語った国王の発言が、改めて関心を呼ぶようになったからである。国王がこう語ったのは、一九七六年のこと。第五回

非同盟諸国首脳会議後の記者会見でのことであった。しかし、世界の最貧国のひとつの、即位後間もない二一歳の最年少国家元首のこの発言は、少々風変わりな理想論くらいにしか受けとめられなかった。

その後の先進諸国のたどった道筋の中で、若き国王のその発言が今更ながらに浮かび上がってきた。七〇年代頃を境に、先進諸国では経済成長と豊かさとのつながりに疑問が投げかけられるようになった。GNPに代えてNNW（国民純福祉）を、HDI（人間開発指数）を、あるいはGPI（真の進歩指標）をといった具合に、GNPでは掬いきれない要素をあれやこれや組み込んで、豊かさを新たに捉え直す試みが重ねられてきた。例えば、イギリスのレイチェスター大学による世界一七八カ国のGNH（国民総幸福）調査。この分析で第一位にランクされたのはデンマーク、第二位がスイス……と続き、ブータンが第八位でアジアではトップ。ちなみに日本は第九〇位であった（二〇〇六年）。

長らく鎖国政策が採られてきたために、この国を訪れた人はごく限られていた。チベット仏教研究家である著者のブータン訪問も、もちろん短期の予定であった。ところが偶然にも、ブータン国立図書館の顧問となって一〇年間を過ごすこととなった。研究の対象として眺めていたはずのこの国に、すっかり魅せられていったその様子が具体的に描かれていて、思わず一気に読み終えてしまった。

ブータン国民はその大多数が敬虔な仏教徒。生活のあらゆる領域で伝統を重んじ、仏教を中心に据えた暮らしを尊ぶ。先進諸国の物的な豊かさとは別の和やかさと落ち着きに、著者はすっかり引き込まれてしまった。最貧国といわれた国の中のこの充足感。そんなブータンにも近代化の波は押し寄せる。しかし、伝統的な暮らしを護るために、近代化のスピードを意識的にコントロールする。自動車道路の建設は限定し、定期航空便の開設は八三年、テレビ放送もようやく九九年になってから。一方、教育と医療は原則無料。観光公害を防ぎ信仰の対象である聖なる山を護るために、外貨収入を諦めてまでも登山永久禁止令を定める。プラスチック製品の使用を制限し、禁煙国家宣言をし、国土の六割以上の緑を維持する法律を制定。

もちろん、これには強力なリーダーシップが必要で、その中心になってきたのが国王であった。その国王自身が自ら行政権を譲り、憲法の制定による議会制民主主義への道筋を作った。周囲の反対を押し切って国王の罷免権を議会に与え、国王の定年を六五歳と定めた。そして、その定年のはるか前に自ら譲位。私はふと、数カ月前に偶然にテレビで見た、ブータンを旅した日本人冒険家のつぶやき、「先進国の腐敗した民主主義がいいのか、賢明なる王政がいいのか」を噛みしめたことであった。こんなブータンが、グローバル化が進む世界の中で、どんな舵取りをしてゆくのか。この国は、今年、新憲法が発布され初の総選挙を経て議会制民主主義へと進む。

（『毎日新聞』二〇〇八年四月二〇日）

暮らしと労働のバランスあってこその経済

山口一男・樋口美雄編『論争　日本のワーク・ライフ・バランス』日本経済新聞出版社、二〇〇八年
大沢真知子『ワークライフシナジー――生活と仕事の〈相互作用〉が変える企業社会』岩波書店、二〇〇八年

にわかに流通し始めた用語がある。私の目に入ったものだけでも、この用語をタイトルにした本が、今年になってすでに五冊を数える。「ワーク・ライフ・バランス（以下、WLBと略記）」である。もともとこの用語が登場したのは、八〇年代のアメリカ。優秀な女性スタッフを確保するために、企業が保育サービスなどの支援をして仕事と生活のバランスがとれるよう配慮したのがきっかけらしい。その後、独身者や子供のいない女性、さらには男性社員にまで範囲を広げていったのだという。

日本でこの用語が頻出するようになったのは、きっと、WLBが失われているという現実があるからにちがいない。フリーターなどの非正規社員の仕事と暮らしの厳しい状況については、これまでにもたびたび指摘されてきた。一方、正社員には問題がないかといえば、さにあらず。リ

ストラによって減少した正社員の中で、とりわけ三〇代を中心とする若手社員の長時間労働が増えている。国際比較をしてみても、その長時間ぶりは突出している。過労死は言うに及ばず、うつ病、メンタルヘルス問題を抱えた正社員が増えているらしい。確かにＷＬＢが失われている。

九〇年代以降の長期不況を乗り切るために企業が採った様々な対策の中で、業績回復の決め手になったのが、正社員のリストラとそれに代わる低コストの非正規社員の採用であった。だからして、個々の企業がおいそれとＷＬＢ策を取り入れる状況にはない。そんな問題状況を知るには、『論争　日本のワーク・ライフ・バランス』が便利。立場の異なる二人の論者が持論をぶつけ合うというスタイルで、四組・八人が意見を戦わせる。

その活発な論議を、編者はこう総括する。ＷＬＢを達成するためのキーワードは、つまるところ「多様性」、「柔軟性」、「時間の質」だ、と。人々のライフ・スタイルの「多様性」を活力と考えて活かすべきなのに、一律的な働き方と暮らし方を求めてしまう。働く時間も場所も「柔軟性」をもって臨機応変に編成し、労働も暮らしも「時間の質」を濃いものにしてゆくのがＷＬＢの決め手になる、と。ちなみに、ＯＥＣＤ調査では、日本など長時間労働の国の方が、かえって労働生産性が低い。

『論争……』の中で、ある論者が語っているように、短期的に見れば確かにＷＬＢ策は企業にとって割高なコスト要因かもしれないが、長期的には従業員のモティベーションを高め効率的な労働編成を促し、回り回って生産性を高めて利益の増大につながる「プラスの投資」になりうる。そうした、「ワーク」と「ライフ」の相乗効果（シナジー）を実現している日本での具体例を『ワークライフシナジー』によって知ることができる。

例えば、岐阜県の電気設備資材メーカーM社の試み。「日本一労働時間が短い上場企業」と呼ばれ、年間の休日が一四〇日、勤務時間は朝八時半から午後四時四五分まで、残業は原則禁止、育児休暇は三年まで、給与は岐阜県庁職員とほぼ同じ。それでいて、経常利益は同業他社のほぼ二倍。労働時間が限定されるからこそ、かえって中身の濃い仕事ぶりとなるし、育児休暇が三年となれば、それを前提とした効率的な職場編成が促される。その一方で、生活と時間のゆとりが、新しいアイディアへとつながって次々と新製品を生み出しているという。報酬を、賃金によってではなく自由時間や働き方の選択によって支払うというのだから、人件費の節約になるだけでなく、社員の発想力を高めて企業業績の向上にもつながるというのだ。

もちろん、こうした企業はまだまだ少数派で、多くの企業では、むしろWLB策をコスト要因と見て長期のシナジー効果にまでは目が向かない。しかし、〇四年をピークに日本の人口は減り始め、労働力の長期的な減少が見込まれている。優れた人材を確保するためには、否応もなく企業はWLBに取り組まざるをえなくなるにちがいない。思えば、暮らしを経済のあり方と結びつけて捉え直す試みは、これまでにも何度かあった。例えば七〇年には、「くたばれGNP」と題するシリーズが新聞紙上で展開され、経済成長が暮らしの豊かさとどう結びつくのかが問い直された。しかし、石油危機をきっかけに経済が低成長へと屈折するに及んで、そうした問題意識はいつの間にか後退してしまった。そして九〇年代には、豊かさやゆとりを実感できるような「生活大国五カ年計画」が宮沢内閣によって打ち出された。しかし、これまた長引く不況の中で、またたく間に忘れられてしまった。そして、今回のＷＬＢ。少子高齢化と労働力人口の減少という、景気の変動とは別種の構造的な要因がある。女性、高齢者、そして多様なライフスタイルを望む人々が参加できるようなＷＬＢの促進が、経済と暮らしのあり方を変えるきっかけになるかもしれない。

（『毎日新聞』二〇〇八年五月一八日）

依然、人間と経済を考えるための宝庫

堂目卓生『アダム・スミス――『道徳感情論』と『国富論』の世界』中公新書、二〇〇八年

アダム・スミスとくれば、高校生でも名前は知っている経済学の創始者。その著『国富論』は、言うまでもなく古典中の古典。研究書や概説書の類いもおびただしく、市場経済論あり、市民社会論あり、経済理論分析ありと、枚挙にいとまがない。そんな中で、あえて一冊つけ加えることの意味は何か。そんな気持ちでページをめくり始めたのだが、ついつい引き込まれてしまった。一八世紀のスミスが、現在に生き続けている。そんなことを感じさせるこの新書の魅力は、二つ。

その第一。スミスといえば、通常は『国富論』を軸に議論が展開される。例えば、利己心に導かれた人間の行動が、「見えざる手」に導かれて社会的な利益をもたらすとして、市場の価格調整メカニズムが説明される。そして補足的に、その利己心は決して自由気ままなそれではなく、「公平な観察者」からの同感が得られるようなものでなければならない、と。そのときに引き合いに出されるのが、スミスのもうひとつの著書『道徳感情論』。つまり『国富論』をメインに据

えて、『道徳感情論』によってそれを補足するというスタイル。ところが、堂目氏のこの新書は、まずは『道徳感情論』を軸に据え、スミスにおける人間の「様々な感情」を徹底的に読み込み、実に明快にそれらを再構成してみせる。それとの関連で『国富論』を論じるという構成。

『道徳感情論』の中に登場する人間は、常に他人の目を意識し、彼らの同感が得られるよう心がける。いや、他の人間一般ではなく、「公平な観察者」としての他人の目を意識する。そうした経験を重ねることによって、ついには自らの胸中に「公平な観察者」の目を持つようになる。世間の評価がどうあろうと、胸中の「公平な観察者」の同感が得られるように。しかし人間は、世間の評価を気にして、胸中の「公平な観察者」の目をなおざりにしてしまう「弱さ」をも併せ持っている。スミスは、そうした「弱さ」を、決して拒絶するようなことはしない。なぜなら、「見えざる手」の作用を通じて、そうした「弱さ」が経済の発展に結びつくと見るからである。富と地位を手にして世間の称賛を得ようとする人間の虚栄心が、経済の発展へとつながる道筋を、スミスは見据えている。同感、虚栄心、是認・拒絶、悲哀・歓喜、称賛・非難、感謝・憤慨、野心、慈恵、高慢……といった具合に、『道徳感情論』の中の「様々な感情」が、見事に解読されてゆく。

その第二。『道徳感情論』における人間観が、現在の学問に投げかける意味合いを、著者はしっかりと見据えている。例えば、脳科学における「ミラーニューロン（他人の行動を自分の行動のように感じ取らせる神経細胞)」や、「セオリー・オブ・マインド(他人の行動から、その人の心を推測する能力)」は、それこそスミスの人間観に重なる。さらに、最近注目されるようになった「行動経済学」。まるでロボットのような単純な合理性を具えた人間を前提にしてきた主流派経済学を見直し、実験的手法やアンケート調査を通じて、現実の人間行動に即した仮定を打ち立てようとする試みは、これまたスミスにつながる。

かつて三木清が、義兄の東畑精一が翻訳中の(中山伊知郎との共訳)シュンペーター『経済発展の理論』の中の企業者論を読んで、「初めて人間が登場する経済学に出会った」と語ったという。でも、もしも彼がスミスの『道徳感情論』を目にしていたならば、「ここにこそ人間がいる」と述べたかもしれない。スミスは、依然として人間と経済を考えるための宝庫である。そんなことを痛感させる一冊。

(『毎日新聞』二〇〇八年六月二二日)

隠れたコストと絶対的な「損失」

J・E・スティグリッツ、L・ビルムズ『世界を不幸にするアメリカの戦争経済──イラク戦費3兆ドルの衝撃』楡井浩一訳、徳間書店、二〇〇八年（J. E. Stiglitz, L. J. Bilmes, *The Three Trillion Dollar War*, 2008）

イラク戦争とは、結局のところ何であったのか。いずれは、その歴史的評価が下される時が来るにちがいないが、この本が指摘しているのは、ごくごく控え目に言っても実に無謀な戦争であったということ。ノーベル経済学賞のスティグリッツが、商務省出身の財政専門家ビルムズと組んで、アメリカがイラク戦争で負うこととなったコストを、三兆ドルとはじき出してみせた。しかもこれは、最も少な目に見積もっての額なのだという。

〇三年三月のアメリカによるイラク侵攻が始まってから、すでに五年が過ぎた。アメリカが関わった第二次世界大戦の三年八カ月をも、第一次世界大戦の四年四カ月をもすでに越えている。ベトナム戦争の一二年ほどではないものの、およそ想定外の長期戦となったこの戦争で、アメリカはどれだけのコストを負うことになったのか。おびただしい数の政府報告書や公式文書を徹底的に読み込んだ上で導き出したのが、この三兆ドルという数字である。

まずは、兵士の派遣・駐留と戦闘機や戦車や爆弾など、これまでの軍事活動に直接的にかかったコスト。加えて、死傷した兵士への遺族手当や障害手当など、これからも続くであろう支給の累積。戦費のほとんどを税金によってではなく借金で賄ったことによる、巨額な利子支払い。以上のような目に見え易い財政コストだけではない。死亡給付金は労働力・生産力の喪失を適切には表現していないし、障害手当はその兵士が普通に生計を立てていた場合に稼げたはずの収入を必ずしも表現していない。直接的な財政コストを越えたこうした社会的コストを、著者たちは逐一確認してゆく。さらに、こんな記述もある。〇五年八月、ハリケーン・カトリーナがアメリカを襲って甚大な被害をもたらした。その時、三千人のルイジアナ州兵と四千人のミシシッピ州兵がイラクに駐在していた。本来ならば、ハリケーン被害に迅速に対処していたはずの彼ら州兵が不在であったことが、被害を大きくしてしまった、と。

もちろん、以上のような指摘に対しては、イラク戦争の意義を強調する立場からの反論もあろう。確かに、イラク侵攻によってフセイン独裁政権は崩壊した。でも、それによって安定と民主主義がイラクにもたらされることにはならなかった。その一方、戦争によって利益を得た人たちがいる。アメリカの石油・ガス産業、軍需産業、戦争請負会社（ちなみにブッシュ政権の副大統領は、戦争請負会社の元経営最高責任者であった）。サウジアラビアの石油王も、チャベス大統領のベネズエラもアフマディネジャド大統領のイランも、イラク戦争に伴う原油高騰によって利益を手にしたかもしれない。

それにしても、三兆ドルの持つ意味は、実に重たい。少なく見積もってもこれだけの「コスト」をアメリカが負うことになったというのだが、著者たちの真意はむしろ別のところにあるのではなかろうか。例えば、国防総省の台帳には、戦死した兵士の名前と並んで、五〇万ドルという金額が記されているという。遺族に支払われる死亡給付金と生命保険の金額である。しかし、五〇万ドルという「コスト」を支払ったからといって、死んだ兵士が戻ってきはしない。「コスト」ではなく、絶対的な「損失」なのである。著者たちは、政府報告書や公式文書を読み込んで、三兆ドルという驚くべき数字をはじき出してみせたのだが、実はそうした数字ではとうてい表現できないほどの絶対的「損失」をこそ、訴えたかったのではあるまいか。

(『毎日新聞』二〇〇八年七月二七日)

「消費者・投資家」対「市民」の内なる相克

R・B・ライシュ『暴走する資本主義』雨宮寛・今井章子訳、東洋経済新報社、二〇〇八年（R. B. Reich, *Supercapitalism : The Transformation of Business, Democracy, and Everyday Life*, 2007）

メリハリのきいた骨太のアメリカ経済論である。一九七〇年代の半ばを境に、アメリカは超資本主義へと変貌したというのである。現実感覚ゆたかな著者が、超資本主義の下でのアメリカ社会の光と影を余すところなく描いて飽きさせないし、登場する企業も経営者もほとんどが実名で、ほどよい緊張感をもって読み進むことができる。

その論理構造はこうだ。アメリカ人は単に消費者であるだけでなく、所得のかなりの部分を株式や投資信託に振り向ける投資家でもある。「消費者としての私」は安くて質のいい商品を求めて購入先をいとも簡単に替えるし、「投資家としての私」は少しでもリターンの高い投資先を求めて株式欄に目をこらす。そうした彼らをつなぎ止めておくよう、企業間の競争が熾烈になっている。経営者は、より安い商品を生産すべく賃金の切り下げや福利厚生の削減もいとわないし、それが叶わないとなれば、発展途上国の低コスト工場へと移動する。そこでは、人権を無視するような過酷な児童労働が行われていたり、環境問題への配慮がなおざりにされたりしている。ところが、そうした経営を推し進めるＣＥＯ（最高経営責任者）が、かえって喝采を浴び法外とも思える報酬を手にしている。本書で引き合いに出されているように、世界最大のスーパー・ウォルマートのＣＥＯの手取額は、ウォルマート従業員の平均賃金のおよそ九百倍にも達するという。格差社会の象徴である。一方、「投資家としての私」の意向に添うよう、投資ファンド・マネージャーは、株価と配当が高まるようにと企業に圧力をかける。いきおい、企業は長期の安定的な成果よりも、目先の成果達成へと追いやられてコスト削減にこれ努める。

しかし、我々は消費者や投資家としてのみ存在しているわけではない。「市民としての私」がいるのだ。ここが本書のミソである。「消費者としての私」・「投資家としての私」はひたすら有利な取引を求めるが、「市民としての私」は、その結果としてもたらされる社会問題を懸念する。八年前の著書『勝者の代償』では、「消費者」対「労働者」という対比で議論が組み立てられていたが、今回は「消費者」・「投資家」対「市民」へと、枠組みが拡げられている。「市民としての私」は、地域の小売店が格安量販店との競争に敗れて馴染みの商店街がさびれてゆくのが気がかりだし、雇用の不安定化とワーキング・プアの増大に心を痛める。そして、企業が地球温暖化の原因となる物質をまき散らし、海外で人権を蹂躙しているのを憤る。さて、それではどうするというのか。

企業の社会的責任論で語られるような、個々の企業の自己規制に期待するのは幻想にすぎない、と著者は言う。社会的責任論は、企業行動を方向づける制度や法律の制定にむしろ水を差しかねないからだ。だからこそ著者は、労働法の改正や環境法の制定といった、企業が否応もなく従わなければならない前提条件を整備するよう提案する。もちろん、そのことによって、「消費者としての私」の購入する商品の価格は上がるかもしれない。また株の売買に有価証券取引税を課す法律ができれば、資本の動きに少しはブレーキがかかって、経済の不安定化が和らぐことになるだろう。もちろん、そうなれば「投資家としての私」へのリターンは減るかもしれない。でも、私の内なる市民はそのことを受け入れるだろう、と。

とはいえ、こうした動きが、超資本主義の下ですんなりと進むわけではない。日本では想像もつかないような活発なロビー活動が、そうした法律制定の前に立ちはだかる。企業は自らの競争優位を獲得するために政治への働きかけをくり拡げる。ロビイスト、弁護士、広報スペシャリストなどの専門家集団を雇い、多額の資金を選挙活動に注ぐなど、すさまじいまでの働きかけを試みる。

ここで描かれているのはあのアメリカでのこと、と突き放すわけにはゆかない。「消費者としての私」はすでにこの日本の現実であるし、「投資家としての私」も次第にその姿を現わし始めている。その一方で、「市民としての私」がきわめて弱いとくれば、超資本主義の暴走をどうコントロールするかは、アメリカとは違った意味で大きな困難を抱えることになるかもしれない。ところで、本書の最終章の、しかも最後の数ページで、いささか唐突に法人論が登場する。暴走する超資本主義をコントロールするには、企業のあり方をその根源に遡って見直さなければならないというのである。つまり、法人としての株式会社の見直しである。会社は擬制的に、つまり法律の上でのみ権利と義務の主体と見なされているのだが、その法人性を捨てさらに法人税をも廃止すべきだというのである。でも、これはほんの付け足し程度の議論で済まされるような問題ではあるまい。それこそ、新たなもう一冊を必要とするほどの重いテーマなのだから。

（『毎日新聞』二〇〇八年八月三一日）

大ナタ振るった総点検の試み

井堀利宏『「歳出の無駄」の研究』日本経済新聞出版社、二〇〇八年

何はともあれ「減税」とくればつい受け入れてしまうし、「増税」とくれば条件反射的にノー

と言いたくなる。財務省筋を除けば、「増税」に積極的に賛成する人など滅多にいないにちがいない。つい先だっても、与党内ですったもんだはあったものの、最終的には定額「減税」の合意に達したのは記憶に新しい。とりわけ選挙が間近とあれば、与野党を問わず「増税」は禁句中の禁句なのだ。

現在、この日本で政府の借金残高はおよそ七五〇兆円、ＧＤＰ（国内総生産）のおよそ一五〇パーセントにも相当する。国債の利子支払いだけで一時間当たり一一億円、もちろん先進諸国の中では最悪の状況だ。さて、どうするか。一つは無駄な歳出の削減、もう一つは増税による歳入の拡大、さらにこの両者の組み合わせ。ところで、「増税」が拒絶反応を呼び起こすとなれば、いきおい行き着くところは無駄な歳出の削減。

もちろん、無駄な歳出の削減それ自体は、実に真っ当なことだし反対する理由などない。しかし、まるで祝詞のごとくに「歳出の無駄をなくすべし」と唱えるだけでは、単に「増税」を先延ばしする口実になってしまうのではないか。こう著者は見る。そこで試みたのが「歳出の無駄」の総点検だ。一体どれだけの削減すべき無駄があるのか。その無駄をなくしたときに、果たして政府の借金残高は意味のあるほど減るのか。

特別会計の無駄、人件費と政府消費の無駄、公共事業の無駄、補助金の無駄……と、著者は切り込む。ただし、無駄とはいっても一様ではない。国民のほとんどが無駄と見るような「絶対的な無駄」。ある人たちからすれば無駄と見えても、その無駄によって便益を得る人たちがいるような「相対的な無駄」。事前では無駄とはいえないものの事後的に無駄となってしまうような「結果としての無駄」。こう区別した上で、とりわけ著者が本丸と見なす「相対的な無駄」に分け入ってゆく。この「相対的な無駄」によって生じるあれこれの既得権益を切り崩すのは、並大抵のことではない。

大車輪で無駄を洗い出すその作業はなかなかに読み応えがある。その結果あぶり出されたのが、「絶対的な無駄」四〜六兆円、「相対的な無駄」一〇〜一五兆円、「結果としての無駄」一兆〜三兆円、締めて一五〜二四兆円。この数字を見る限り、かなりの無駄があるように映るかもしれないが、それでもGDPの三〜五パーセント、膨大な借金残高と比べれば、これだけを削減したとて、おいそれと問題解決とはならない。それに、「相対的な無駄」には、前述したように、様々な人たちや業界や地域や政治家の既得権益がまとわり付いていて、そう易々と削減できるはずもない。

そんなわけだから、「歳出の無駄」の削減をのみ祝詞のごとく唱えるだけでは、かえって財政問題の解決を先送りすることになってしまいかねないというのだ。無駄な歳出の削減は、増税とセットでなければとうてい意味ある改革にはなりえない、と。ところで、「先送り」とは、将来の世代に借金返済を委ねるということ。現在の子供たち、さらには将来生まれてくるであろう世代が、現在の大人世代のつけを背負うことになる。少子化が進めば、より少ない人数でその重いつけを背負うはずだ。しかも、現在の大人世代はさまざまな発言の機会、政治への参加の機会が与えられているのに、将来の世代にはそれが与えられていないのだ。世代間の受益と負担の格差、いや格差というよりは不条理。著者が最も強調したかったのも、恐らくこのことではあるまいか。

（『毎日新聞』二〇〇八年九月二一日）

童話と劇で「多様性」に光

山口一男（森妙子絵）『ダイバーシティ――生きる力を学ぶ物語』東洋経済新報社、二〇〇八年

最近、「ダイバーシティ」というカタカナ語をよく目にする。辞書ふうに言えば「多様性」のこと。社会問題との関わりで言えば「人種、性別、年齢、宗教、価値観などの違いを互いに認め、それぞれが個性を発揮して全体として発展すること」。あるいは企業戦略に絡めて「多様な人材

を活用して、よりよく企業目的を達成すること」といった具合に使われる。

でも、そんな紋切り型の説明よりは、金子みすゞの詩「私と小鳥と鈴と」を思い出してみるのがいいかもしれない。「私が両手をひろげても、お空はちっとも飛べないが、飛べる小鳥は私のやうに、地べたを速くは走れない。　私がからだを　ゆすっても、きれいな音は出ないけど、あの鳴る鈴は私のやうに、たくさんな唄は知らないよ。　鈴と、小鳥と、それから私、みんなちがって、みんないい」。

ところで、この本で著者が試みたのは、詩ではなく童話と劇の二本立て。まず前半が「六つボタンのミナとカズの魔法使い」という童話。多様性や差違は、ときに差別と結びつく。主人公の女の子ミナには、他の子供たちの上着とは違って七番目の「陽気のボタン」がない。つい、ふさぎ込んだり、いじめに遭ったりもする。そこで、「陽気のボタン」を求めて、魔法使いのカズを訪ねる。途中いくつもの関門をくぐり抜けて、ようやくカズと会うことになるのだが、その時になってミナは、いつの間にやら七番目のボタンが付いているのに気がつく。小さいけれど美しく輝くダイヤモンドのボタンだ。それが「勇気のボタン」なのだとカズが言う。皆が同じボタンを持たなくてもいいのだ。

ファンタジーとして十分楽しむことができるのだが、この童話には、実は仕掛けがある。社会学と経済学の概念が周到に埋め込まれていて、それを発見しながら物語を読み進むと、二重にも三重にも楽しめるのだ。例えば「囚人のジレンマ」、「共有地の悲劇」、「予言の自己成就」等々。さらに「比較生産費説」やA・センの「合理的な愚か者」等を入れ込むことも、もちろん可能だろう。

後半はイソップ物語を題材にした劇で、がらりと趣向が変わる。ライオンに助けられた鼠が、猟師に捕まったそのライオンを助けるというあのイソップ物語をめぐって、教師と大学生たちが対話をくり広げるという形の劇だ。ところで、日本版とアメリカ版とでは、同じイソップ物語でも話の組み立て方がちがっている。日本版では、鼠が「恩返し」としてライオンを助けるのに対して、アメリカ版では、鼠とライオンとの間のいわば「契約」の履行として鼠がライオンを助ける。

こうしたちがいに着目して、日米の規範意識の比較へと話が進む。そこに登場するのが中根千枝、作田啓一、R・ベネディクト等々の主張なのだが、それぞれに個性豊かなアメリカの学生たちと教師が意見を交わす中で次第に理解が深まってゆくという筋書きだ。確かにこれも「ダイバーシティ」のひとつの表現だ。さらに、「ライオンと鼠」を現代風に改訂するならどうなるかと議論は発展してゆく。改訂アメリカ版では、狐の弁護士を登場させて訴訟社会アメリカを皮肉ったり、改訂日本版では、「空気を読めない」鼠を登場させて日本の若者批判を織り込んだりと、読ませる工夫がこらされている。著者は社会学を本業とするシカゴ大学教授だが、そういえば『不思議の国のアリス』『鏡の国のアリス』を書いたルイス・キャロルも、オックスフォード大学教授の数学者であった。

(『毎日新聞』二〇〇八年一一月二日)

アメリカ型だけではない資本主義

山田鋭夫『さまざまな資本主義——比較資本主義分析』藤原書店、二〇〇八年

サブプライム・ローン問題に端を発する金融危機が世界中に拡がって、不況の大波がひたひたと押し寄せている。一九九〇年代以降、「ニュー・エコノミー」の名のもとに称揚されてきたアメリカ経済が、ここに来てにわかにそのほころびを露わにしている。そもそもアメリカ型の資本主義とは何であったのか。資本主義世界は一体どこに向かうのか。今回の金融危機を直接の対象にした著書ではないけれど、期せずしてそうした問題を読み解くための座標軸を与えてくれる、タイムリーな一冊となった。

著者は、長らくフランスのレギュラシオン学派と交流を重ねてきた。その成果を存分に活用し

ながら、資本主義には「さまざまな」タイプがあることを強調する。そもそも、レギュラシオンとは「調整」を意味する。資本主義は、諸々の制度を通ずる調整によって存続し発展するのであって、もしもその調整が齟齬をきたせば停滞するし、さらには危機に陥る。ところで、諸々の制度とそれを通ずる調整のありようは、その国の政治・文化・歴史の刻印を背負っていて多様である。だからこそ、「さまざまな」資本主義が存在するのであり、決して各国経済がアメリカ型の資本主義へと収斂するわけではない。

効率の面から見ればかつての日本が、公正の面から見れば北欧の福祉国家が優れているとされてきた。そのいずれの面でも、ことさら優れていたわけではないアメリカ経済が、一九九〇年代以降に存在感を強めてきたのは、一体なぜなのか。「即応性」に優れていたから、というのが著者の見立てである。即応性とはすなわち、国際経済の動向や景気変動に反応して敏速に生産要素を流動化させること。金融の自由化、投資の証券化、労働力の自由解雇、賃金の市場主義的決定、等々。とりわけ一国経済が製造業よりも金融に特化し、経済が金融主導型になったというのがその核心だ。

例えば、金融資産の証券化が進んだし、年金基金や投資信託など機関投資家の発言力が強まって株価引き上げ圧力がかかるようになった。家計の所得の中でも、賃金所得に加えて金融所得がその比重を高めてきた。そして、国際的な証券投資の拡大。こう見てくると、一九九〇年代以降に拡がったグローバル化とは、ただ単にヒト・モノ・カネが国境を越えることではなく、実は、金融主導のアメリカ型経済の圧力が同心円的に世界中に拡がってゆくその動きのことであったといえようか。

しかしそうした動きは、決して安定性や秩序ある発展をもたらしはしなかった。投資とは異なる投機が勢いづいたし、株価つり上げのための市場破壊的な行動が拡がった。賃金や雇用がフレキシブル化し、労働組合によるチェックが効かなくなって所得の格差が拡がり、社会の分断化が進んだ。逃げ足の速い膨大な資金が、瞬時に国境を越えて各国経済を大きく揺さぶる。R・ライシュなら、きっと「暴走する」資本主義と表現するだろう。つまりは、アメリカ型の金融主導の経済は、普遍性の点でも持続性の点でも安定性の点でも、大きな疑問符がつくのだ。

こうした動きを、歴史の長期的趨勢の中でどう位置づけるべきなのか。かつてK・ポランニーが語っていた。一九世紀から一九二〇年代までは、暴走する資本の「悪魔の挽き臼」によって社会や生活が解体され、これに対する社会の側からの「自己防衛」が、ニューディール、計画経済、ファシズムという形をとって一九三〇年代に始まった。ポランニーはこれを「大転換」と名付けたのだが、彼自身は次なる「大転換」を見ることなく世を去った。一方、著者は、資本原理が再び社会原理を圧倒するような時代が来たのだという。そうした潮流の中で、金融主導のアメリカ型経済が席巻するようになったというのである。

思えば、近代史は資本原理と社会原理の対抗と補完のうちに展開してきたともいえる。社会原理は安定をもたらすが、ともすれば停滞を招きかねない。一方、資本原理は革新性と同時に不安定性をも呼び寄せる。およそ人間は、安定の中にも変化を求め、変化の中にも安定を求める。果たして、どのような組み合わせを選ぶことになるのか。著者は、レギュラシオン学派の若き旗手B・アマーブルに依りつつ、五つのタイプの資本主義を示す。市場ベース型（アメリカ・イギリス）、アジア型（日本・韓国）、大陸欧州型（ドイツ・フランス）、社会民主主義型（スウェーデン・デンマーク）、地中海型（イタリア・スペイン）。確かに、資本原理と社会原理のありようによって「さまざまな」資本主義が存在するのは事実であろう。

そうだとしたら、一体どのような経済を目指すべきなのか。つまり、規範的な論議とそれにかかわる政策論議へとおのずと関心が呼び起こされる。著者は、恐らく意識的にであろう、この問題には深入りしない。次なる第一歩が始まるのは、きっとここからにちがいない。

（『毎日新聞』二〇〇八年一二月七日）

雇用と福祉は、どう生活を保障してきたか

宮本太郎『福祉政治――日本の生活保障とデモクラシー』有斐閣、二〇〇八年

この五年間で、凍死した人の数が四百人を越えるという。不況の大波が押し寄せる中で、職を失った人たちの苦渋のさまが、連日のように報じられる。職だけではなく住むところをも失った人たちにとって、この冬の厳しさはいかばかりであろうか。戦後の経済成長で国内総生産（GDP）が実質十倍以上にも膨らんだこの経済大国は、凍死者を救えぬほどに貧しいのであろうか。雇用先を失うことが、即、生活の保障を失うことにつながる。そうしたあり方を真っ正面から問い直すための一冊である。書名にある「福祉政治」とは、生活の保障をめぐる政治のこと。その生活の保障を、「福祉レジーム」と「雇用レジーム」の両面から読み解いてゆく。前者は、公的な年金や医療など社会保障を軸とした仕組みのこと。後者は、雇用の創出・維持・拡大にかかわる仕組みのこと。この二つのレジームのあり方によって、生活の保障が大きく方向付けられる。

ところで戦後の日本では、この二つのレジームが特殊な形で連携してきた。すなわち、未熟な「福祉レジーム」を「雇用レジーム」が補い、あるいは代替してきたのである。終身雇用、年功

序列、家族賃金、様々な企業内福祉が生活保障の柱となってきた。大企業には産業（振興）政策、中小零細企業には保護政策、そして各地域には公共事業による雇用の配分（「土建国家」）。しかも、明示的なビジョンやルールに基づいてというよりは、政権与党がその支持基盤を手放さぬようにと、裁量的な行政や政治家の口利きによってことが進められ、それゆえに様々な利権としがらみがまとわりついてきた。

著者は、一九五〇年代以降のそうした経緯を丹念にたどりながら、現在の状況をあぶり出してみせる。「自民党をぶっ壊す」のスローガンを掲げて、様々な利権やしがらみにメスを入れようとした小泉構造改革も、そうした文脈のひとこまとして描かれる。公共事業が削減され、各種の保護・規制が撤廃されて、それまで生活保障の柱となってきた「雇用レジーム」にヒビが入った。多くの人たちが、不安定で流動的な労働市場にむき出しのまま放り出されることとなった。「福祉レジーム」を補い代替してきた「雇用レジーム」が揺らぐことによって、「福祉レジーム」そのものの不十分さが露わとなった。グローバル化と高齢化の波がこれに重なる。かくして、「福祉レジーム」の再編を求める声が高まっている。その一方で、行政への不信はいぜんとして根深い。いわば「行政不信に満ちた福祉志向」が渦巻いているといった按配だ。

ところで、「福祉レジーム」の再編となれば、利害の対立はつきものだ。そのとき必要なのは、裁量的な行政や政治家の口利きなどではなく、長期的で明確なビジョンとそれを訴える政治の言説のはず。著者は、自身の専門であるスウェーデン研究を念頭に置きながら、こう締めくくる。ベーシック・インカムをも含む所得保障については、国（ネイション）レベルでより柔軟に。医療や介護などの公共サービスについては、人々のニーズに直接向き合える市町村（ローカル）レベルで、行政と民間組織とが連携しつつより機敏に。そして雇用の創出については、都道府県あるいは道州（リージョン）レベルで、地域の特性を踏まえてより果敢に、と。一律ではない、それぞれのレベルに応じた取り組み、すなわち「福祉国家から福祉ガヴァナンスへ」の宣言である。

（『毎日新聞』二〇〇九年一月二五日）

書名索引

あ行

か行

さ行

た行

な行

は行

ま行

や行

ら行

わ行

著者名索引

あ行

か行

さ行

た行

な行

は行

ま行

や行

ら行

著者紹介

中《なか》村《むら》達《たつ》也《や》

中央大学商学部教授。1941年、秋田市生まれ。一橋大学大学院経済学研究科博士課程修了。

著書に、『市場経済の理論』(日本評論社)、『歳時記の経済学』『ガルブレイスを読む』『豊かさの孤独』(以上、岩波書店)、『読む——時代の風景342冊』(TBSブリタニカ)、『読む——時代の風音』(中央大学出版部)、『経済学の歴史』(有斐閣)、『お金ってなんだろう』『地域だけのお金』(以上、岩崎書店)、他。

訳書に、M・ドッブ『厚生経済学と社会主義経済学』(岩波書店)、R・スキデルスキー『ケインズ時代の終焉』(日本経済新聞社)、J・ジェイコブズ『都市の経済学』、R・ハイルブローナー他『現代経済学』(以上、TBSブリタニカ)、J·K・ガルブレイス『満足の文化』(新潮社)、R・ハイルブローナー『私は経済学をどう読んできたか』(筑摩書房) 他。

さまよう経済と社会 「時代の叫び」162冊

2009年4月30日 初版第1刷発行

著者 中村達也

発行者 玉造竹彦

郵便番号 192-0393

東京都八王子市東中野742-1

発行所 中央大学出版部

電話 042 (674) 2351 FAX 042 (674) 2354

http://www2.chuo-u.ac.jp/up/

印刷・電算印刷/製本・渋谷文泉閣

ISBN 978-4-8057-2174-2